AF322382

LES CASIERS JUDICIAIRES

ET

UN PROJET DE CASIERS CIVILS

PAR

LOUIS THEUREAU

PARIS

LIBRAIRIE GUILLAUMIN ET Cⁱᵉ

Éditeurs de la Collection des principaux Économistes, du Journal des Économistes
Du Dictionnaire de l'Économie Politique,
Du Dictionnaire universel du Commerce et de la Navigation, etc.

RUE RICHELIEU, 14

1892

LES CASIERS JUDICIAIRES

ET

UN PROJET DE CASIERS CIVILS

PAR

LOUIS THEUREAU

PARIS

LIBRAIRIE GUILLAUMIN ET Cⁱᵉ

Éditeurs de la Collection des principaux Économistes, du Journal des Économistes
Du Dictionnaire de l'Économie Politique,
Du Dictionnaire universel du Commerce et de la Navigation, etc.

RUE RICHELIEU, 14

1892

LES CASIERS JUDICIAIRES

UN PROJET DE CASIERS CIVILS

OUVRAGES DU MÊME AUTEUR

Code Genevois, recueil complet et méthodique des lois de la République et canton de Genève. — Genève, imprimerie Vaney, 1857.

Etude sur l'abolition de la vénalité des offices. — Paris, librairie Guillaumin et Cie, 1868.

Revue financière 1868 et 1869. — Paris, imprimerie A. Parent, janvier 1869.

Revue financière de l'année 1869 (Extrait du *Journal des Economistes*, n° de janvier 1870). — Paris, librairie Guillaumin et Cie, 1870.

Etude sur la vie et les œuvres de jean Marot, ouvrage couronné par l'Académie des sciences, arts et belles lettres de Caen. — Caen, imprimerie et librairie Le Blanc-Hardel, 1873.

Haïti et ses emprunts. — Paris, librairie André Sagnier, 1875.

LES CASIERS JUDICIAIRES

ET

UN PROJET DE CASIERS CIVILS

PAR

LOUIS THEUREAU

PARIS

LIBRAIRIE GUILLAUMIN ET Cⁱᴱ

Éditeurs de la Collection des principaux Économistes, du Journal des Économistes
Du Dictionnaire de l'Économie Politique,
Du Dictionnaire universel du Commerce et de la Navigation, etc.
RUE RICHELIEU, 14

1892

PRÉFACE

Le droit de punir, « droit criminel » ou « droit pénal »
selon que, pour le définir, on se place au point de vue du fait
individuel de la transgression ou au point de vue du fait social de la punition, appartient à toute société constituée. Cette
société, lorsque des infractions à ses lois sont commises, doit
réprimer les coupables et prendre à leur égard des dispositions et des précautions ; pour elle, ce n'est pas un droit seulement, c'est aussi un devoir.

Ce droit et ce devoir peuvent être envisagés différemment;
les théories, en cette matière, sont nombreuses. Et, notamment, le droit de punir serait une délégation de la divinité;
ou bien il reposerait sur le principe d'expiation, ce que
Leibnitz appelait « le rétablissement de l'ordre par le châtiment » ; Rossi y voyait « la rétribution du mal pour le mal »,
une réparation infligée par la justice ; Jean-Jacques Rousseau
et Montesquieu lui donnaient comme base un contrat; Locke
le confondait avec le droit de légitime défense, ce qui est la
vengeance exercée, non plus ainsi qu'à l'origine par l'offensé,
mais par le corps social, l'Etat, d'où l'expression encore en
usage de « vindicte publique » ; l'école de Beccaria et de Bentham ou école utilitaire le faisait dériver de l'intérêt public ;
les criminalistes modernes l'estiment surtout un moyen
d'amendement pour les condamnés [1]. Et en présence de

---

[1] Ce n'est pas seulement le droit de punir, c'est-à-dire d'infliger la
peine, qui a été entendu différemment, c'est aussi la peine elle-même, le
châtiment, comme il sera exposé plus loin p. 107 et suiv.

cette divergence des opinions, les législations n'ont pas toujours tendu aux mêmes fins.

Les fins auxquelles visait, en France, le Code pénal de 1810 se résument dans « l'utilité sociale » : c'était l'enseignement de Bentham, dont les œuvres, publiées en France à partir de 1801, y avaient fait une grande impression. L'empereur Napoléon Ier, achevant un jour de lire un des livres de cet auteur, dit à ceux qui l'entouraient : « Voilà un écrit qui éclairera bien des bibliothèques ». Et M. Target, lors de la discussion du Code pénal, s'est exprimé ainsi[1] : « Chaque jour la société doit être conservée ; c'est la nécessité de la peine qui la rend légitime. Qu'un coupable soit puni, ce n'est pas le dernier but de la loi ; mais que les crimes soient prévenus, voilà ce qui est d'une haute importance. La gravité des crimes se mesure donc non pas tant sur la perversité qu'ils annoncent que sur les dangers qu'ils entraînent ». Il ajoutait : « Les crimes les plus pernicieux, et par conséquent les plus graves, sont ceux qui attaquent la sûreté de l'Etat, qui ébranlent les fondements de l'ordre et de la paix publique, parce que, dans un seul attentat, ils contiennent tous les maux, tous les crimes» .

En infligeant un châtiment aux coupables, à l'effet de préserver la société de ces dangers qui la menacent ou sont considérés comme la menaçant, c'est donc surtout le fait lui-même, crime ou délit, qu'on avait en vue ; la peine, matérialisée en quelque sorte, était mesurée, non pas au degré de perversité de l'agent, mais à la gravité de l'infraction et au péril social qu'elle est supposée pouvoir entraîner. De là une sévérité souvent excessive et des mesures qui risquaient de transformer les coupables en victimes : le système de 1810, basé sur « l'utilité », a été, non sans raison, taxé d' « impitoyable ». Il n'avait de fondement que la nécessité de la répression; de but, que l'intimidation : aussi prodiguait-il la peine de mort; il l'appliquait dans 35 cas. Toutes les notions de justice y sont sacrifiées à l'intérêt réel ou prétendu de la société. Ce fut, en plein, l'exagération du principe d'autorité.

---

[1] Baron Locré : « La législation civile, commerciale et criminelle de la France », tome XXIX, p. 7 et 8, édit. 1831.

qui est, en général, le principe des monarchies, qu'elles soient empires ou royautés ; ce fut, comme le disait M. Rossi [1], « le despotisme en morale même ».

Mais, de nos jours, le principe d'autorité est de moins en moins admis. Le sentiment de la solidarité humaine, d'ailleurs, s'est agrandi, s'est épuré ; il convie les esprits à la mansuétude envers tous les malheureux. Parmi ceux-ci, les aliénés déjà, depuis la loi du 30 juin 1838, ne sont plus, ainsi qu'ils le furent longtemps, considérés en quelque sorte comme hors la loi ; ce sont des malades à soigner, à guérir. On n'est pas loin de voir aussi, dans les coupables, des malades moralement, des infirmes, qu'il faut essayer de guérir par le relèvement moral, de même que l'on guérit par des remèdes les individus physiquement malades ; et le châtiment n'apparaît plus alors comme un acte soit de vengeance, de répression ou d'expiation, soit de défense sociale ou n'ayant que quelqu'autre raison d'être analogue, il apparaît comme étant, pour les coupables, un moyen de guérison, c'est-à-dire de relèvement moral, d'amendement.

Déjà, dans l'antiquité, Platon avait assigné pour un des buts de la peine « l'amendement de l'individu qui est puni [2] ». Et Sénèque [3] professait ensuite la même doctrine. Parmi les jurisconsultes romains, il s'en est trouvé un aussi, Paul, pour écrire [3] : *pœna constituitur in emendationem hominum*. Toutefois, ni le législateur d'Athènes ni celui de Rome ni d'autres, dans l'antiquité, ne se sont jamais inspirés de pareils sentiments. A Rome, la maxime était : *salus populi suprema lex esto*.

Est venu le christianisme. Jésus-Christ ne voulait pas la mort du pécheur, mais sa conversion. « Si votre frère, a-t-il

---

[1] « Traité de droit pénal », tome Ier, p. 46, 3e édition, 1863.

[2] Platon, « République », livre II ; « Les lois », livre IX ; et dans Gorgias. — Voir aussi Aulu-Gelle, « Les nuits attiques », liv. VI, ch. 14.

[3] « De la Clémence », liv. Ier, ch. 22 ; et « De la Colère », liv. Ier, chap. 16 et liv. II, chap. 31.

[4] Dig., lib. 48, tit. 19, *De Pœnis*, 1. 20.

enseigné à ses disciples[1], pèche contre vous, reprenez-le et, s'il se repent, pardonnez-lui ; que s'il a péché jusqu'à sept fois et qu'il se repente, pardonnez-lui, non pas sept fois, mais septante fois sept fois. » L'Église ne pouvait pas ne pas tenir compte de ce précepte du maître ; elle accorde donc au repentir le pouvoir réparateur le plus étendu. « Du système pénitentiaire établi par l'Eglise, a écrit monseigneur Gerbet[2], il résulte que, dans son sein, non seulement tout criminel peut être réhabilité intérieurement aux yeux de Dieu, mais encore que, par l'action des moyens de correction et de réforme dont elle dispose, on peut obtenir une telle garantie d'un sincère et durable repentir que le coupable soit aussi réhabilité extérieurement aux yeux des hommes ». C'est dans la Rome des papes, en 1702, que la première prison cellulaire, en vue de l'amendement des condamnés, a été construite ; sur son portique se lisait cette inscription : *parum est coercere improbos pœnâ, nisi probos efficias disciplinâ.*

Sous l'ancien régime, en France, malgré cet exemple de l'Eglise, les légistes maintinrent la tradition des lois romaines ; ils admirent cependant « le blâme » ou avertissement préalable, dont la faveur malheureusement fit de tels abus qu'on s'empressa d'y renoncer après 1789. En somme, — c'est un rapport officiel[3] qui le constate, — « dans le chaos informe de nos anciennes institutions, on trouvait presque à chaque pas la morale et l'humanité outragées ; des faits innocents ou des fautes légères érigés en grands attentats ; la présomption du crime punie souvent comme le crime même ; des tortures atroces imaginées dans des siècles de barbarie et pourtant conservées dans des siècles de lumières ; nul rapport entre les délits et les peines ; nulle proportion entre les peines des différents délits ; le méchant poussé par la loi

---

[1] Saint-Mathieu, XVIII, 15, 21, 22. — Saint-Luc, XVII, 3, 4.

[2] « Vues sur le dogme catholique de la Pénitence », chap. 9 : Du régime pénitentiaire chrétien.

[3] « Rapport sur le Projet de Code pénal, fait à l'Assemblée nationale constituante dans les séances des 22 et 23 mai 1791, par M. Lepelletier de Saint-Fargeau, au nom des comités de constitution et de législation criminelle ».

même au dernier degré du crime parce que, dès ses premiers pas, il trouve le dernier degré du supplice ; en un mot, des dispositions incohérentes, sans système, sans ensemble, faites à des époques diverses, la plupart pour des circonstances du moment, qui jamais n'ont été rassemblées en corps de lois, mais qui, éparses dans de volumineux recueils, tantôt étaient oubliées, tantôt remises en vigueur, et dont l'absurdité féroce ne trouvait de remède que dans cet autre abus, celui d'être interprétées et modifiées arbitrairement par les juges ».

Le même rapport ajoute : « Dès longtemps l'humanité avait emprunté la voix de la philosophie et de l'éloquence pour dénoncer à l'opinion publique ces funestes erreurs de notre Législation criminelle ».

Il était réservé à l'Assemblée nationale constituante d'opérer une réforme désirée. Toute loi pénale doit être humaine ; et les pénalités, afin d'être efficaces, seront graduées : elles réuniront les différents caractères en vue de leur principal objet, qui est de réprimer utilement et efficacement les crimes. « Mais est-il impossible d'aller plus loin, et ne saurait-on concevoir un système pénal qui opérât le double effet et de punir le coupable et de le rendre meilleur ? » Le problème moderne était déjà ainsi posé nettement. « Appelons par nos institutions le repentir dans le cœur du coupable, disait le rapport de M. Lepelletier de Saint-Fargeau ; qu'il puisse revivre à la vertu, en lui laissant l'espérance de revivre à l'honneur ; qu'il puisse cesser d'être méchant par l'intérêt qui lui sera offert d'être bon [1] : après qu'une longue partie de sa vie, passée dans les peines, aura acquitté le tribut qu'il doit à l'exemple, rendu à la société, « qu'il puisse encore recouvrer son estime par l'épreuve d'une conduite sans reproche et mériter un jour que la société elle-même efface de dessus son front jusqu'à la tache d'un crime qu'il aura suffisamment expié ».

Comme conséquence de ces principes, et en conformité de

---

[1] « Si les méchants connaissaient tous les avantages de la vertu, a dit un philosophe, ils ne seraient pas méchants ».

l'art. 8 de la « déclaration des droits de l'homme et du citoyen » en tête de la constitution du 3 septembre 1791 proclamant que « la loi ne peut établir que des peines strictement
et évidemment nécessaires », si la peine de mort fut encore
maintenue provisoirement [1], au moins il n'y eut pas de peine
perpétuelle [2]. Le Code pénal du 25 septembre 1791 est formel
à cet égard ; il y est dit, à l'art. 8 : « la peine des fers ne
pourra, en aucun cas, être perpétuelle ». Et M. Target, dans
ses observations présentées sur le Code pénal de 1810, s'exprimait ainsi [3] : « L'Assemblée constituante, par un sentiment
d'humanité digne de respect sans doute, mais dont la sagesse
n'a pas été prouvée par l'expérience, avait posé en règle que
nulle peine ne serait perpétuelle. Tous les criminels qui n'é-
taient pas frappés de mort avaient en perspective un terme
fixe ». Et plus loin [4] : « La pensée de l'Assemblée constituante
d'ouvrir aux condamnés, après qu'ils ont subi leur peine,
l'espérance de recouvrer, par de bonnes mœurs, l'estime et
la considération et, par elle, les droits légaux que la condamnation leur a fait perdre, peut paraître une pure chimère à
ceux qu'une longue expérience des hommes a rendus inacces-
sibles à tout système de perfectionnement de l'espèce humaine ».

C'est qu'avec le Consulat et l'Empire on retournait au passé.
Le Code pénal de 1810, comme à peu près tout ce qui s'est
fait alors, a été une œuvre de réaction.

Certainement, des diverses parties d'une législation, celles
qui concernent le régime pénal sont appelées ainsi à varier
le plus, selon le sens des progrès accomplis, parce que la

---

[1] Les tendances étaient bien à l'abolition de la peine de mort ; et un
décret de la Convention, du 4 brumaire an IV, décidait, art. 1er : « A dater du jour de la publication de la paix générale, la peine de mort sera
abolie dans la République française ».

[2] Les législations les plus récentes de l'Europe et notamment celles
du Portugal, de l'Italie, de la Hollande, comme on le verra ci-après aux
pages 31, 32 et 38, rejettent la perpétuité des peines et aussi la peine de
mort.

[3] Baron Loiré : « La législation civile, commerciale et criminelle de
la France », tome XXIX, p. 15, édit. 1831.

[4] Ibid., p. 34.

dignité de l'homme et sa liberté se trouvent alors intéressés de plus près. « C'est de la bonté des lois criminelles que dépend principalement la liberté du citoyen », avait dit Montesquieu [1]. Et lorsque M. Charles Lucas, dans notre siècle [2], eût expliqué en ses écrits « qu'il ne s'agit que de réformer les méchants » et « que, la réforme une fois opérée, les criminels doivent rentrer dans la société », il fut compris : une nouvelle école de criminalistes ou plutôt la science pénitentiaire elle-même prenait naissance. Elle n'étudie pas le crime seul considéré abstractivement et en soi ; elle étudie surtout l'agent du crime, elle cherche à déterminer l'influence à laquelle il a obéi. Et pour le législateur, il s'agit donc, non plus simplement d'édicter des peines, ou pour le juge de les appliquer, mais pour l'un et pour l'autre d'aviser aux moyens de combattre le mal en établissant ce que M. Garraud, dans son « Traité théorique et pratique du droit pénal français », a appelé « la thérapeutique du délit ».

Envisagée maintenant à ce point de vue du relèvement des coupables ou du moins de ceux des coupables qui ne veulent pas être complètement pervertis, le châtiment n'est plus, en quelque sorte, que ce que doit être la correction qu'un père applique à ses enfants, un instituteur à ses élèves, un chef à ses subordonnés, afin de les amender et de les ramener dans la voie du bien et du travail, dont ils se sont écartés. Le mot de « correction », littéralement, n'a même pas d'autre sens : c'est l'action de redresser, de changer en mieux. Les pénalités, en conséquence, s'adoucissent, toutes les rigueurs qu'elles conservent encore étant, comme il a été très justement remarqué [3], « exclusivement réservées aux malfaiteurs incorrigibles qui, par la répétition continue de méfaits, ont démontré une incurable perversité ». Si l'on tient compte toujours de la gravité de l'infraction, on se préoccupe davantage de la personne du délinquant, et « du plus ou moins

---

[1] « De l'esprit des lois », liv. xii, ch. 2.

[2] M. Charles Lucas est mort le 21 décembre 1889.

[3] M. Sarrut, avocat-général : « L'œuvre législative de la troisième république dans le domaine des questions sociales », discours de rentrée prononcé à la Cour d'appel de Paris le 16 octobre 1890.

d'idonéité des coupables à revenir à la vie sociale dans les différents cas de délit [1] ».

C'est dans ce sens nouveau que sont conçues généralement les lois qui, depuis des années déjà, se promulguent dans les États du monde civilisé et aussi par conséquent en France, l'un des pays pourtant les moins avancés dans cette voie, le réveil ne s'y étant fait qu'après 1870 et surtout à partir de 1872, lors de l'enquête qui y a amené la loi du 5 juin 1875 sur les prisons, l'établissement d'un Conseil supérieur des prisons et la fondation de la Société générale des prisons reconnue d'utilité publique par un décret du 23 avril 1889.

Les lois françaises les plus récentes sont donc sorties du courant nouveau des idées. Dans celle du 27 mai 1885, à côté de la relégation pour les récidivistes, se trouve l'abolition de la surveillance de la haute police, surveillance qui « poussait à la récidive par l'avilissement [2] ». Et cette loi, disait le ministre de l'Intérieur, M. Waldeck-Rousseau, au cours de la discussion qui en avait lieu devant la Chambre, n'est qu'un des chapitres du grand livre commencé et qu'il faudra chaque jour compléter ; elle n'est qu'une préface essentielle, inévitable, d'une réforme plus étendue et particulièrement d'une réforme pénitentiaire ». Il a été répondu à cet engagement, d'abord, par la loi du 14 août 1885 « relative à la libération conditionnelle des condamnés [3], au patronage des libérés et à la réhabilitation », comme « moyens de prévenir la récidive »,

---

[1] Garofalo, « la Criminologie ».

[2] Alexandre Laya : « Les plaies légales ».

[3] Cette loi, en ce qui concerne la libération conditionnelle des condamnés, a commencé a être appliquée trois mois après sa promulgation. De cette date initiale, 15 novembre 1885, au 1er janvier 1890, il a été accordé 3.776 libérations, dont 27 seulement ont dû être révoquées ultérieurement, ainsi que le constate un rapport du ministre de l'Intérieur inséré dans le *Journal officiel* du 15 juin 1890. Ensuite un rapport de M. Maurice Faure, député, qui a paru aux documents parlementaires de la Chambre, annexe 1642, dans le *Journal officiel* des 5 et 6 novembre 1891, fait connaître que, du 1er janvier au 31 décembre 1890, les libérations conditionnelles, pour la France et l'Algérie, se sont élevées à 1.386, et qu'elles sont au nombre de 1.081 pour la période du 1er janvier au 1er octobre 1891.

et, en dernier lieu, par celle du 26 mars 1891 « sur l'atténuation et l'aggravation des peines », dont le titre signifie assez qu'elle distingue soigneusement le coupable par occasion ou accident du malfaiteur d'habitude, et qui, en permettant de surseoir à l'exécution de la peine, cette peine restant même comme non avenue s'il n'y a pas de rechute dans un laps de temps déterminé, a marqué jusqu'ici la limite la plus étendue des progrès accomplis dans la législation pénale en France, sans que, bien certainement, le dernier mot, à cet égard, soit dit encore. Il sera question de ces lois, à diverses reprises, dans le cours de cet écrit et aux notes A et G de l'appendice.

Et puis, des congrès pénitentiaires internationaux ont été tenus à Londres en 1872, à Stockholm en 1878, à Rome en 1885, à Saint-Pétersbourg et à Anvers en 1890.

Au congrès pénitentiaire de Saint-Pétersbourg, dans la séance solennelle du 3/15 juin 1890, M. Herbette, chef de la délégation française, s'est exprimé ainsi : « De même que les soins à donner à ceux qui souffrent du mal physique ont toujours été présentés comme un devoir aux heureux de ce monde et que l'exemple de la charité remonte aux dernières limites de l'histoire, de même il semble qu'un profond souci du mal moral à refréner ou à prévenir saisisse, de notre temps, ceux qui peuvent pourtant se croire le mieux à l'abri. Mais, au besoin de bienfaisance personnelle, s'ajoute la notion de cette solidarité qui fait, en réalité, souffrir une époque et une société de tout le mal qu'elles ne savent pas combattre. C'est donc travailler pour la sécurité et le repos des honnêtes gens que de prendre à tâche l'amendement des coupables qui ne sont pas, qui ne veulent pas être incurables. Tant que la vie est laissée à un homme, il ne doit pas être livré à l'extrême désespoir. D'ailleurs, des causes involontaires et accidentelles ne jettent-elles pas trop souvent dans la dépravation des êtres faibles qu'une direction sage et ferme aurait pu doter de la somme moyenne de moralité, d'utilité, de bonheur qu'il faut s'efforcer de leur rendre ? »

Mais le second Empire français, qui avait été aussi, après 1848, un retour funeste vers le passé, s'inspirait, en matière de droit pénal, comme le premier, de l'idée seule de l'utilité sociale, au point de vue surtout du maintien des pouvoirs établis : c'était encore « l'empreinte du doigt impérial ». Et si des criminalistes autorisés, MM. Chauveau et Faustin Hélie, dans leur « Théorie du Code pénal », ont pu très justement dire du système de 1810 « qu'il élevait des obstacles presque insurmontables à l'amendement des criminels », la même appréciation ne s'applique pas moins bien au système qu'a inauguré, pour la durée du second Empire, le décret dictatorial du 8 décembre 1851, rendu immédiatement après le coup d'État et qui a fait revivre, même en les aggravant, les sévérités du Code : « la législation actuelle est insuffisante », était-il allégué dans un des considérants de ce décret « concernant les individus placés sous la surveillance de la haute police et les individus reconnus coupables d'avoir fait partie d'une société secrète », décret d'une toute autre portée que celle que semblait indiquer ce titre et dont les articles ont été un digne prélude de l'établissement des commissions mixtes, qui n'ont pas tardé à suivre. Une loi du 27 février 1858, « relative à des mesures de sûreté générale », à l'occasion d'un attentat contre la vie de l'empereur, viendrait ensuite compléter le système, démontrant une fois de plus la vérité des paroles de Montesquieu, que « quand l'innocence des citoyens n'est pas assurée, la liberté ne l'est pas non plus [1] », et que, comme l'histoire des États de l'Europe l'atteste, « les peines ont diminué ou augmenté à mesure qu'on s'est plus approché ou plus éloigné de la liberté [2] ». Si une loi du 13 mai 1863, par exemple, dont il sera parlé ci-après, page 73 et dans la note G de l'appendice, a pu apporter quelques adoucissements, c'est bien, on ne saurait le contester, parce que le pouvoir a dû obéir à l'irrésistible pression de l'opinion publique et c'est même aussi pour mieux assurer la répression par l'abaissement des peines. On ne se préoccupait nullement de l'amendement des coupables.

Or, ce sont les ministres de ce second Empire, MM. Rouher et Abbatucci, qui ont organisé les « casiers judiciaires », tels,

---

[1] « De l'esprit des lois », liv. xii, ch. 2.
[2] « De l'esprit des lois », liv. vi, ch. 9.

à peu de chose près, qu'ils ont continué jusqu'ici à fonctionner. Cette institution, qui présente à ne pas s'y méprendre l'empreinte de l'époque où elle a été fondée et qui même fut un des instruments de règne mis en œuvre, semble donc tout à fait en désaccord avec les principes nouveaux. De bons esprits, pour toutes sortes d'excellentes raisons, en demandent volontiers la suppression complète. C'est cependant demander trop.

Sans doute la pratique française des casiers judiciaires est déplorable, elle l'a toujours été du moins. Ces casiers, en effet, parce que les informations qu'ils renferment sont livrées à la connaissance des particuliers, chacun, maintenant encore, pouvait obtenir l'extrait du sien, ne permettent guère le reclassement de quiconque a été condamné, ne fût-ce qu'une fois. Ces mêmes casiers, d'ailleurs, dès lors qu'il n'y avait pas de limite à la durée des inscriptions qui y figurent, ont constitué une peine perpétuelle ; et toute perpétuité de la peine est un obstacle au relèvement d'un coupable, puisque celui-ci n'a plus d'espoir. Enfin, cette perpétuité des inscriptions a fait, en outre, du casier judiciaire, une peine qui, étant la même dans tous les cas, pour les individus les moins comme pour les plus criminels, n'est pas graduée en proportion de la gravité des fautes ou du degré d'immoralité de l'agent, ce qui est contraire à toutes les notions d'une saine morale et aux règles essentielles du droit [1].

A ces abus et bien d'autres constatés en dehors de l'œuvre de la justice, comme on le verra dans le cours de ce travail, il s'en est joint encore auxquels l'institution a donné lieu aussi pour l'œuvre même de la justice, comme, entre de nombreux exemples à citer, lorsque des avocats, avec une intempérance de langage qui ne leur est que trop habituelle, s'attaquant non pas à un prévenu ou à un accusé, ce qui pourrait peut-être sembler leur droit, mais à un témoin dont ils voulaient affaiblir le témoignage, apportaient, après se l'être procuré

---

[1] Ce manque de graduation est le reproche que l'on fait aussi, et non sans raison, comme on le verra page 188, à la peine de la relégation selon la loi du 27 mai 1885.

on ne sait comment, le casier judiciaire de ce témoin en pleine audience, de sorte que voilà un homme qui a bien voulu venir éclairer des juges ou des jurés et qui reçoit, devant tout un public, cette honte imméritée : une autre fois, qu'on en soit sûr, il ne s'exposera pas à une mésaventure pareille; eût-il tout vu, tout su dans une nouvelle affaire, il se gardera bien d'en convenir, il évitera d'être cité, il évitera de comparaître et la justice restera privée ainsi peut-être du témoignage le plus important.

Mais, à tous ces abus, il est possible de remédier par des modifications dans le fonctionnement des casiers judiciaires. Et, d'ailleurs, de ce qu'une institution a été déviée de son but, de ce qu'elle est devenue une source d'abus, ce n'est pas une raison pour méconnaître ce qu'il peut y avoir, en elle, de bon et d'utile. Les casiers judiciaires sont un auxiliaire pour l'administration de la justice : à ce titre, on les conservera, en prenant le soin de les réformer dans la mesure où ils doivent l'être.

Et les deux bases sur lesquelles leur organisation repose, qui sont l'emploi des bulletins et la localisation de ces bulletins dans les greffes d'arrondissements, peuvent devenir, en outre, les bases aussi d'une autre institution qui serait à fonder, celle des « casiers civils » faisant connaître la situation sociale des personnes comme les casiers judiciaires font connaître les antécédents des individus au point de vue pénal.

1° Modifications à introduire dans le fonctionnement des casiers judiciaires ;

2° Établissement des casiers civils.

Telles sont les deux questions étudiées dans les pages qui vont suivre.

Une partie de ce travail, concernant les casiers judiciaires, avait paru, sous le titre de « La question des casiers judiciaires », dans les numéros de novembre et de décembre du *Journal des Économistes*. Le texte en a été conservé, ce qui a nécessité les additions et compléments qui font l'objet des notes de A à G dans l'appendice, pages 185 et suivantes.

LES

CASIERS JUDICIAIRES

CHAPITRE PREMIER

Le casier judiciaire, sa défininition. — Son utilité. — La récidive. —
La relégation.

Un casier est un ensemble de cases ou compartiments. Le casier judiciaire est celui dont les cases sont destinées à recevoir et à conserver des bulletins constatant les condamnations criminelles et correctionnelles, plusieurs de celles qui ne sont même que disciplinaires, les déclarations de faillite, les réhabilitations, les amnisties.

On fait valoir, en faveur de l'institution de ce casier, son utilité au point de vue d'une bonne distribution de la justice, les juges et les jurés, afin d'être à même de proportionner la peine à la criminalité, ayant besoin de connaître les antécédents judiciaires du prévenu ou de l'accusé qui comparaît devant eux. Car, affirment les criminalistes, « pour que la peine soit efficace, il faut qu'elle soit proportionnée non seulement à la gravité intrinsèque du méfait, mais surtout au degré relatif de perversité et d'incorrigibilité du coupable. Après avoir pesé le délit, les juges pèsent l'homme et, suivant les poids combinés de ces deux éléments d'appréciation, ils élèvent ou abaissent la peine que réclame la société. Mais séparez le crime de la personne du coupable, la répression perd sa règle et son flambeau; elle est, en quelque sorte, matérialisée, infligée au fait plutôt qu'à l'agent. Alors le citoyen jusque-là honnête et l'homme le plus profondément perverti, confondus sous une aveugle réprobation, se trouvent livrés à l'inique égalité d'un même châtiment; en d'autres termes, l'arbitration de la peine devient impossible et

Theureau. 1

les décisions de la justice n'ont plus le caractère d'équité distribu-
tive et le nerf de suffisance et d'efficacité qui doivent être le propre
d'une justice ferme, libérale et éclairée » [1].

Que les malfaiteurs, les criminels soient des êtres d'une structure
anormale, des êtres chez lesquels, par l'effet de l'atavisme ou pour
d'autres causes, survivent ou revivent, au milieu de la civilisation,
les instincts sauvages qui dénotent l'origine animale de l'espèce
humaine, qu'ils soient, en conséquence, des infirmes moralement
et, en quelque sorte, des malades dont le cas appartiendrait peut-
être à la médecine, la démonstration n'est pas fort éloignée d'en être
faite. Et, si elle l'est un jour, on ne sait dans quelle mesure il en
sera tenu compte par des législateurs de l'avenir, aussi bien à
l'égard des incorrigibles retombant sans eesse dans leurs infractions
à la loi, qu'à l'égard des coupables simplement par occasion ou par
accident. En attendant, les coupables par habitude, ceux qui, condamnés, retombent dans leurs méfaits sont, à bon droit, l'objet
d'une attention toujours particulière. Dans les diverses législations
des peuples civilisés anciens et modernes, il a été généralement et il
est de principe, en effet, que la récidive ou rechute, la rencheance
de l'ancien langage français, — c'est-à-dire l'état de l'individu qui,
après avoir été condamné pour une infraction ou des infractions
à la loi pénale, retombe dans une nouvelle infraction, — est un état
qui peut motiver, à l'égard de cet individu, une aggravation de la
peine à lui infliger. Et toutefois, la récidive est comptée et frappée
différemment selon les pays. La France est un de ceux où elle
l'est d'une manière générale, quelle que soit la nature du crime ou
du délit.

Aujourd'hui surtout que, d'après la loi du 27 mai 1885, la récidive à un certain degré y entraîne la relégation, ou « internement
perpétuel sur un territoire des colonies ou possessions françaises »,
— de fait en Nouvelle-Calédonie, — il semble encore bien plus
nécessaire, pour le juge en France, de parfaitement connaître la
situation des condamnés et le nombre de leurs condamnations, quoique cette peine de la relégation, dont on a eu un précédent avec la
loi du 30 mai 1854 « sur la transportation » qui a supprimé les
bagnes, si elle est redoutée de plusieurs, et généralement de ceux
des condamnés chez lesquels il reste encore de bons sentiments et
quelques attaches de famille ou autre, n'effraie pas les plus endur-

---

[1] Bonneville de Marsangy : discours du 5 novembre 1848 « sur la localisation, au greffe de l'arrondissement natal, des renseignements concernant
chaque condamné ».

cis; car il en est de ceux-ci, au contraire, qui s'en accommodent très bien, qui demandent la « Nouvelle » et qui simulent des crimes, qui, même emprisonnés, en ont commis sur leurs gardiens uniquement pour mériter d'y être envoyés, préférant ce voyage et leur expatriation à une longue détention en France et à la prison cellulaire surtout.

A partir de la mise en application de cette loi du 27 mai 1885, en novembre de la même année, jusqu'au 1er janvier 1890, soit pendant un peu plus de quatre années, il y a eu 6.532 récidivistes condamnés à la relégation : sur ce nombre, 4.338 ont été transférés à leur destination et les autres subissent encore une peine en France, y sont morts ou bien ont obtenu une commutation.

A mesure que les relégués deviennent plus nombreux, les frais que la relégation impose à l'Etat augmentent d'année en année : le chiffre en a été successivement, pour la relégation même, le personnel et le matériel — et non compris en outre un surcroît de dépenses maritimes et militaires, — de 310,111 fr. dans le budget de 1886, de 1,463,655 fr. dans celui de 1887, de 2,552,643 dans celui de 1888, de 3,128,827 fr. dans celui de 1889, de 3,218,827 fr. dans celui de 1890, et il atteindra 3,601,417 fr. dans celui de 1891 [1]. Et le doute subsiste néanmoins de savoir si la mesure produira les bons effets qu'on a paru en attendre. La Hollande et l'Angleterre avaient la relégation bien avant la France; toutes les deux y ont renoncé, l'Angleterre dès l'année 1868 et la Hollande à l'époque plus récente de la mise en vigueur de son nouveau code pénal du 3 mars 1881.

---

[1] Il y a, d'autre part, les dépenses de la transportation en vertu de la loi du 30 mai 1854 qui s'élèvent encore, personnel et matériel compris à plus de 7 millions 1/2 par an. — Voir aussi, à l'appendice, la note A.

CHAPITRE II

La Police. — Elle est l'auxiliaire de la Justice. — Ancien régime. —
1790 et 1792. — Loi du 19 vendémiaire an IV. — Code du 3 brumaire
an IV. — Loi du 12 nivôse an IV. — Code d'Instruction criminelle. —
Les articles 198, 600, 601 et 602 de ce Code. — Le Préfet de Police. —
Discussion au Conseil d'Etat, en 1808, des articles 600, 601 et 602 du
Code d'Instruction criminelle. — Registres et accumulation des renseignements judiciaires.

La police, de son côté, autorité investie d'attributions nombreuses
et diverses, à l'effet surtout de maintenir l'ordre public, la liberté,
la sécurité, la propriété, en faisant respecter et observer les lois,
trouve non moins d'avantage que la justice à être renseignée en ce
qui concerne les individus qu'elle arrête pour des méfaits ou qu'elle
a mission de rechercher. N'est-elle pas l'indispensable auxiliaire de
la justice? C'est la justice qui frappe les coupables; mais c'est la
police qui les lui livre et qui exécute les mandats et les ordres qu'elle
en reçoit. En 1791, dans son décret du 29 septembre, l'Assemblée
nationale, avant de se séparer, proclamait « qu'en s'occupant de
pourvoir à la sûreté publique par la suppression des délits qui trou-
blent la société, elle a senti que l'accomplissement de ce but exige
le concours de deux pouvoirs, celui de la police et celui de la justice ». Et comme l'écrivait, dans un livre publié en 1884, un juge
d'instruction, magistrat de grande expérience, M. Adolphe Guillot [1],
à propos du projet d'un nouveau code sur l'instruction criminelle,
« la justice ne peut pas plus se passer de la police que la police ne
peut se passer de la justice; elles participent toutes deux, à des
degrés divers, dans la mesure de leur importance respective, à
assurer le règne de la loi. Pour mieux marquer le lien qui les
rattache on qualifie de judiciaire la police dont les attributions spéciales consistent à servir d'auxiliaire à la justice, en faisant les
recherches qu'elle lui demande, en arrêtant les malfaiteurs qu'elle
lui désigne. Et l'agent le plus important, le plus indispensable de la
police judiciaire, c'est le chef de la sûreté. Son service comprend

---

[1] « Des principes du nouveau code d'Instruction criminelle », in-8°, 1884,
chap. VII.

l'ensemble des surveillances et des recherches destinées à fournir des indications à la justice et à mettre les inculpés sous sa main. Il serait aussi impossible à un juge d'instruction de découvrir la vérité sans son concours qu'à un chef de gagner une bataille sans soldats ».

Déjà, du reste, sous l'ancien régime, par les soins du lieutenant général de police de Paris, — magistrat dont la charge, créée par un édit du mois de mars 1667, correspondait à peu près à celle du préfet de police actuel, — il était pris et gardé note des condamnations rendues, ainsi que des plaintes des particuliers et déclarations de vols ou autres méfaits. A partir de 1750, il y a un registre à cet effet, sous le nom de « Journal de Paris ». Ce registre, à la vérité, a été mal tenu, ce dont on ne saurait s'étonner quand on songe qu'à cette époque, qui était, d'ailleurs, le beau temps des arrestations arbitraires et des lettres de cachet, il se passait journellement des aventures comme, par exemple, celle que la « Correspondance secrète » [1], raconte d'un joueur chargé d'or qui, s'étant mis pour rentrer à son domicile sous la protection d'une ronde de police, fut dévalisé par elle. Au surplus, la rédaction du registre dont il s'agit étant sans contrôle, on comprendra sans peine quelles erreurs, pour ne pas dire plus, étaient ainsi rendues possibles.

Mais, en 1790 et surtout en 1792, une stricte et sévère régularité fut prescrite. Comme alors la charge de lieutenant général de police avait cessé d'exister dès le 16 juillet 1789, après la prise de la Bastille, pour faire place à des comités de districts, un bureau spécial et central avait été formé à l'effet de veiller à ce que les jugements et arrêts rendus dans le ressort de Paris, qu'ils portassent condamnation ou acquittement, fussent toujours exactement inscrits et mentionnés, ainsi que les ordonnances de non-lieu elles-mêmes.

Aucun autre ressort que celui de Paris, toutefois, ne profitait de la mesure. La Convention nationale, peu de jours avant de prendre fin, dans une loi du 19 vendémiaire an IV, — ou 11 octobre 1795, — « sur l'organisation administrative et judiciaire de la France », posa la première des bases larges et en vue du pays tout entier : elle admit le principe de l'établissement, près de chaque greffe de tribunaux correctionnels, d'un « bureau de renseignements où, disait l'article 29 de cette loi, il sera tenu, soit par le greffier, soit au besoin par un ou plusieurs commis sous la surveillance et la direction du greffier, registre, par ordre alphabétique, de tous les indi-

---

[1] « Correspondance secrète, inédite, sur Louis XVI, Marie-Antoinette, la Cour et la ville, de 1777 à 1792 », publiée par M. de Lescure, Paris, 1866.

vidus qui seront appelés au tribunal correctionnel ou au jury d'accusation, avec une notice sommaire de leur affaire et des suites qu'elle a eues ».

Le code du 3 brumaire an IV, « Code des délits et des peines », article 191, déclarait, de son côté, que « le commissaire du pouvoir exécutif est tenu, dans les trois jours qui suivent la prononciation d'une condamnation, d'en envoyer un extrait à l'accusateur public près le tribunal criminel du département ».

Moins de trois mois après, une autre loi, celle du 12 nivôse an IV, « afin que l'action de la police fût mieux centralisée », créait un ministère de la police générale.

Puis ce furent, à quelques différences près, les mêmes principes que ceux de la loi de vendémiaire an IV et du code du 3 brumaire que, treize années plus tard, le législateur de 1808 entendit mettre en application dans le Code d'instruction criminelle encore actuellement en vigueur, modifié seulement en bien des points de détail par des lois spéciales comme celles du 9 septembre 1835, du 9 juin 1853, du 21 mars 1855, du 17 juillet 1856, du 14 juillet 1865, du 27 juin 1866, du 29 juin 1867, du 21 novembre 1872, du 27 janvier 1873, du 22 juin 1877, du 19 juin 1881 et, plus récemment, en 1885, par les lois du 27 mai « sur la récidive et la relégation » et du 14 août « sur la réhabilitation », sans compter des projets d'autres lois qui n'ont pas abouti. Le projet d'une réforme beaucoup plus profonde et même à peu près complète, vraiment tout un code nouveau, présenté au nom du Gouvernement le 27 novembre 1879, avait été discuté longuement et voté en 1882 le 5 août par le Sénat. A la Chambre des députés, il a été l'objet, en 1883, d'un rapport de M. Goblet et, en 1885, d'un rapport supplémentaire de M. Bovier-Lapierre. Il a donné lieu à des débats successivement en 1884, en 1886, en 1887, en 1888, en 1889 : presque tous les articles sont adoptés. La Chambre, toutefois, dont les pouvoirs expiraient en 1889, n'a pas achevé son œuvre ; et celle qui a été élue en 1889 s'est bornée jusqu'ici à nommer une « commission du Code d'instruction criminelle ». C'est donc l'ancien code qui subsiste encore. Aux termes de l'article 198 de ce Code d'instruction criminelle qui nous régit, « le procureur impérial », — auparavant commissaire du pouvoir exécutif et aujourd'hui procureur de la République, — « sera tenu, dans les quinze jours qui suivront la prononciation d'un jugement, d'en envoyer un extrait au procureur général », — magistrat qui, sous une dénomination différente, est l'accusateur public du code de brumaire an IV. — Dans son article 600, le même Code d'instruction criminelle dit : « Les greffiers des tribunaux correctionnels et

des cours d'assises seront tenus de consigner, sur un registre particulier, les nom, prénoms, profession, résidence de tous les individus
condamnés à un emprisonnement correctionnel ou à une plus forte
peine ; ce registre contiendra une notice sommaire de chaque affaire
et de la condamnation, à peine de cinquante francs d'amende pour
chaque omission ».

Ainsi, c'est un registre particulier qu'il fut prescrit aux greffiers
de tenir ; mais les acquittements ni les ordonnances de non-lieu ne
devaient plus, comme auparavant, être mentionnés, ce registre
étant destiné à ne relater seulement que les condamnations à une
peine de l'emprisonnement au moins. Les articles suivants, articles
601 et 602, ajoutaient, reproduisant presque les termes de la loi de
vendémiaire an IV : « Tous les trois mois, les greffiers enverront,
sous peine de cent francs d'amende, copie de ce registre au ministre
de la justice et à celui de la police générale. Ces deux ministres
feront tenir, dans la même forme, un registre général composé de
ces diverses copies ».

Il n'y a plus de ministre de la police générale ; les attributions
dont il était investi sont celles d'une division du ministère de l'intérieur. Et c'est sous l'autorité immédiate du ministre de l'intérieur,
ainsi que des autres ministres, chacun en ce qui concerne leur département respectif, que le préfet de police exerce ses fonctions dans
les limites déterminées par la loi du 28 pluviose an VIII et l'arrêté du
12 messidor de la même année, sous le Consulat — qui ont établi la
charge de ce magistrat sur le modèle de celle de l'ancien lieutenant
général de police — et par divers décrets postérieurs, ainsi que par
les articles 10, 612 et suivants du Code d'instruction criminelle.

Sous la loi de vendémiaire an IV, il n'était donné connaissance ou
délivré des extraits du registre des greffiers qu'aux seules autorités
constituées. Lorsqu'en 1808 les articles du Code d'instruction criminelle qui allaient être les articles 600, 601 et 602 vinrent en discus
sion devant le Conseil d'État, le projet primitif comportait, en
outre des textes actuels, un paragraphe décidant « qu'il pourra être
délivré aux fonctionnaires et officiers publics compétents, et aux
parties intéressées, les extraits qui seront demandés ». C'est sur ce
paragraphe et à propos de l'expression de « parties intéressées » que
portèrent tous les débats de la séance du 12 août 1808, dont on a
les procès-verbaux conservés et reproduits dans le tome XXVIII, pages
103 et suivantes, de la « Législation de la France » du baron Locré[1].

---

[1] Baron Locré : « La législation civile, commerciale et criminelle de la
France », tome 28, p. 103 et 104, édition 1831.

Le conseiller d'État comte Regnault de Saint-Jean-d'Angely, prenant le premier la parole, insistait sur ce « qu'il importe d'empêcher qu'un malveillant n'abuse de cette disposition du paragraphe pour lever des extraits et les faire insérer méchamment dans les journaux ». L'archi-chancelier prince Cambacérès, qui présidait la séance, émit alors l'avis que, « dans tous les cas, il vaudrait mieux que la notice fût pour la police et qu'on n'en délivrât pas d'extrait aux parties ». M. Réal, après avoir rappelé que c'est là ce qui s'est toujours fait sous la législation de l'an IV, proposa donc de retrancher le paragraphe. Telle fut aussi l'opinion du comte Treilhard. En conséquence, le paragraphe a été retranché.

Il était donc bien clairement, bien formellement dans l'intention du législateur qui a fait le Code français d'instruction criminelle, que jamais des extraits des notices de jugements et arrêts que, se conformant aux articles 600, 601 et 602 de ce code, les greffiers prendraient pour leurs registres et pour ceux des ministères, ne fussent communiqués ni délivrés à des particuliers, pas même à la demande du condamné lui-même qui est incontestablement bien une des « parties intéressées » que visait le paragraphe rejeté. Ces notices, a dit de son côté l'exposé des motifs de la loi, « ont pour objet de composer la statistique exacte de tous les crimes et délits et la statistique personnelle des délinquants ».

Ainsi, un registre général dans chacun des deux ministères auxquels incombe spécialement la répression des infractions aux lois pénales et autant de registres particuliers qu'il y avait en France de greffiers attachés aux tribunaux correctionnels et aux cours d'assises, tous ces registres ne devant être ouverts qu'à la justice seule : voilà quelle fut toute l'organisation.

Or, au bout d'un certain temps, que résulta-t-il d'une mesure pratiquée de la sorte ? Les renseignements s'accumulèrent; les registres, comme il est aisé de le comprendre, s'emplirent vite, surtout dans les deux ministères de la Police ou Intérieur et de la Justice, où les notes arrivaient de toutes les parties de la France; il fallut sans cesse aux premiers registres adjoindre des registres nouveaux. De là, encombrement, confusion, difficultés des recherches, impossibilité même dans bien des cas.

CHAPITRE III

La Préfecture de Police et ses sommiers judiciaires. — Les dossiers. —
Reconstitution des sommiers judiciaires après la Commune de 1871.
— Le service anthropométrique. — Un sommier général des re-
cherches.

Cependant, à la préfecture de police, on n'était pas resté oisif. Du
moment qu'il avait paru démontré par l'expérience que, quelle que
pût être en soi la valeur de la règle posée en principe dans la législation de l'an IV et dans les divers articles du Code d'instruction criminelle, le mode d'application de cette règle du moins était défectueux, on s'était mis à l'œuvre pour trouver mieux, et effectivement on avait trouvé, au moyen de ce qu'on appelle encore aujourd'hui « les sommiers judiciaires », dont le fonctionnement régulier et alors déjà complet est dû à M. Henri Gisquet, très connu d'abord par un célèbre marché de fusils et qui ensuite a été préfet de police sous le gouvernement de Louis-Philippe, de l'année 1831, époque du ministère Casimir Périer, au 6 septembre 1836. C'était un esprit actif, un homme d'initiative. On lui doit la suppression définitive de la fameuse brigade de sûreté autrefois créée par Vidocq ; il en forma une autre, il voulait moraliser l'institution. L'organisation des bureaux et la distribution du travail, à la préfecture de police, sont encore à peu près telles aujourd'hui qu'il en avait tracé le plan. Les réformes qu'il a opérées sont nombreuses. Pour celle qui concerne les sommiers judiciaires, lui-même, dans ses Mémoires [1] l'a racontée ainsi :

« Il existe, à la préfecture de police, un bureau où l'on compose une collection de renseignements qui remonte à plus de cent vingt ans. Cette collection constitue ce qu'on appelle les « sommiers judiciaires ». Elle contient déjà plus de cinq cent mille noms. L'utilité de ce travail se démontre tous les jours. Disons seulement que tous les individus mis à la disposition du procureur du roi sont, à l'instant même, l'objet de recherches dans les sommiers judiciaires, et qu'ainsi l'on ajoute une note explicative et confidentielle aux dossiers de ceux qui ont de fâcheux antécédents.

« Jusqu'en 1833, quatorze employés chargés de ce travail avaient

---

[1] Edition de 1840, vol. 4, chapitre VI, sous la rubrique : « Sommiers judiciaires », p. 292 et suiv.

peine à s'en acquitter. La besogne, en effet, était excessivement difficile : quatre cents gros registres successivement remplis de toutes les notes parvenues au bureau et inscrites à la suite les unes des autres, sans qu'on s'assujétit à une autre méthode pour le classement des matières, formaient cette grande collection.

« Comment retrouver, dans quatre cents registres, les détails relatifs à tel ou tel individu? C'était à peu près impossible. On avait donc établi un répertoire où étaient inscrits, par ordre alphabétique, les cinq cent mille noms des gens sur lesquels on avait recueilli des renseignements, et des numéros de renvoi indiquaient les registres et les pages où se trouvaient les notes relatives à chacun d'eux. Mais ce répertoire était devenu lui-même une chose embarrassante et difficile à consulter; il se composait de feuilles volantes, précaution indispensable pour permettre d'en intercaler de nouvelles, lesquelles feuilles remplissaient quatre caisses de bois.

« Bref, les quatorze employés avaient peine à remplir leur tâche, et il va sans dire que plus on marchait dans cette voie, plus les difficultés augmentaient, puisque le nombre des matériaux augmentait annuellement. J'ai modifié ce travail, de telle sorte que maintenant deux hommes peuvent le faire. Tous les registres et le répertoire sont remplacés par de petites feuilles de carton léger qui, sous le titre de bulletins, contiennent chacun tout ce qui concerne un même individu. On a fait le dépouillement des anciens registres et transcrit sur les nouveaux bulletins tout ce qui pouvait être bon à conserver. Il a suffi, après cela, de placer ces bulletins dans des rayons, par ordre alphabétique, pour rendre les recherches excessivement faciles et promptes. Effectivement, veut-on savoir ce qu'a fait le nommé Pierre François Lebrun? On extrait des rayons le bulletin qui le concerne et on n'a plus qu'à le copier pour en transmettre le contenu à la justice. La besogne est devenue aussi simple qu'elle était compliquée. Quatre années de travail ont été nécessaires pour opérer cette grande amélioration, et cependant elle n'a motivé qu'une dépense de 15.000 francs une fois faite ».

Telle est l'organisation des sommiers judiciaires à la Préfecture de police de Paris, exposée par celui-là même à qui elle est due. Rien d'essentiel, depuis, n'y a été changé. Seulement, la collection des renseignements recueillis était devenue incomparablement plus considérable; le chiffre total des noms d'individus et, par conséquent, des bulletins personnels, en 1870, dépassait quatre millions. Et il fallait, pour tout le travail à faire, non plus deux employés seulement, comme à l'époque de M. Gisquet, mais quatorze, sous la direction d'un sous-chef de bureau.

On ne confondra pas, avec ces sommiers judiciaires, d'autres bulletins classés aussi à la préfecture de police sous Napoléon III : c'est la police politique, ne dépendant que de l'administration, qui les recueillait dans un but purement politique et nullement pour l'usage de la justice ; elle les appelait ses « dossiers », œuvre de la police secrète, qui a été un des instruments du régime impérial. Et il ne faudrait pas croire que, depuis la chute de ce régime, la police secrète a cessé d'exister.

En 1871, lors des événements de la Commune, dans la nuit de mardi 23 mai au mercredi 24, tout a failli être incendié. La préfecture de Police occupait, depuis l'arrêté du 12 messidor an VIII, l'ancien hôtel des premiers présidents du Parlement de Paris ayant issue rue de Jérusalem, sur le quai des Orfèvres [1]. Cependant, grâce au zèle de quelques employés, aidés par les habitants du voisinage, les sommiers judiciaires en notable partie, avec presque tous les dossiers du service des mœurs, ont pu être sauvés. Et ensuite ils ont été complétés ou plutôt reconstitués, en même temps que l'étaient aussi les actes de l'état civil devenus pareillement la proie des flammes [2]. Pour les actes de l'état civil, il fut voté une loi du 12 février 1872. La reconstitution des sommiers judiciaires a eu lieu sur un décret du 5 septembre de la même année, complété par un arrêté ministériel du 12 octobre ; les documents ont été puisés dans les casiers judiciaires des arrondissements, dans le casier judiciaire central du ministère de la Justice et dans les notices de condamnations que les greffiers des cours et tribunaux, en exécution de l'article 601 du Code d'Instruction criminelle, envoient encore plus ou moins régulièrement au ministère de l'Intérieur, par l'intermédiaire des préfets. Le travail était achevé entièrement avant le 15 mars 1873, bien plus tôt que n'a pu l'être celui de la reconstitution des actes de l'état civil, qui s'est prolongé encore plusieurs années.

Au service des sommiers judiciaires en est maintenant joint un autre, qui le complète utilement, le service de l'anthropométrie. Ce système, comme le mot même l'indique, consiste à prendre et à conserver les mesures des diverses parties du corps des individus et leurs photographies : de la sorte, si ces individus sont de nouveau poursuivis et recherchés, il devient facile de les reconnaître et de

---

[1] Elle est actuellement entre le boulevard du Palais, le quai du Marché-Neuf, la rue de la Cité et la rue de Lutèce.

[2] Le Grand-Livre de la dette publique, incendié aussi au Ministère des Finances, a été refait au moyen du double qui était conservé dans les bâtiments de l'Assomption.

les « identifier », nonobstant les pseudonymes et les déguisements sous lesquels ils peuvent se cacher. Tous les portraits photographiques sont faits de la même dimension, qui est celle à peu près d'une carte de visite de 0,085 sur 0,66, et il y en a deux, l'un de face et l'autre de profil, de manière qu'aucun des traits distinctifs ne soit omis; les tatouages sont soigneusement relevés, et aussi tous les signes particuliers, même quand ils existent ailleurs qu'à la figure.

En outre, comme beaucoup de procureurs de la République, de divers côtés de la France, avaient pris l'habitude de saisir le préfet de police de Paris des recherches ordonnées par leurs parquets à l'égard d'inculpés soupçonnés de s'être réfugiés dans la capitale, l'idée était venue de créer, à côté de ces sommiers judiciaires, ce qu'on a appelé « un sommier général des recherches », qui assurât avec unité et certitude l'exécution des mandats de la justice. Le garde des sceaux, par une circulaire du 30 décembre 1873, a signalé à l'attention particulière des magistrats du ministère public cette nouvelle institution : « Sans doute il ne s'agit pas, leur a-t-il écrit, d'informer le préfet de police de toutes les mises en recherche sans exception ; mais la mesure peut recevoir une large extension, et elle sera surtout employée utilement dans les affaires qui intéressent la sûreté publique ».

CHAPITRE IV

Les renseignements de la Préfecture de Police insuffisants hors du ressort de Paris. — M. Bonneville de Marsangy, son discours du 5 novembre 1848.

Ainsi, avec les sommiers judiciaires, le service anthropométrique et le sommier général des recherches, c'est donc une triple collection de renseignements, en matière de criminalité, que possède la préfecture de police de Paris. Mais ces renseignements ne sont jamais accessibles au public ; les particuliers ni les administrations ne peuvent en avoir communication dans aucun cas ; on n'est pas même admis à demander son propre dossier relevé sur les sommiers judiciaires, qui ne sont, en effet, qu'à l'usage de la police et de la justice. Or, si l'institution nouvelle du sommier général des recherches, à l'effet de faciliter les arrestations, est établie de manière que tous les parquets de France puissent y recourir, il est certain, au contraire, que, pour ce qui est des sommiers judiciaires, les tribunaux de Paris et du ressort de Paris sont, presque et à quelques exceptions près, les seuls auxquels ils fourniront d'utiles renseignements. Et l'institution des sommiers judiciaires de la préfecture de police de Paris, aux époques surtout où les communications étaient infiniment moins faciles et moins rapides qu'aujourd'hui, était donc insuffisante, et le serait même encore, pour le but que le législateur de l'an IV et celui des articles 600 et suivants du Code d'Instruction criminelle avaient indiqué d'une manière absolument générale et en vue de la France entière. Les tribunaux autres que ceux du ressort de Paris ne pouvaient que s'adresser ou au ministère de l'Intérieur ou à celui de la Justice. Dans ces deux ministères, aussitôt après 1833, on avait bien, à l'exemple de la préfecture de police, substitué le système des bulletins à celui des registres ; mais l'encombrement, néanmoins, y persistait et y allait toujours croissant parce que, d'une part, c'est de tous les tribunaux de France que les documents arrivaient pour être classés et que, d'autre part, c'est aussi par tous ces tribunaux que des demandes de renseignements étaient formulées.

Comment obvier à cet inconvénient ? Telle était la question. En 1848, un magistrat, M. Bonneville de Marsangy, procureur de la

République à Versailles, en fit le sujet de son discours de rentrée prononcé en séance solennelle le 5 novembre.

« En dehors des grands principes constituants dont se préoccupe en ce moment l'opinion publique, a-t-il dit, il est un certain nombre d'idées secondaires qui, pour être moins propres à passionner les intelligences, n'en sont pas moins utiles, moins indispensables au succès de nos nouvelles institutions. Parmi celles de ces idées que leur opportunité semble signaler davantage à l'attention des esprits sérieux, j'en choisis une qui, par sa nature, rentre plus particulièrement dans le cercle des méditations journalières du ministère public ; je veux parler de la nécessité de « localiser désormais au « greffe de l'arrondissement natal tous les renseignements judiciaires « concernant chaque condamné ».

C'était la décentralisation en matière de renseignements judiciaires. Il ne fut pas difficile à l'orateur d'en démontrer les avantages. Et comme s'il eût prévu quelque événement du genre de ceux de la Commune de 1871, il ajoutait :

« Si l'on songe, d'ailleurs, qu'il suffit d'un audacieux coup de main tenté par quelques malfaiteurs insurgés ou même d'un simple accident pour anéantir ces précieuses collections, on comprendra l'indispensable nécessité de créer un second foyer de renseignements identiques, lequel, par sa dissémination même, soit à l'abri de toute chance de destruction ».

En conséquence, il demandait que, dans le code d'Instruction criminelle, fût introduit un article ainsi conçu :

« Aussitôt qu'une condamnation à l'emprisonnement ou à une plus forte peine sera devenue définitive, les greffiers des cours et tribunaux seront tenus, sous peine d'une amende de cinq francs par chaque omission, d'adresser, suivant la forme et les dimensions prescrites, un extrait de ladite condamnation au greffe du tribunal civil du lieu de naissance du condamné.

« Pareil envoi sera fait, sous la même peine, de tous mandats d'amener ou d'arrêt, ordonnances de prise de corps, jugements ou arrêts concernant les prévenus ou accusés contumax et généralement de toute décision judiciaire emportant incapacité civique.

« Ces extraits et mandats seront classés au greffe, par ordre alphabétique : il en sera délivré copie certifiée à toute réquisition de l'autorité ».

CHAPITRE V

Organisation des casiers judiciaires. — Les circulaires. — Echanges
des notices des condamnations entre la France et des pays étrangers.
— La loi du 23 janvier 1873 sur l'ivresse. — La loi du 27 juillet 1872
sur le recrutement des armées. — La loi du 15 juillet 1889. — La loi
du 14 août 1885 concernant la réhabilitation. — La loi du 30 octobre
1886 sur l'organisation de l'enseignement primaire. — Une circulaire
du 1er mars 1890 à propos des transmissions d'offices ministériels. —
Les casiers judiciaires ne sont qu'une institution ministérielle.

Ce discours du magistrat, publié dans une brochure, n'était point
demeuré sans écho dans le pays ; car la presse et, en même temps,
par un vœu motivé, le conseil général du département de Seine-et-
Oise en avaient signalé à l'attention le côté éminemment pratique.
Cependant, aucun projet de loi ne fut présenté au pouvoir législatif
de l'époque, à l'Assemblée nationale. Après deux années écoulées, le
garde des sceaux, ministre de la Justice, M. Rouher, au lieu de faire
appel aux lumières de cette assemblée, rédigea, en date du 6 novembre 1850, à l'adresse de tous les procureurs généraux de France, une
longue circulaire dans laquelle se trouve exposée, sur les bases indiquées par le discours de Versailles, l'organisation des « casiers judiciaires ». Cette dénomination de « casiers judiciaires » est employée
là pour la première fois. Des circulaires postérieures et des instructions ministérielles, tantôt pour compléter et tantôt pour modifier
la circulaire primitive du 6 novembre 1850, ont été rendues en grand
nombre ; on ne compte pas moins d'une centaine de documents de
cette sorte, dont plusieurs sont émanés d'autres ministères et d'autres
autorités que la Chancellerie. De là, une situation compliquée, inco-
hérente même et confuse, qui aurait pu être évitée sans doute au
moyen d'une loi bien faite, sortie des délibérations éclairées d'une
assemblée, loi qui eût défini le casier judiciaire, son objet, sa nature,
ses effets, son fonctionnement. L'institution, en tous cas, reposerait
du moins sur des textes de loi précis.

Des conventions, il est vrai, conclues successivement, le 25 avril
1857 avec l'Autriche-Hongrie, le 12 décembre suivant avec la Bavière, le 15 décembre 1868 avec l'Italie, au commencement de 1870

avec le Grand-Duché de Bade, le 21 mars de la même année avec la Belgique, une convention entre la France et l'empire allemand du 11 décembre 1871, annexe au traité de Francfort du 10 mai, seulement en ce qui concerne l'Alsace-Lorraine, une clause du traité d'extradition du 20 septembre 1874 avec le Pérou, une clause d'un autre traité d'extradition avec le Grand-duché de Luxembourg du 1er septembre 1875, et, enfin, un arrangement intervenu le 17 décembre 1880, entre le Gouvernement français et la confédération Suisse, — tous ces arrangements, clauses et conventions établissant l'échange respectif des notices ou relevés de condamnations des nationaux de chaque pays, — constituent bien, sil'on veut, une sorte de reconnaisssance du casier judiciaire. Toutefois ces actes diplomatiques, n'émanant pas de l'autorité législative; encore bien que la Convention avec l'empire allemand ait été ratifiéé législativement à la date du 9 janvier 1872, le traité d'extradition avec le Pérou le 18 décembre 1875, et le traité avec le Grand duché de Luxembourg également le 18 décembre 1875, ne sont pas des lois dans le sens véritable du mot.

Une loi a été votée, à la date du 23 janvier 1873, « à l'effet de réprimer l'ivresse publique et de combattre les progrès de l'alcoolisme ». On peut la voir affichée à la porte des mairies et dans la salle principale des cabarets, cafés et autres débits de boissons. Pour une première fois, l'inculpé n'est passible, devant le tribunal de police, que d'une amende de 1 franc à 5 francs, comme ayant commis une simple contravention. En cas d'une première récidive, c'est encore une contravention, pour laquelle la peine pourra être portée à trois jours de prison au plus. Mais que, dans les 12 mois, une seconde récidive soit constatée, ce ne sera plus une contravention, ce sera un délit ; le tribunal de police correctionnelle devient compétent, au lieu de celui de simple police, et condamne le coupable à un emprisonnement de six jours à un mois et à une amende de 16 à 300 francs. Et si, avant l'expiration de l'année, il y a une nouvelle récidive, non seulement ces deux pénalités, prison et amende, pourront être élevées au double dans le second jugement correctionnel, mais, en outre, dans ce jugement, le condamné sera déclaré incapable d'exercer les droits de vote et d'élection, d'éligibilité et autres et même du droit de port d'armes pendant deux ans. Les mêmes condamnations exactement peuvent être encourues par les cafetiers, cabaretiers et débitants qui « auront, dit la loi, donné à boire à des gens manifestement ivres ou les auront reçus, ou auront servi des liqueurs à des mineurs de moins de seize ans ».

Il fallait, pour que cette loi fût appliquée et puisque le tribunal correctionnel ne devient compétent en place du tribunal de simple police que si la récidive se produit dans les douze mois, pouvoir constater matériellement cette récidive. Les casiers judiciaires vont-ils en fournir le moyen? Pas du tout. Une circulaire de la Chancellerie, en date du 23 février 1874, a décidé que les bulletins, en ce cas, « seront classés alphabétiquement au parquet même, dans un casier spécial », et que, « pour éviter l'encombrement, ils pourront être détruits après douze mois écoulés depuis la condamnation ». La loi de janvier 1873 sur l'ivresse ne s'est pas permis, en effet, de mentionner les casiers judiciaires ; elle ne les nomme pas.

De même la loi du 27 juillet 1872 « sur le recrutement des armées de terre et de mer » avait évité non moins soigneusement de se servir d'une dénomination non législativement consacrée. Pour que l'engagé volontaire fournît la preuve de sa moralité et de la jouissance de ses droits civils, elle disait de lui, article 46, n° 6 : « Il doit être porteur d'un certificat de bonnes vie et mœurs délivré par le maire de la commune de son dernier domicile ; et s'il ne compte pas au moins une année de séjour dans cette commune, il doit également produire un autre certificat du maire des communes où il a été domicilié dans le cours de cette année. Le certificat doit contenir le signalement du jeune homme qui veut s'engager, mentionner la durée du temps pendant lequel il a été domicilié dans la commune et attester qu'il jouit de ses droits civils et qu'il n'a jamais été condamné à une peine correctionnelle pour vol, escroquerie, abus de confiance ou attentat aux mœurs ».

Le décret d'administration publique du 30 novembre 1872, pour l'application de cette loi du 27 juillet, ne contenait rien de plus.

Mais, dans l'usage, on avait bien vite, par de simples circulaires des ministres de la Guerre, de la Marine et de la Justice, celle entre autres du 30 décembre 1873, ajouté à la production de ces certificats des maires celle d'un extrait du casier judiciaire.

Moins timide, et en présence d'une pratique ainsi admise de fait, le législateur de 1889, dans la loi du 15 juillet « sur le recrutement » qui remplace celle de 1872, a inséré un article 59 par lequel il est prescrit que tout Français qui veut contracter un engagement volontaire de trois, de quatre ou de cinq ans, est tenu, pour justifier qu'il n'a pas été condamné, qu'il jouit de ses droits civils et qu'il est de bonnes vie et mœurs, « de produire un extrait de son casier judiciaire [1] », en même temps qu'un certificat du maire de la commune

---

[1] Le décret du 28 janvier 1890, « relatif aux engagements dans les troupes de la marine », dit aussi en conformité de cette loi : « Le contractant justifie

de son dernier domicile et, s'il ne compte pas au moins une année de séjour dans cette commune, un certificat en plus du maire de la commune qu'il habitait antérieurement.

Voilà donc le casier judiciaire nommé dans une loi française, mais incidemment. Déjà la loi du 14 août 1885, dans ses articles concernant la réhabilitation, avait employé l'expression, et d'une manière également tout à fait incidente, pour dire que, dans le cas où la réhabilitation est obtenue, « mention en est faite au casier judiciaire » et que « le réhabilité peut se faire délivrer une expédition de la réhabilitation et un extrait du casier judiciaire sans frais ». Dans la discussion de cette loi, à la Chambre des députés, séance du 18 mai 1885, M. Freppel avait proposé un amendement qui évitait une expression « faisant pour la première fois, a-t-il observé, et contrairement à tous les principes juridiques, apparition sur le terrain légal »; l'amendement n'a pas été voté. Incidemment aussi, la loi du 30 octobre 1886 « sur l'organisation de l'enseignement primaire » a prescrit, par son article 38, que le postulant pour fonder une école privée adressât à l'inspecteur d'académie, en même temps que son acte de naissance et ses diplômes, « l'extrait de son casier judiciaire » et, par son article 63, que tous les directeurs d'écoles privées alors existantes et leurs instituteurs adjoints eussent à adresser également à l'inspecteur d'académie, « dans les trois mois », en même temps que leurs diplômes, « les bulletins de leurs casiers judiciaires », bulletins qui leur devaient être « délivrés gratuitement ». Ce n'est pas une loi, c'est simplement une circulaire de la Chancellerie du 1er mars 1890 qui exige maintenant, outre la production de l'acte de naissance et des certificats de stage, de libération du service militaire, de bonnes vie et mœurs et de jouissance des droits civils, civiques et politiques, celui aussi « du casier judiciaire », de la part de tout aspirant à un office ministériel, quels que soient le mode et les motifs de la transmission de cet office L'institution des casiers judiciaires, en elle-même, qui n'a ainsi été fondée en France ni par une loi, ni même par un décret, mais par des circulaires, n'en est pas moins que toujours purement ministérielle, en sorte qu'un ministre pourrait, s'il lui en prenait fantaisie, la supprimer par une simple circulaire ou la bouleverser à son gré, sans violer directement au-

---

de son âge par pièces authentiques et produit, avec un extrait de son casier judiciaire, le certificat de bonnes vie et mœurs. Si le casier judiciaire relate une condamnation pour vol, escroquerie, abus de confiance, attentat aux mœurs, ou autre, l'engagement ne peut pas être reçu pour les troupes de la marine ».

cune loi. Elle n'est qu'une institution en dehors du texte des articles 198, 600, 601 et 602 du Code d'instruction criminelle, non abrogés cependant et qui, avec ces casiers actuels, n'ayant plus de sens au point de vue pratique, ont cessé d'être observés. Les notices qui, d'après l'un de ces articles, devaient être envoyées tous les quinze jours au procureur général, ne le sont plus du tout, à moins d'être spécialement réclamées par ce magistrat ; et celles qu'un autre article prescrivait aux greffiers, sous peine d'une forte amende, de faire parvenir tous les trois mois aux deux ministères de la Justice de l'Intérieur, et pour le relevé desquelles il leur était payé, sur le budget, 10 centimes par chaque notice, ne sont transmises, et encore peu régulièrement, qu'à ce dernier ministère, par l'intermédiaire des préfets, à l'effet principalement de servir à la formation des sommiers judiciaires de la préfecture depolice. De simples circulaires ministérielles ont donc annihilé des articles de loi !

CHAPITRE VI

Les bulletins des casiers judiciaires font titre contre les prévenus et accusés. — Jurisprudence antérieure, qui n'admettait pour preuve d'une condamnation que l'expédition authentique 'de la sentence l'ayant prononcée. — Jurisprudence qui, depuis la loi du 27 mai 1885, distingue entre la récidive légale ordinaire et la récidive du relégable.

Et qu'on n'aille pas croire que les bulletins des casiers judiciaires, ces casiers n'ayant cependant aucun caractère légal, n'ont constitué, dans la pratique des tribunaux, que de simples renseignements : « ils font titre contre les prévenus et accusés, comme le dit très bien l'auteur d'un « Traité de l'Instruction criminelle »[1], des meilleurs qui aient été publiés en France, M. Faustin Hélie, et ils deviennent souvent l'unique base de l'aggravation pénale de la récidive ». La Cour de cassation, dans plusieurs arrêts, notamment aux dates du 1er décembre 1859, du 4 février 1860, du 16 août 1872, du 6 mars 1874, du 7 juillet 1876, du 10 avril 1880, du 21 septembre 1882, a jugé que « l'existence d'une condamnation antérieure est suffisamment établie par la production d'un extrait du casier judiciaire, alors d'ailleurs que l'accusé ne conteste pas ». Et, au Conseil d'État, on est allé encore bien plus loin : il y a été décidé, le 12 mai 1882, pour invalider une élection, que « le candidat élu n'est pas fondé à soutenir, devant le Conseil d'État, que la production de son casier judiciaire ne fournit pas une preuve suffisante qu'il a encouru une condamnation, lorsque dans son pourvoi il ne justifie pas que la condamnation ne s'applique pas à lui ». — Or, il niait qu'elle s'appliquât à lui. Et le Conseil a passé outre. — Comme si la preuve qu'une condamnation s'applique bien à un défendeur, au cas même où cette condamnation existe, n'incombait pas de droit à la partie poursuivante qui allègue cette condamnation.

La jurisprudence qui, avant le fonctionnement des casiers judiciaires, était fixée par les arrêts de la Cour de cassation du 11 septembre 1828 et du 28 février 1846, avait, au contraire, toujours

---

[1] « Traité de l'Instruction criminelle ou théorie de l'Instruction criminelle » par M. Faustin Hélie, tome 8 n° 4081, 2e édit. 1867.

admis que, pour prouver une condamnation, il fallait une expédition
en règle et authentique du jugement qui la prononce ; et les
notices n'étaient que des indications, des renseignements, non des
preuves. Cette Cour suprême décidait même alors, dans son arrêt
du 11 septembre 1828, « qu'une cour d'assises avait pu considérer
que l'état de récidive n'était pas juridiquement établi par l'aveu
formel de l'accusé, encore bien qu'appuyé d'un certificat du directeur
de la maison dans laquelle la peine avait été subie ». Et, en effet,
ce ne sont pas là des preuves légales. Il n'y a de preuve véritable,
de preuve légale, que l'expédition régulière de la sentence. Mais
surtout un simple extrait, un bulletin des casiers judiciaires, sujet,
comme on s'en est maintes fois aperçu, à toutes sortes d'erreurs, et
à coup sûr beaucoup moins probant encore que le témoignage d'un
directeur de prison, ne constitue, quoi qu'aient pu décider la Cour
de cassation et le Conseil d'État, que tout au plus une présomption.
Et de cette présomption, de ce bulletin du casier judiciaire, qui n'a
pas de caractère légal, on a fait une preuve ! On en a fait « un titre
contre les prévenus et les accusés » !

La Cour de cassation, toutefois, devient moins affirmative depuis
la loi du 27 mai 1885 « sur la récidive et la relégation » : par des
arrêts des 25 mars, 28 mai, 19 et 26 août 1886, des 4 février, 24 février, 24 mars, 5 mai, 9 juin et 7 et 8 juillet 1887, du 15 nov. 1888
et du 16 mars 1889, ce dernier arrêt rendu solennellement toutes
chambres réunies, elle a statué que « sans doute, relativement à la
peine de la récidive légale établie par les articles 56 et suivants du
code pénal, les juges ont pu, en présence d'un extrait du casier
judiciaire, se contenter du silence de l'accusé ou du prévenu », mais
que maintenant, pour ce qui concerne la relégation par application
de la loi du 27 mai 1885, ce silence ne suffit pas et que, si un extrait
du casier judiciaire est produit, l'accusé ou le prévenu « doit avoir
été mis formellement, et par une interpellation directe, en demeure
de reconnaître ou de contredire les mentions qui y figurent ». La
Cour de cassation estime qu'il convient d'entourer de garanties
spéciales les prévenus ou accusés exposés à la relégation, qui est
une peine perpétuelle, peine accessoire cependant ; et c'est ce qui
expliquerait cette modification de sa jurisprudence, cette sorte de
distinction entre la récidive légale ordinaire et la récidive du relégable. Mais si, une peine étant perpétuelle, son application doit être,
pour cela, comme le veut ici la Cour de cassation, entourée de
toutes les garanties qui tendent à éviter des erreurs judiciaires, est-ce
que ces mêmes garanties tendant à éviter des erreurs peuvent donc
être négligées parce que la peine ne sera pas perpétuelle, parce qu'elle

sera moindre? Est-ce que, quelle que soit la peine, fût-elle des plus minimes, et l'accusé même ou le prévenu négligeant de se défendre ou faisant défaut [1], le devoir du juge n'est pas d'apporter toujours une sollicitude égale, une sollicitude absolue à éviter les erreurs, toutes préjudiciables et souvent irréparables[2] en présence de l'axiome qui veut que « la chose jugée soit tenue pour la vérité »? Comme le dit très bien un savant professeur de droit, M. R. Garraud, dans son « Traité théorique et pratique du droit pénal français », tome 2, n° 230, « cette distinction entre les deux espèces de récidive ne paraît nullement fondée », et la gravité de la peine de la relégation, — gravité même purement relative, puisqu'on sait que certains pré·venus ou accusés préfèrent cette condamnation à la détention et surtout à la cellule, — « n'est pas un motif suffisant pour justifier la différence » qu'on prétend établir.

---

[1] Dans la pratique, lorsqu'un inculpé ne comparaît pas, les juges condamnent sans même se donner la peine d'examiner si la poursuite est fondée ou non. L'inculpé, il est vrai, a ensuite la voie de l'opposition et celle de l'appel.

[2] Entr'autres faits, en voici un tel qu'il est arrivé, si ce n'est que les noms, — on comprendra pourquoi, — ne sont pas ici les véritables. Louis Durand et Pierre Durand étaient d'une même commune. Pierre Durand, à Paris, en 1855, sur la poursuite, non du Ministère Public, mais d'un particulier, était condamné à trois mois de prison sous le nom de Louis Durand, et c'est à Louis Durand, bien à son insu, que le casier judiciaire était infligé. Lorsqu'en 1874 une circulaire eut prescrit de transmettre les duplicata des bulletins aux autorités municipales, qui les consulteraient pour la confection des listes d'é-lecteurs, Louis Durand fut rayé. Il fit une enquête et découvrit toute la vérité. Mais Pierre Durand était mort depuis longtemps et le particulier qui l'avait fait condamner ne pût pas être découvert. Il fut dès lors impossible à Louis Durand de prouver que la condamnation s'appliquait à un autre qu'à lui et il est resté avec son casier judiciaire.

CHAPITRE VII

Tel qu'il est, moins les modifications successives qu'il a subies, le système des casiers judiciaires a commencé à fonctionner au début de l'année 1851.

C'est dans chacun des greffes des tribunaux de première instance ou tribunaux d'arrondissement de la France actuelle et de l'Algérie, au nombre de 375 d'après la loi du 30 août 1883 « sur l'organisation judiciaire », que ces casiers sont établis « en un lieu non accessible au public, disent les circulaires, et, autant que possible, en celui où sont conservés les actes de l'état civil » ; les vérifications d'identité peuvent ainsi se faire sans déplacement. A Paris, en plus du casier judiciaire installé au greffe du tribunal de première instance de la Seine pour tout le ressort de ce tribunal, il y a un casier judiciaire central au ministère de la Justice, bureau de la statistique judiciaire : une circulaire du garde des sceaux, M. Abbatucci, en date du 30 août 1855, modifiant celle de M. Rouher du 6 novembre 1850, et complétée par les circulaires du 1er juillet 1856 et du 20 mai 1862, a prescrit d'y réunir les bulletins des condamnés d'origine étrangère ou des colonies autres que l'Algérie et d'origine restée inconnue. Ces condamnés devaient, d'après la circulaire de M. Rouher du 30 no : vembre 1850, avoir leurs bulletins « classés au casier de l'arrondissement dans lequel ils étaient domiciliés ou résidents ». Mais « lorsqu'ils devenaient l'objet de nouvelles poursuites dans d'autres arrondissements, il était très difficile de découvrir où et quand ils avaient été précédemment condamnés ». C'est l'observation que fait M. Abbatucci dans son compte général de l'administration de la justice criminelle écrit en 1856. Il ajoute : « Pour obvier à cet inconvénient, j'ai fait établir à la Chancellerie, au mois d'octobre dernier, un casier central où viennent se classer les bulletins des condamnés d'origine étrangère et ceux des condamnés d'origine inconnue, et c'est à ce casier que sont demandés les renseignements sur les prévenus des deux catégories. Chaque jour de nombreuses demandes y sont adressées, et la réponse, qui ne se fait jamais attendre 24 heures, apprend souvent que des individus, qui se prétendaient purs d'antécédents judiciaires, ont été condamnés plusieurs fois par différents tribunaux ».

Toute installation de casiers judiciaires consiste en un assemblage d'autant de compartiments qu'il y a de lettres dans l'alphabet, et où sont classés, sous leur lettre respective, selon la première du nom de famille, les bulletins, — n'importe par quelle juridiction ils soient envoyés, — qui se rapportent à des individus nés dans l'arrondissement et, pour le casier judiciaire central, à des individus d'origine soit étrangère ou coloniale, soit inconnue.

Ces bulletins, la rédaction en a lieu au sujet de tout arrêt de cour d'assises, tout jugement ou arrêt en matière correctionnelle devenu définitif, toutes déclarations de faillite, décisions des tribunaux militaires et maritimes, certaines mesures disciplinaires applicables aux avocats et officiers ministériels et publics, et même pour les sentences prononçant l'acquittement de mineurs de seize ans comme ayant agi sans discernement. Ils contiennent le nom de famille de la personne et, autant que possible, ceux aussi du père et de la mère, les prénoms et surnoms, l'âge, la date et le lieu de la naissance, la profession, l'état civil de célibataire, marié ou veuf, les signes particuliers s'il y en a et, depuis une circulaire du mois d'août 1879, le signalement ; on y ajoute la désignation de la juridiction qui a prononcé, le genre du délit ou du crime, la nature et la durée de la peine et enfin, dans les cas de récidive, la mention expresse de cette circonstance, comme aussi celle de la réhabilitation, si elle est obtenue, et de toute amnistie, grâce, commutation ou réduction de peine. Voilà ce qu'on appelle les bulletins n° 1. Ce sont eux qui composent le casier ; ils ne doivent jamais être produits au dehors. Des extraits en sont joints à tout dossier criminel ou correctionnel, sauf en matière forestière. Ces extraits pour les besoins de la justice et ceux qui pourront être faits à d'autres occasions spécifiées dans les circulaires, reçoivent le nom de bulletins n° 2. Après l'en-tête, qui est l'indication du greffe dont ils émanent, ils donnent les relevés des bulletins n° 1, à moins qu'une réhabilitation ne soit intervenue ou une amnistie, cas auquel étant négatifs et les condamnations effacées ne devant plus maintenant y figurer, surtout depuis les circulaires du 25 novembre 1871 et du 6 décembre 1876 et la loi du 14 août 1885, ils portent en gros caractère le mot « néant », ce qui n'a pas lieu, bien entendu, pour la grâce et les commutations ou réductions de peine, lesquelles n'effacent pas les condamnations dont les conséquences persistent, ces condamnations pouvant devenir, le cas échéant, le premier terme de l'état de récidive légale et même servir de base à la relégation ; car l'article 5 de la loi du 27 mai 1885 dit expressément : « Les condamnations qui auront fait l'objet de grâce, commutation ou réduction de peine, seront néanmoins comp-tées en vue de la relégation » ; mais « ne le seront pas, ajoute le même article, celles qui auront été effacées par la réhabilitation », et encore moins celles qu'une amnistie pleine et entière aura couver-tes. Le mot « néant » est aussi et à plus forte raison celui qui sera inscrit sur tout extrait demandé du casier judiciaire de quelqu'un à la charge de qui il ne se trouve aucune condamnation ni mention, « casier blanc », selon l'expression vulgaire. Quant aux bulletins pour les acquittements de mineurs de seize ans ayant agi sans dis-cernement, comme ils ne sont conservés qu'en vue de servir ulté-rieurement à la justice s'il y avait récidive, et pour cette raison écrits sur un papier de couleur distincte, les extraits n'en peuvent de même n'être que négatifs lorsqu'ils ne sont point délivrés à des magistrats de l'ordre judiciaire.

Les casiers d'arrondissement sont tous sous la surveillance immé-diate des parquets. Tous les mois il est dressé, dans les greffes, un procès-verbal des bulletins qui y ont été rédigés, transmis, classés, délivrés en extraits. Ce procès-verbal, visé par le procureur de la République qui y résume la manière dont le casier est tenu, est communiqué ensuite au procureur général qui, à son tour, fait ses observations et vise. Les douze procès-verbaux mensuels de chaque arrondissement sont récapitulés à la fin de l'année et leurs énoncia-tions consignées dans le compte annuel destiné à la chancellerie. En outre, à des époques périodiques, et au moins tous les dix ans, les casiers sont inspectés dans leur contenu même. Car, afin d'éviter, autant que possible, l'encombrement qui résulterait surtout de la conservation indéfinie des bulletins devenus inutiles, les circulaires ont prescrit de retirer ceux des individus dont on apprend la mort et ceux des personnes qui auraient dépassé quatre-vingts ans. Pour ce dernier cas, au moyen des actes de l'état civil, la constatation est facile. En ce qui concerne les condamnés qui meurent en subissant leur peine, les renseignements sont fournis par les deux ministères de la Marine et de l'Intérieur. Mais la mort du très grand nombre des condamnés n'arrive que bien après cette expiration de leur peine : comment en être instruit ? Il y a là une difficulté pratique qui n'a jamais pu être résolue. Aussi l'encombrement augmente sans cesse, le nombre des nouveaux bulletins classés étant d'environ 180.000 par année, dont plus de 18.000 pour le casier judiciaire central, — casier qui est sous le contrôle direct du ministre de la Justice ou plutôt d'un des chefs de division. — Et les embarras du service deviennent très grands partout, service d'autant plus pénible qu'une exactitude rigoureuse doit être apportée dans les envois des buletins n° 2.

Lorsque, en effet, un bulletin n° 2 est réclamé, il doit être transmis sans délai et au plus tard dans les quarante-huit heures s'il est expédié à des magistrats ; il le sera même immédiatement s'il a été demandé télégraphiquement pour le cas d'un flagrant délit poursuivi en vertu de la loi du 20 mai 1863.

Et au surplus, afin que, des recherches à faire, il résulte moins de retards, les circulaires ont, à commencer par celle du 1er juillet 1856, imposé la tenue d'un répertoire sur lequel doivent être consignés par ordre alphabétique, avec la date des arrêts et des jugements et l'indication des cours et tribunaux qui les ont rendus, les noms de tous les individus dont les bulletins se trouvent classés au casier. Il est vrai que ce répertoire est souvent mal tenu, quelquefois même pas du tout, ce qui n'empêche pas les greffiers de prélever toujours leurs vingt-cinq centimes par extrait pour droit d'inscription au répertoire.

CHAPITRE VIII

Rédaction des bulletins n° 1. — Rédaction des bulletins n° 2. — Les bulletins n° 2 délivrés pour des magistrats, pour des administrations publiques, en vue d'engagements volontaires dans les armées, aux instituteurs primaires des écoles privées. — Bulletins n° 2 délivrés dans un intérêt privé. — Leurs prix aux diverses époques. — Les recettes au profit de l'Etat.

Les bulletins n° 1, tous sur un modèle uniforme qui est une feuille de papier ordinaire épais et solide, de la dimension de la demi-feuille de papier timbré actuellement de soixante centimes, sont rédigés par le greffier du tribunal ou de la cour qui a prononcé, par les commissaires du gouvernement près les conseils de guerre et les juridictions maritimes et, dans les cas de faillite, par le greffier du tribunal de commerce; et il est alloué vingt-cinq centimes pour chaque bulletin. Cette dépense est comprise dans les frais de la justice criminelle et supportée par le département de la justice.

Quant aux bulletins n° 2, la rédaction, tout naturellement, ne peut en avoir lieu que là où doit se trouver le casier de la personne qu'ils concernent, si cette personne en a un, et d'où, au contraire, si elle n'en a pas ou si elle a été réhabilitée ou amnistiée, il viendra un certificat négatif. Un membre du parquet les signe. Leurs prix varient.

Pour tout bulletin n° 2 délivré à des magistrats de l'ordre judiciaire dans l'exercice de leurs fonctions, à des administrations et grands services de l'État, tels que les ministères de la Guerre, de la Marine, des Finances, du Commerce, des Postes et Télégraphes ou autres, à des juges-commissaires des faillites et présidents des tribunaux de commerce, à des proviseurs qui se renseignent directement sur des gens de service à admettre dans leurs lycées, il n'est payé, à la charge du budget de la justice comme frais de la justice criminelle, que les vingt-cinq centimes de rédaction au greffier, le bulletin étant affranchi de tous droits de timbre et d'enregistrement, de recherche et d'inscription au répertoire. Une décision du ministre des Finances du 14 novembre 1873 et la circulaire du 30 décembre de la même année, qui a été combinée entre les ministres de la Justice, de la

Guerre et de la Marine pour prescrire la production des extraits ou bulletins n° 2 des casiers judiciaires en vue d'engagements volontaires à contracter dans les armées de terre ou de mer, ayant exempté ces extraits du timbre et de l'enregistrement, ils ne coûtent que le droit de recherche, cinquante centimes, celui d'inscription au répertoire, vingt-cinq centimes, et les vingt-cinq centimes de rédaction, total 1 franc, ce qui est la rémunération du greffier. On a vu que ces bulletins n° 2 sont même délivrés gratuitement, d'après la loi du 14 août 1885, aux individus qui viennent d'être réhabilités et, d'après celle du 30 octobre 1886, aux instituteurs primaires des écoles privées. Mais, en ce qui concerne tous les bulletins n° 2 qui n'ont pas l'une quelconque de ces destinations, et notamment lorsque, dans un intérêt privé, par exemple afin d'obtenir du travail ou un emploi, on a demandé soi-même l'extrait de son propre casier, il y a une distinction à faire.

Si l'extrait est fourni par le casier judiciaire central, il ne donnera lieu, en conformité d'un décret du 10 avril 1877, d'une circulaire du 5 mai suivant et d'une autre circulaire du 15 novembre 1880, qu'à la perception du montant de ces droits de recherche, inscription au répertoire et rédaction, un franc, comme recette alors revenant à l'État et que le greffier du domicile de l'impétrant ne touche que pour en opérer le versement dans une des caisses du Trésor au chapitre des produits divers du budget ; ni le timbre, ni l'enregistrement ne sont exigés, un acte délivré par un ministère n'étant pas de ceux qui y sont assujettis.

Si le bulletin est extrait, non pas du casier judiciaire central, mais de l'un des casiers judiciaires des 375 greffes de première instance de France et d'Algérie, la rémunération d'un franc pour recherche, inscription au répertoire et rédaction appartient au greffier. Et, afin que l'État ait aussi sa part de profit, les deux formalités du timbre et de l'enregistrement apparaissent. C'est sur une feuille de papier timbré — ou, pour mieux dire, la demi-feuille mesurant 0,25 de hauteur et 0,1768 de largeur, soit en superficie 0,0442 — que doit être libellé le bulletin n° 2 dans ce cas ; et le prix de cette demi-feuille qui, primitivement fixé à vingt-cinq centimes par la loi organique du timbre du 13 brumaire an VII, plus un décime par franc ou 10 0/0 ajoutés le 6 prairial de la même année, était porté en 1816, d'après la loi du 28 avril, à trente-cinq centimes sans addition de décime, a reçu d'une loi du 2 juillet 1862 une nouvelle augmentation l'élevant à cinquante centimes, chiffre que l'article 2 d'une loi du 23 août 1871 frappe de deux décimes en plus par franc ou de 20 0/0, soit de dix centimes, en sorte qu'il est actuellement de soixante centimes. Quant à l'enregistrement, son droit de perception, qui résulte d'une circulaire du 23 mai 1853, se fonde sur ce que le bulletin délivré par les greffiers, qui sont des officiers publics et ministériels, est un acte extra-judiciaire, de ceux qui, étant des actes non dénommés, tombent sous l'application du n° 51 du paragraphe 1er de l'article 68 de la loi du 22 frimaire an VII. Cette loi les frappait d'un droit fixe d'un franc, lequel a été élevé de moitié, soit à un franc cinquante centimes, aux termes d'une loi en date du 19 février 1874. Au droit fixe dont il s'agit, droit principal, a été ajoutée la perception d'un décime par franc ou de 10 0/0 de ce droit principal par une loi du 6 prairial an VII, d'un second décime par celles du 2 juillet 1862 et du 23 août 1871, d'un demi-décime ou de 5 0/0 par celle du 30 décembre 1873 : total, deux décimes et demi.

En résumé, pour ces bulletins n° 2 des casiers des greffes qui sont délivrés à des particuliers, la première circulaire, celle du 6 novembre 1850, ne parlait que de vingt-cinq centimes de rédaction à payer au greffier. Les circulaires suivantes en taxèrent le prix à un franc dix centimes, dont cinquante centimes de droit de recherche et vingt-cinq centimes de rédaction au greffier, plus trente-cinq centimes de timbre, tarif de la loi du 28 avril 1816, l'enregistrement n'ayant commencé à être prescrit que dans la circulaire du 23 mai 1853. De cette dernière date à celle où la circulaire du 1er juillet 1856 a recommandé la tenue du répertoire, le greffier n'avait toujours que son même émolument de soixante-quinze centimes, recherche et rédaction ; les trente-cinq centimes de timbre et un franc dix centimes d'enregistrement, compris le décime de la loi de prairial an VII, étant ajoutés, le coût total ressortait à deux francs vingt centimes. Avec les vingt-cinq centimes de répertoire, à partir de 1856, il a été de deux francs quarante-cinq centimes ; ensuite de deux francs soixante-dix centimes par suite à la fois, d'après la loi du 2 juillet 1862, des quinze centimes de plus sur le timbre, porté de trente-cinq centimes à cinquante centimes, et du second décime de l'enregistrement ; puis, de deux francs quatre-vingts centimes, en conséquence de la loi du 23 août 1871 qui fixait le timbre à soixante centimes au lieu de cinquante centimes ; de deux francs quatre-vingt-cinq centimes au 30 décembre 1873, l'enregistrement ayant été augmenté d'un demi-décime ; en 1874, lorsque la loi du 19 février eut haussé de moitié la taxe de l'enregistrement, il a atteint trois francs cinquante centimes, savoir : enregistrement, 1 fr. 50 cent., et en plus 0 fr. 40, exactement 0 fr. 37 1/2, ou 25 0/0 pour les deux décimes et demi mis sur ce principal de 1 fr. 50 en conformité des lois de prairial an VII, juillet 1862 et août 1871, décembre 1873, donc 1 fr. 90 c. ;

timbre, 0,60 ; émoluments du greffier, 1 franc de droits de recherche, inscription au répertoire et rédaction [1].

C'était ainsi trois francs cinquante centimes que, pour obtenir l'extrait d'un casier judiciaire, du sien propre par exemple, on avait simplement à envoyer au greffier de l'arrondissement de la naissance, en un mandat de poste ou autrement, avec de suffisantes indications d'identité, dans une lettre ordinaire affranchie à 15 centimes et en payant au greffier 15 autres centimes pour l'envoi à faire par lui de la pièce ; donc 30 centimes à ajouter au 3 fr. 50, ensemble 3 fr. 80 cent. Enfin, M. le garde des sceaux Thévenet, en 1890, par une circulaire du 8 janvier, a prescrit que désormais « toute demande de bulletin n° 2 formée dans un intérêt personnel », au lieu d'être adressée au greffier directement, le serait « au procureur de la République ». Et le procureur de la République en conformité de l'article 12 de la loi du 13 brumaire an VII et de la circulaire du 20 avril 1886, a, ce que n'a pas le greffier, les honneurs du timbre. C'est, en conséquence, sur une feuille de papier timbré de soixante centimes que la demande doit être faite, en sorte que maintenant la dépense augmentée de ces 0,60, dont bénéficie l'Etat, est celle-ci : prix de l'extrait, 3 fr. 50 ; ce timbre de la demande, 60 centimes, plus les 15 centimes d'affranchissement de la lettre au procureur de la République, qui n'a la franchise postale, en principes [2], que relativement à ses fonctions de magistrat, et 15 autres centimes pour l'affranchissement de l'envoi de la pièce par le greffier : total 4,40.

Les bulletins n° 2 des casiers judiciaires des greffes délivrés dans un intérêt privé étant au nombre de 170.000 au moins par an, chiffre constaté pour 1887 [3], l'enregistrement, à raison de 1 fr. 90, et le timbre de 0,60 par chaque bulletin constituaient au Trésor un produit annuel de 425.000 fr. Avec la feuille de papier timbré de 0,60 en plus, que prescrit la circulaire de 1890, ce produit va donner désormais 527.000 fr., et même davantage, car il y aurait à compter encore les affranchissements de lettres au profit de la poste. Et tous les casiers judiciaires de France et d'Algérie, pour être établis, n'ont donné lieu qu'à une dépense d'environ 200.000 fr. Cette institution des casiers judiciaires devient donc, pour le budget, un chapitre de recettes.

---

[1] Voir à l'appendice la note B.

[2] En fait, il y a, au détriment du trésor, bien des abus de la franchise postale accordée aux fonctionnaires.

[3] « Bulletin de la Société générale des prisons », années 1887, p. 495.

CHAPITRE IX

Organisés en France, les casiers judiciaires, lorsqu'on les vit fonctionner, furent l'objet aussi de l'attention des autres Etats. En 1864, la Suède et, en 1865, la Russie envoyaient des magistrats chargés d'en étudier de près, en France même, le mécanisme; et les deux pays, assurément en connaissance de cause, se sont abstenus d'en introduire l'institution chez eux. Il y a eu des Congrès pénitentiaires internationaux successivement à Londres en 1872, à Stockholm en 1878, à Rome en 1885, à Saint-Pétersbourg en 1890. Ces Congrès ont émis généralement des résolutions en faveur du principe des bulletins, qui est celui des caisers judiciaires; mais ils n'ont pas ménagé leurs justes critiques aux abus de la pratique française.

Cependant, dès l'année 1863, en Portugal, un décret royal du 24 août avait été rendu pour l'adoption, au moins en principe, du système français des bulletins sous le nom de « registo-criminal », appliqué d'abord dans les colonies et qui, en Portugal même, devait l'être après que le nouveau Code Pénal, en préparation alors, aurait été promulgué. Ce code n'a pu l'être officiellement qu'à la date et aux termes d'un décret du 16 septembre 1886.

« Si la Société, disait un exposé des motifs présenté en 1884, punit au nom de son droit de rendre effective la réparation du dommage causé à l'ordre moral, il est clair que la réparation ne peut aller au-delà de ce qu'exige cette réparation. Et tout dommage causé à l'ordre moral, si profond et si violent qu'il soit, est toujours transitoire, la perturbation toujours plus ou moins passagère. La peine ne doit être que l'équivalent du dommage ». En conséquence, sont abolies, en Portugal, outre la peine de mort, toutes les peines perpétuelles. Il n'y en a plus que d'une durée limitée, les unes majeures pour les crimes et les autres correctionnelles pour les délits. Ces dernières n'entraînent même des incapacités quelconques que pendant que le condamné subit sa peine, à l'expiration de laquelle aucun stigmate ne doit survivre.

Ni la criminalité, en général, ni la récidive n'augmentent en Portugal, elles tendent plutôt à diminuer depuis que, de telles règles étant posées, les inscriptions aux casiers du registo criminal ne peuvent y être, dans tous les cas, que pour un temps. En France, ces inscriptions, une fois aux casiers judiciaires, y sont pour toujours.

Voilà un autre pays, l'Italie. C'est un pays auquel son organisation judiciaire et ses lois pénales et de procédure pénale permettaient, mieux qu'à bien d'autres, de s'adapter une institution française.

Le jurisconsulte Filippo Ambrosoli, procureur du roi à Milan en 1862, exposait, dans un mémoire adressé au ministre de la justice à Turin, tout un projet d'organisation du « Casellario giudiciale », casier judiciaire, à établir en remplaçant les registres alphabétiques des condamnations, que tenait chaque tribunal, par des bulletins classés dans les lieux de naissance des condamnés. C'est ce qu'un décret royal du 6 décembre 1865 prescrivit de faire : il a été complété par un règlement du même jour et une circulaire du 26 du mois. Rien n'est plus précis que ces documents, auxquels il n'en a pas été ajouté une multitude d'autres, confus comme ils le sont en France. Et des précautions efficaces ont été prises, en Italie, pour empêcher les abus.

Il n'y est délivré des extraits, en dehors des besoins, de la justice, que « pour des raisons plausibles et sérieuses, dit l'article 18 du règlement ; la demande en sera toujours motivée et adressée au procureur du roi sur une feuille de papier timbré ». En édictant, par sa circulaire du 8 janvier 1890, un emploi analogue du papier timbré, le garde des sceaux, M. Thévenet, a donc simplement importé en France ce qui se fait en Italie depuis 25 ans.

C'est d'un nouveau code pénal que l'Italie est dotée actuellement. Sanctionné par le roi le 30 juin 1889 et devenu exécutoire à partir du 1er janvier 1890, ce code réalise la tâche ardue de l'unité dans un pays ou sept législations différentes des délits et des peines existaient auparavant, législations du royaume de Naples, du duché de Parme, des Etats de l'Eglise, de la Lombardie et Vénitie, de la Toscane, de Modène, des Etats Sardes. Abolissant, comme le code portugais, la peine de mort [1], le code italien du 30 juin 1889 a innové encore en bien d'autres points. A ses côtés néanmoins et en dehors

---

[1] En Toscane, elle avait été abolie dès 1853.

de ses pénalités, il reste « l'ammonizione », maintenue toujours dans une loi dite de sûreté publique. Et qu'est-ce que cette admonition ? Le mot l'indique ; elle est « un sévère avertissement donné au coupable de revenir à une meilleure conduite » : ainsi la définissaient deux anciennes lois de Rome, l'une du Digeste [1] et l'autre du code de Justinien [2]. Dans le Droit canonique, ce fut la « Monitio » [3] ; dans la France ancienne, le « Blàme » [4]. Les lois françaises, depuis la Révolution de 1789, n'ont rien conservé de pareil.

En Italie, il y a l'Ammonizione comme accessoire d'une peine infligée par les tribunaux de répression en vertu d'un texte du code pénal et qui est inscrite au casellario. L'admonition dont il s'agit dans la loi de sûreté publique est tout autre ; elle n'est ni une peine proprement dite ni l'accompagnement d'une peine quelconque et elle ne figure point au casier. Les « pretori » ou juges de paix et de police, sur les réquisitions des officiers de police, la prononcent, à titre de mesure préventive, contre les gens simplement vagabonds, oisifs ou mendiants et contre ceux qui sont soupçonnés et même convaincus de petits vols dans les champs, lorsqu'il n'est pas relevé de circonstances aggravantes. On compte en Italie, par an, une moyenne de 14,000 condamnations des préteurs. En France, ce serait 14,000 condamnations correctionnelles entraînant 14,000 casiers judiciaires, qui établiraient, dans la suite, un plus ou moins grand nombre de cas de récidive. Aussi bien la récidive augmente en France dans des proportions que l'Italie ne connaît pas.

L'admonition préventive, dont l'Italie a été ainsi dans les temps modernes la première à connaître les excellents effets, est également et depuis longtemps dans les usages de l'Angleterre, qui la pratique combinée heureusement avec le système des Fidéjusseurs ou cautions. Elle a été adoptée par le Portugal et l'Espagne, par la Russie, par la Bavière, par les Etats-Unis d'Amérique et, en Suisse, par les cantons de Vaud, d'Appenzell et de Saint-Gall.

Ce pays de la Suisse, du reste, est celui où, suivant les cantons, les systèmes les plus divers se trouvent appliqués. En matière de législation, l'esprit qui y prédomine est ici l'esprit allemand, là l'esprit français. Et, par exemple, pour constater la récidive, plusieurs cantons ne se servent toujours, comme par le passé, que de registres

---

[1] Lib. I, tit. XV De officio prœfecti vigilum, l. 3 § 1.
[2] Lib. II, tit. XII Ex quibus causis infamia irrogatur, l. 19.
[3] L'excommunication, notamment, n'était prononcée que si la Monitio, qui devait toujours la précéder et n'était pas une peine, restait sans résultat.
[4] Merlin « Répertoire » V° Blàme.

Theureau.   3

périodiques ou ne possèdent que les contrôles de police des communes d'origine. D'autres ont pris l'usage des bulletins ou casiers ; mais ces bulletins, à la différence de ceux des casiers judiciaires de France, se prescrivent, et les condamnations, d'ailleurs, n'y figurent que si la peine est supérieure à un mois de prison au moins.

En ce qui concerne les faillis, une loi fédérale, — et comme telle applicable par conséquent dans tous les cantons, — rendue à la date du 28 mars 1877, dispose que, « lorsqu'il n'y a pas eu de faute de la part du failli, celui-ci ne peut être privé d'aucun de ses droits politiques » ; il n'aura point son casier judiciaire. « En cas de faute, il pourra être privé pendant cinq ans au plus de ses droits politiques, par un jugement de l'autorité compétente ; et en cas seulement de faute particulièrement grave, ce terme pourra être porté jusqu'à dix ans ».

A vrai dire, ailleurs qu'en France, il n'y a que dans un pays, l'Alsace-Lorraine, que le système en pratique soit exactement celui des casiers judiciaires français ; ce système y était établi, il continue à y fonctionner dans les mêmes conditions. Entre ce pays et la France, pour les nationaux respectifs, l'échange des bulletins se fait par la voie diplomatique. Il est dit, en effet, dans l'article 6 de la convention annexe du 11 décembre 1871 : « L'empire allemand remettra, à l'avenir, sans frais à la France, les bulletins des condamnations prononcées par les tribunaux de répression des territoires cédés contre les individus de nationalité française. — Réciproquement, la France remettra, à l'avenir, sans frais à l'Allemagne, les bulletins des condamnations prononcées par les tribunaux de répression contre les individus originaires des territoires cédés qui seront devenus sujets allemands ». Et ce ne sont pas uniquement les bulletins n° 1 qui de la sorte sont échangés ; les bulletins n° 2 eux-mêmes peuvent également être obtenus, car un paragraphe du même article 6 de la convention porte : « Les autorités judiciaires et administratives françaises, ainsi que les particuliers, auront la faculté de se faire délivrer des extraits des casiers judiciaires conservés dans les territoires cédés ». Il n'était aucunement besoin de justifier la demande, il suffisait de la faire. C'est seulement à partir de 1878, comme on le voit par une circulaire de la Chancellerie de France, du 21 décembre de cette même année, que « le gouvernement allemand a exprimé le désir que les autorités françaises veuillent bien, quand elles demandent des extraits concernant des Alsaciens-Lorrains, en indiquer le motif ; et lui-même, de son côté, indiquera le motif de toute demande qu'il aura à formuler ». La convention s'exécute maintenant dans ces conditions nouvelles. Et quant aux Alsaciens-Lorrains qui, originaires des communes cédées, ont opté pour la France, s'il leur arrive d'encourir des condamnations entraînant le casier judiciaire, ce casier, ne pouvant plus être classé au lieu de naissance du condamné, l'est à Paris, au casier judiciaire central du ministère de la justice.

On sait qu'en outre de cette convention relative à l'Alsace-Lorraine, il existe des actes diplomatiques, clauses de traités d'extradition et arrangements aux termes desquels divers états, l'Autriche-Hongrie, la Bavière, l'Italie, le grand duché de Bade, la Belgique, le Pérou, le grand duché de Luxembourg, la Suisse, d'une part, et, de l'autre, la France se transmettent réciproquement les bulletins ou notices des condamnations encourues par leurs nationaux respectifs. La Belgique, qui est ainsi l'un des pays faisant avec la France cet échange des notices des condamnations, fait également le même échange avec la Hollande et le grand duché de Luxembourg, à titre de réciprocité et sans convention, et avec l'Italie, le grand duché de Bade, l'Espagne, la Russie, l'Empire allemand, le Portugal, en exécution de traités conclus aux dates du 15 avril 1869, du 3 novembre de la même année, du 17 juin 1870, du 23 août — 2 septembre 1872, du 24 décembre 1874, du 8 mars 1875.

Toutes ces notices ou relevés des condamnations prononcées sont ce qu'on appelle les bulletins n° 1 dans le système français. Il n'y a évidemment pas, pour leur rédaction, à se préoccuper des différences que présentent entr'elles les institutions judiciaires et administratives des Etats. Chaque Etat, chaque pays, recevant des bulletins, les adapte à son mode particulier de collectionner les renseignements judiciaires ; ce mode pourra être celui des registres ou celui des bulletins, il importe peu. L'échange des bulletins n° 1 se généralisera donc facilement. Mais il en sera bien autrement pour les extraits qui, dans le système français, sont les bulletins n° 2; l'échange n'en devient possible que si le système est le même, comme il est le même en France et en Alsace-Lorraine. Il n'est le même nulle part ailleurs. Et la réforme des législations pénales en voie de s'accomplir à peu près partout accroîtra peut-être encore les divergences.

CHAPITRE X.

Suite des pays autres que la France : la Belgique. — L'Espagne. — La
Bavière. — Le Wurtemberg. — La Saxe. — Le duché de Bade. —
L'Autriche et la Hongrie. — La Grèce. — La Prusse et l'empire alle-
mand. — La Hollande. — L'Angleterre. — La Suède et la Norwège.
— Le Danemarck. — La Russie. — Deux systèmes, celui des registres
et celui des bulletins.

Si l'Italie et des cantons de la Suisse, où les codes français avaient
laissé leur profonde empreinte, ont admis tout au moins le principe français des casiers judiciaires, la Belgique n'a pas fait de
même, elle chez qui cependant les codes français ont été aussi la
loi. Elle n'a, encore maintenant, pour moyen pratique de constater
les antécédents judiciaires des accusés et des prévenus, que des
registres comme les articles 198, 600 et suivants du Code
d'instruction criminelle de 1808 les avaient prescrits. Et « ces
registres, selon la remarque des Pandectes belges [1], ne peuvent être
considérés comme des casiers judiciaires. Ils sont incomplets. Ils
sont établis de telle manière que les recherches y sont très longues
et que, d'ailleurs, ils ne se trouvent pas à la disposition de toutes
les autorités qui devraient pouvoir les consulter ». A plus forte raison ne sont-ils jamais ouverts au public dans un intérêt privé.

Quant à la récidive, la Belgique la calcule, comme la France,
d'une façon générale. Son code pénal du 8 juin 1867, exécutoire à
partir du 16 octobre suivant, en a donné, toutefois, article 55, une
définition autrement claire et précise que les lois françaises.

La Belgique s'est appliquée surtout à perfectionner le régime de
ses prisons, qui sont, en effet, des modèles, et à donner le plus de
développement possible aux sociétés de patronage des libérés fon-
dées partout sur son territoire. Ces sociétés correspondent entr'elles
pour se recommander les patronnés ; elles sont arrivées ainsi à établir un réseau et comme une ligue du bien public, source d'un véritable progrès social. Tandis qu'en France les cas de récidive, en
augmentation incessante, ont atteint jusqu'à 56 0/0 pour les crimes

---

[1] Tome XVI, V° Casier judiciaire.

et 45 0/0 pour les délits soit 50 1/2 0/0 de l'ensemble des condamnations, la proportion en Belgique, qui s'élevait il y a 20 ans au chiffre énorme de 65 0/0 de l'ensemble des condamnations, n'est plus actuellement que de 45 0/0.

L'usage admis par l'Espagne est d'inscrire, sur les registres des prisons et sur ceux des bureaux de surveillance publique ou de police, les antécédents des condamnés : voilà à peu près tout.

En Bavière, le système est celui des notices individuelles conservées par les parquets et par les bureaux de police.

Dans le Wurtemberg, la Saxe, le grand-duché de Bade, l'Autriche, les tribunaux qui prononcent des condamnations en envoient les copies aux magistrats des lieux de naissance ou de domicile des condamnés.

En Hongrie, pour connaître les antécédents judiciaires d'un inculpé, ce sont les déclarations de cet inculpé qui constituent le moyen ordinaire.

En Grèce, le moyen est le même.

La Prusse, pendant longtemps, n'avait pas eu, non plus, de système plus régulier. C'est à partir de 1851 seulement qu'il y a été tenu, auprès des tribunaux de répression, des registres alphabétiques des noms des condamnés.

Lorsque la ville de Berlin, qui n'avait été que la capitale du royaume de Prusse, fut devenue en outre, après la victoire de Sadowa en 1866, la capitale de la confédération de l'Allemagne du Nord, et, à partir de 1871, la capitale de l'Empire allemand, résidence de l'empereur et du Reichstag ou parlement impérial, du conseil fédéral et des ministres de l'Empire, comme du parlement et des ministres de Prusse, on s'ingénia à y multiplier les mesures de police, au nombre desquelles vint se placer, en 1876, « l'album des criminels », où les délinquants et malfaiteurs de toutes sortes sont classés par spécialités : assassins, voleurs par effraction, voleurs à la tire, voleurs à l'étalage, escrocs, filles et souteneurs, vagabonds et ainsi de suite. Chacun de ces individus a sa photographie tirée à quatre épreuves, une pour l'album, une employée aux recherches et pouvant être envoyée au dehors, une jointe aux procès-verbaux et une enfin annexée au register-blatt ou « sommier judiciaire », lequel, avec le merkmalbuch ou « livre des signalements », qui lui correspond, complète l'album même par les renseignements détaillés qu'il fournit.

Ce n'est pas tout. Le conseil fédéral, par décision du 5 décembre 1881, a institué la « statistique criminelle de l'Empire », reichskriminalstatistik, dont voici le fonctionnement : toutes les ordonnances pénales et tous les jugements prononcés pour crimes ou délits sont inscrits, dès que les sentences ont acquis force de chose jugée, sur des cartes de statistique qui sont réunies par les soins des magistrats du ministère public près des tribunaux régionaux, classées et envoyées tous les trimestres à Berlin, au bureau impérial de la statistique, où s'opère la concentration de ces documents. Chaque carte contient les nom et prénoms de la personne, date et lieu de naissance, profession, résidence, religion, état civil de marié, célibataire ou veuf, la nature, le lieu et l'époque de l'infraction, la condamnation prononcée, la nature et la durée de la peine, les condamnations antérieures.

Quel a été le résultat de ces précautions et aussi de la loi pénale du 26 février 1876 ayant modifié le code pénal allemand du 31 mai 1870 dans le sens de la répression à outrance ? Ce résultat a été d'accroître la récidive dans les plus formidables proportions : pour les crimes, les cas de récidive, en Prusse, pendant les années 1883 et 1885, se sont élevés jusqu'à la proportion presque incroyable de 80 0/0 de l'ensemble des condamnations. Une augmentation analogue de la récidive s'observe dans les autres parties de l'Empire allemand, et notamment en Saxe, depuis la mise en vigueur de la loi pénale du 26 février 1876, plus sévère que la précédente, et surtout depuis l'établissement du reichskriminalstatistik.

En Hollande, pays qui n'a plus ni la surveillance de la haute police, supprimée définitivement en 1854, ni la peine de mort, abolie par une loi du 17 septembre 1870 et par le code pénal du 3 mars 1881, ni la transportation ni les peines infamantes [1] depuis la promulgation de ce code, ni enfin des mesures administratives à l'égard des récidivistes, et où cependant, à l'inverse de ce qu'on voit se produire en Allemagne et en France, la récidive n'augmente pas, puisque la proportion n'en est toujours que de 25 à 27 0/0 de l'ensemble des condamnations, les juges actuellement, comme par le passé, faute même d'une statistique criminelle quelque peu exacte, n'ont guère, pour se renseigner sur les antécédents d'un prévenu ou d'un accusé, que les aveux de cet accusé ou de ce prévenu, la photographie ou le signalement pris de sa personne en prison, le témoignage des gardiens et des officiers de police qui le reconnaîtront.

C'est aussi de ces procédés assurément bien rudimentaires, et

---

[1] Toute distinction, en effet, est effacée entre les crimes et les délits dans le code pénal hollandais du 3 mars 1881, qui, au lieu des trois catégories d'infractions de la loi française et de la loi belge, crimes, délits et contraventions, n'en admet que deux, celle des délits, qui comprend les crimes, et celle des contraventions.

dans lesquels on ne saurait voir un système régulier de renseignements, que l'Angleterre s'est longtemps contentée.

Cependant, lorsque la transportation y eut été supprimée, comme
on craignait les dangers de l'agglomération, dans les grandes villes
et surtout à Londres, d'une population croissante de malfaiteurs, le
parlement, par une loi du 11 août 1869, the habituals criminal act,
décida la création d'un registre général des condamnations qui seraient prononcées. Une loi complémentaire, en date du 21 août
1871, est venu ensuite disposer : « Il sera tenu des registres des condamnations, à Londres pour toute l'Angleterre, à Edimbourg pour
toute l'Ecosse et à Dublin pour toute l'Irlande. Le directeur de chaque prison doit envoyer des notices des condamnations concernant
les individus placés sous sa garde. Ces notices seront accompagnées
des photographies des personnes. »

L'abolition du système anglais de la transportation n'a eu aucune
des conséquences fâcheuses que l'on avait ainsi redoutées. Les résultats en ont été, au contraire, « des plus satisfaisants : tranquillité
dans les colonies, économies considérables, diminution sensible des
crimes et des récidives, précision dans les peines, est-il dit dans un
rapport communiqué à la société générale des prisons [1] ; et ce qui a
seulement disparu c'est le scandale, fréquent en Russie et en France,
des efforts des malfaiteurs pour aggraver leurs crimes afin d'éviter la
prison et se procurer un voyage d'aventures » [2].

L'Angleterre appliquait en même temps d'autres mesures conçues dans un ordre d'idées différent. On y avait les admonitions et
les cautions ; on y avait la libération conditionnelle des condamnés,
tickets of leave. Une loi du 8 août 1887, intitulée probation of first
offenders act, donne au juge anglais la faculté de suspendre, dans
certains cas, en matière correctionnelle, le prononcé du jugement ;
si le délinquant manque à ses engagements, il sera arrêté cette fois
et ne pourra être laissé encore libre que sous caution.

Il s'est surtout formé en Angleterre, en Ecosse, en Irlande, beaucoup de sociétés de patronage des libérés, afin de procurer à ceux-ci,
après leur sortie de prison, des secours, des encouragments et du
travail. Ces libérés peuvent donc revenir à une vie honnête.

D'autre part, il s'agissait de frapper les incorrigibles, les malfai-

---

[1] « Bulletin de la société générale des prisons », séance du 27 juin 1877.

[2] La France n'avait alors que la transportation de la loi du 30 mai 1854. On
a vu, pages 2 et 3, que la relégation de la loi du 27 mai 1885 donne lieu aussi
au même genre de scandale.

teurs par récidive. La récidive n'est pas un crime ou un délit spécial ; ne voir en elle qu'une circonstance aggravante de la nouvelle infraction qui vient d'être commise n'est pas non plus exact : la récidive est, à vrai dire, la manifestation de la situation morale d'un individu qui, par sa persistance dans le mal, se révèle dangereux. Or, tandis que la loi française fait de la récidive une circonstance aggravante de la dernière infraction commise, la loi anglaise, plus logique, sévit directement,|par des peines accumulées ou peines progressives contre la récidive considérée en elle-même. On lit, à cet égard, dans le « Bulletin de la société générale des prisons », année 1888, p. 169 :

« Le promoteur, en Angleterre, du système des peines accumulées ou progressives a été un juge de paix du comté de Glocester qui, usant du pouvoir véritablement arbitraire que laisse au magistrat la législation anglaise, imagina de décider, en principe, que la peine, pour un premier cas de larcin ou de filouterie ne portant pas à autrui un préjudice de plus de 150 francs, ne serait que d'un mois d'emprisonnement, mais qu'elle s'élèverait pour un second vol a six mois et à sept ans pour un troisième. Cette jurisprudence, appliquée avec succès pendant plusieurs années, fut plus tard consacrée par « l'act Victoria », qui en a fait entrer le principe dans le domaine des lois. Dans l'application, elle produit les résultats suivants : lorsqu'un prévenu est condamné une première fois pour un délit peu grave, ou tout au moins lorsque pendant les cinq dernières années il n'a pas subi de condamnations, il encourt seulement un mois de prison cellulaire ; et pendant qu'il subit cette peine, on ne cesse de lui répéter que, s'il commet un nouveau délit, il sera puni de six mois d'emprisonnement, qu'enfin s'il retombe une troisième fois il sera condamné à sept ans de servitude pénale, et cela, quelles que soient les circonstances de ce nouveau délit, sans se préoccuper de son plus ou moins de gravité. En France, le malfaiteur connaît bien les conséquences de l'état de récidive, mais il peut toujours espérer que, grâce aux circonstances atténuantes, il lui sera fait une application indulgente de la loi. Dans le système des peines progressives, un semblable espoir n'est pas permis ». C'est, en effet, la récidive qui est frappée en elle-même. Et ainsi se trouve nettement posée la distinction entre le malfaiteur d'habitude et le malfaiteur d'occasion.

Imaginé en Angleterre, ce système a été, depuis plusieurs années, adopté par la Russie. Les résultats obtenus dans les deux pays ont été assez satisfaisants pour que le Congrès Pénitentiaire de Stockholm, en 1878, ait émis l'avis « que, si dans la législation des divers pays on indiquait d'une façon précise l'aggravation des pénalités à encourir, les rechutes pourraient devenir moins fréquentes ».

C'est le système des peines progressives, combiné avec celui de la loi anglaise du 8 août 1887 permettant au juge de suspendre le prononcé du jugement, qui fait, en France, le fond du projet de loi, dû à l'initiative de M. Bérenger, « sur l'aggravation des peines en cas de récidive et leur atténuation pour un premier délit », projet que le Sénat a longuement discuté en juin 1890 et voté, et que la Chambre des Députés va avoir à discuter à son tour, la commission nommée par elle ayant achevé ses travaux depuis le mois de novembre.

Il ne faut pas, toutefois, perdre de vue, quand il est question de l'Angleterre, que la liberté individuelle y est un des privilèges dont on se montre le plus jaloux. Et la loi anglaise est essentiellement protectrice de cette liberté individuelle contre tout arbitraire possible des autorités. Elle veut, notamment, dans les poursuites pénales, que l'instruction des affaires soit publique. L'organisation judiciaire, d'ailleurs, et les lois de procédure sont, en Angleterre, bien différentes de ce qu'elles sont en France. Et les magistrats s'y montrent animés d'un tout autre esprit. Le juge anglais s'efforcera de découvrir, s'il le peut, un innocent dans l'inculpé qui comparaît devant lui ; il lui facilitera la défense : ce qu'il veut, c'est être juste. Mais en France, non seulement l'instruction des causes est secrète, par un reste des coutumes de l'inquisition, non seulement les accusés ou les prévenus déférés au juge sont d'avance aux yeux de ce juge comme autant de coupables qu'ils embarrassera de questions insidieuses de manière à les troubler et à les amener à se contredire, afin de trouver le moyen de les condamner, — ce qui n'empêche pas que, par exemple, quant aux casiers judiciaires, le magistrat français est des premiers à reconnaître l'abus qui en est fait, quand c'est par d'autres que par lui, — non seulement donc, au lieu de ne chercher qu'à être juste, s'il prononce à l'occasion des acquittements scandaleux, par contre il mettra plus souvent encore son zèle, — zèle de fonctionnaire plus que de magistrat, — à multiplier les condamnations, au risque de frapper des innocents ; on voit, de plus, les gardes des sceaux eux-mêmes, dans leurs comptes généraux de l'administration de la justice criminelle en France, lorsqu'il se produit d'avantage de condamnations pendant une année, s'en féliciter et, lorsqu'il y en a moins, déplorer qu'il en soit ainsi : les tribunaux de répression ne leur paraissent jamais assez sévères, sans qu'une distinction soit faite entre les cas d'une sévérité méritée et ceux d'une équitable indulgence.

Le résultat, dans les deux pays, quel est-il? En France, la récidive augmente sans cesse. En Angleterre, c'est, au contraire, tout à la fois la criminalité et la récidive qui décroissent dans les proportions les plus heureuses ; une nouvelle preuve en vient d'être fournie par un document officiel publié en 1890, le « rapport de la commission des prisons pour l'Angleterre, l'Ecosse et l'Irlande ». Dans ce document, il est constaté que le nombre des prisonniers des trois royaumes a été, en 1889, de 13,877 seulement ; « pour trouver un chiffre aussi faible, y est-il observé, il serait nécessaire de se reporter en arrière jusqu'à l'année 1849 ». Or, en 1849, la population des trois royaumes, avec les îles adjacentes, et les possessions d'Europe, n'était que de 27,150,000 habitants ; elle a été évaluée à 38,165,000 pour l'année 1889. Sur ce chiffre total de 38,165,000 habitants, 13,877 prisonniers ne donnent pas même la proportion de quatre prisonniers pour 10,000 habitants ; et cela, dans des pays d'une extrême misère à côté de trop grandes fortunes, quand il est avéré pourtant que la misère est une, et la principale peut-être, des causes qui poussent à la criminalité et à la récidive. L'Angleterre, l'Ecosse et l'Irlande n'ont pas de casiers judiciaires ; elles en auraient l'institution en profonde antipathie ; elles ont pu en apprécier le fonctionnement en France.

C'est bien en connaissance de cause aussi que la Russie et la Suède n'ont point admis le système français des casiers judiciaires ; elles en avaient fait étudier, en France même, le fonctionnement. Et la question financière n'est pas la considération qui aurait pu arrêter leurs gouvernements puisque les casiers judiciaires en France sont, au contraire, une source de produits pour le Trésor.

Les systèmes de ces pays du Nord de l'Europe présentent-ils donc du moins d'assez notables avantages ? Non ; et la Suède, en particulier, sait très-bien reconnaître et avoue les inconvénients de celui qu'elle pratique.

Une loi y ordonne que toute personne, homme ou femme, changeant de résidence ou aspirant à des emplois publiés, soit munie d'un « certificat de conduite » délivré par le pasteur de la paroisse. Ce certificat doit indiquer l'état civil de la personne, la date de sa naissance, ses parents, l'époque de sa confirmation ; il mentionnera, s'il y a bien, les condamnations qui l'ont frappée pour des crimes ou pour certains délits : c'est à chaque pasteur du lieu de naissance ou de domicile des individus que les notices des condamnations sont transmises par les tribunaux, et à lui que les renseignements judiciaires seront demandés en cas de poursuites ; ces renseignements « sont parfois assez difficiles à réunir », a-t-il été observé au Congrès pénitentiaire de Stockholm. Et voici, en outre, ce qui arrive, au dire d'un jurisconsulte Suédois [1] :

« Le détenu est mis en liberté, fourni des vêtements nécessaires et d'un viatique pour regagner la commune désignée dans son passeport. A son arrivée, il reçoit le pécule qu'il a pu amasser, pendant sa détention, par son économie et son travail. Il tourne peut-être le dos à la prison avec l'intention la plus ferme de mener une vie probe et honnête et de laver la tache imprimée à sa réputation. Mais bientôt il fait l'expérience que les suites du crime n'ont pas disparu avec la punition. La seule dénomination de détenu libéré, inscrite sur son certificat de conduite, imprime sur lui la marque de l'infamie. Partout où il tourne ses pas, la société le repousse. Il va de porte en porte, y frappe et demande de l'ouvrage ; mais quand, interrogé sur sa vie antérieure, il répond qu'il vient de la maison de force de Langhohuen ou de celle de Malmö, la porte se ferme et on le chasse impitoyablement.

« Sans doute les personnes préposées dans chaque paroisse à la police des vagabonds sont tenues de lui procurer, pour les premiers quinze jours du moins, la nourriture et le logement, moyennant un certain travail qui lui est assigné. Mais s'il n'a pas de parents qui soient disposés à le recevoir ou s'il ne peut trouver personne qui le prenne en commisération, qui veuille ou qui puisse lui donner du travail et une occupation permanente, il est bientôt perdu. Quand ses épargnes sont épuisées, quand arrivent la faim et la misère, il n'a plus que le choix du désespoir ou du crime. Qui peut s'étonner alors si, sous la pression des circonstances, les intentions les plus fermes et les meilleurs commencent à s'ébranler en lui, s'il succombe à la tentation et s'il viole de nouveau les lois de la société. Dans sa détresse, cette réflexion sinistre lui vient : libre, je mourrai bientôt de faim ou de froid, mais si je vole au lieu de chercher du travail, que je ne trouve pas, la société, qui me repousse, sera forcée de me vêtir et de me nourrir. Et le pas est bientôt fait ».

L'obligation des certificats de conduite devient ainsi une cause de la récidive en Suède. Mais les casiers judiciaires, en France ; produisent les même résultat, sinon un résultat encore pire ; et la Suède a compris qu'elle n'aurait trouvé aucun avantage à remplacer les uns par les autres. Elle fait mieux, elle s'applique à développer, en faveur des libérés, les sociétés de patronage, et en obtient les meilleurs résultats ; car, les criminels et les vicieux étant moralement des

---

[1] M. Knut d'Olivecrona : « Des causes de la Récidive », 1re partie.

infirmes, ces sociétés remplissent à leur égard le rôle qui est celui des hôpitaux pour le traitement des personnes physiquement malades.

Unie à la Suède uniquement par la personne du souverain, qui est le même pour les deux pays, la Norwège a des institutions qui lui sont particulières. Pour connaître les antécédents des inculpés, on y a recours à des enquêtes faites en secret par la police ; les directeurs des maisons centrales surtout ont pour obligation de dresser, tous les mois, la liste des récidivistes libérés après expiration de leur peine.

En Danemarck, des notices rédigées par la Police sont adressées, chaque semaine, au tribunaux de répression, qui se trouvent renseignés ainsi sur les antécédents judiciaires des prévenus et accusés.

Entre ces trois états du Nord, le Danemarck, la Suède et la Norwège, une entente pour l'échange réciproque des notices des condamnations est depuis longtemps projetée ; la difficulté vient de la diversité des systèmes appliqués.

Quant à la Russie, l'usage y est de concentrer au ministère de la justice, à Saint-Pétersbourg, les renseignements judiciaires en des registres alphabétiques dont les relevés imprimés sont envoyés mensuellement aux divers tribunaux répressifs ; et un répertoire alphabétique, dressé annuellement, contient les noms et prénoms de tous les condamnés de l'année, avec des numéros de renvoi aux registres. Cet emploi des registres, la Russie a su le perfectionner dans la mesure du possible.

Mais les grandes difficultés, pour ce vaste empire, viennent de la déportation[1] en Sibérie. Car « de là s'échappent des milliers de vagabonds et de forçats qui sillonnent sans cesse le pays. Voilà où l'on peut voir la récidive continue, immense, colossale. En Russie, il y a toute une classe d'hommes qui déclarent qu'ils ont oublié le lieu de leur naissance. C'est en Russie qu'on a pu voir la déportation pénale en contradiction manifeste avec les verdicts des tribunaux, la déportation correctionnelle où la peine à temps prenait un caractère de perpétuité et, ce qu'il y a de plus triste encore à dire, la déportation administrative, en dehors des voies judiciaires, sur la simple décision d'un conseil communal. La commune s'administre elle-même, possède des terrains en commun et paie les impôts en commun. Cette solidarité lui donne le droit d'expulser de son sein

---

[1] Déportation ou transportation. Car la peine, en Russie, peut indifféremment être une peine politique, une peine de droit commun, une peine administrative.

quiconque est insolvable ou menaçant pour la sécurité communale.
Quant la commune met un homme sur le pavé, elle en donne avis
au gouvernement, qui se trouve contraint de déporter le paria et sa
famille [1]. »

En résumé, pour constater les antécédents judiciaires des individus, il y a quelques pays qui n'ont pas de système régulier. Mais dans les pays où un système régulier existe, ce système est ou celui des registres ou celui des bulletins c'est-à-dire des casiers. Et ce dernier système, qui est incontestablement le plus commode, se prête aussi, d'autre part, le plus facilement aux abus.

---

[1] Rapport de M. le Comte W. Sollohub, conseiller privé de S. M. l'empereur de Russie, dans la séance de la Société générale des prisons du 27 juin 1877.

CHAPITRE XI

L'institution des casiers judiciaires étendue au-delà de son cadre. — Délits de chasse, de pêche, de presse. — La loi du 21 mai 1836 sur les loteries. — Les lois du 4 juin 1853 et du 21 novembre 1872. — Le décret organique des élections du 2 février 1852. — La loi du 30 novembre 1875. — La loi du 24 janvier 1889. — Absence de criterium et conséquences contradictoires qui en résultent. — Les faillis et un décret du 18 avril 1848.

Les casiers judiciaires, s'ils n'avaient été, en France, que ce qu'ils devraient être, des collections de renseignements à l'usage de la justice seule, n'auraient point soulevé de critiques, de même qu'il ne s'en attache point au fonctionnement des sommiers judiciaires de la préfecture de police, par la bonne raison que ces sommiers ne sont jamais ouverts qu'à la police et à la justice, et que d'eux-mêmes ils n'infligent point d'incapacités qui n'aient été prononcées juridiquement. L'institution des casiers judiciaires entraîne, au contraire, de ces incapacités non juridiquement prononcées, outre que les renseignements qu'elle collectionne ne sont pas fermés au public, comme il conviendrait ; elle a donc été étendue fort au-delà du cadre limité qui était logiquement le sien.

Un homme, par exemple, qui n'en reste pas moins honorable, est-il condamné pour délit de chasse ou de pêche ? Un journaliste, le gérant d'un journal et même l'imprimeur le sont-ils à certaines peines en vertu des lois de la presse ? Tout aussitôt ils se voient gratifiés de casiers judiciaires.

Voici, entr'autres, une loi du 21 mai 1836, qui prohibe les loteries de toute espèce. — Et, en cela, elle fait bien, il serait à souhaiter qu'elle prohibât aussi les paris aux courses. — Or, dans son article 2, après avoir défini ce qu'elle qualifie de loteries, elle ajoute que « sont aussi réputées comme telles généralement toutes opérations offertes au public pour faire naître l'espérance d'un gain qui serait acquis par la voie du sort ». Cette disposition, assurément bien vague et bien élastique, étant appliquée par la jurisprudence aux valeurs à lots non autorisées, il est intervenu, non pas seulement pour des articles de journaux, mais pour de simples publications des listes de tirages, des condamnations, et à ces condamnations s'est ajouté leur accessoire les casiers judiciaires. Pourtant est-ce que l'établissement de ces casiers, à la fin de 1850, avait pu être prévu par le législateur de 1836 ? En 1836, on ne connaissait encore pas de valeurs à lots. Et il a été jugé néanmoins par la Cour de cassation, dans ses arrêts des 10 février, 24 mars et 4 mai 1866, que même le simple fractionnement, sous une forme quelconque, des obligations et coupures d'obligations à lots du Crédit foncier, qui sont cependant des obligations et coupures d'obligations légale-ment autorisées, la cession des parts de ces obligations et coupures ou de leurs chances aux lots tombent sous le coup de la loi du 21 mai 1836. Pour ces délits, d'ailleurs, pour les infractions à cette loi, les juges n'ont pas à rechercher s'il y a intention délictueuse ou non : la Cour de Cassation, encore récemment, dans un arrêt du 14 janvier 1876, a décidé que l'infraction à la loi du 21 mai 1836 « est purement matérielle, qu'elle existe indépendamment de la bonne ou de la mauvaise foi du prévenu, par cela seul que de la publi-cité a été donnée à une loterie non autorisée ». Et ce qui constitue l'aggravation, c'est que, sans parler des dispositions rigoureuses du Code d'instruction criminelle, article 381, de la loi du 4 juin 1853 et de celle du 21 novembre 1872 sur le jury, qui frappent de nullité toutes déclarations de culpabilité auxquelles aurait concouru un juré se trouvant dans un des cas d'incapacité qui donnent lieu aux ca-siers judiciaires, un décret, en outre, que l'on s'étonne de voir encore maintenu, le « décret organique pour l'élection des députés », rendu le 2 février 1852, époque du coup d'Etat, des commissions mixtes et des déportations en masse sans jugement, élimine des listes électorales tous ces condamnés et bien d'autres pourvus de casiers judiciaires pour des faits qui n'ont absolument rien de déshonorant ni d'immoral.

En ce qui concerne la loi du 21 mai 1836, ce décret de février 1852 attachait de plein droit aux condamnations pour des infractions à cette loi, comme pour les infractions aux autres lois, une interdic-tion perpétuelle des droits de vote et d'éligibilité ; il est vrai que la loi « sur l'élection des députés » en date du 30 novembre 1875, le modifiant « en tant qu'il se réfère à la loi du 21 mai 1836 sur les loteries », laisse maintenant aux juges la faculté de ne pas prononc-er cette interdiction ou, s'ils la prononcent, de le faire par applica-tion de l'article 42 du Code pénal. Ce n'est là qu'un détail. Ce n'en est qu'un pareillement que la disposition de la loi du 24 janvier 1889 qui rend, à l'expiration ou à la remise de leur peine et après un cer-tain temps, leurs droits de vote et d'éligibilité aux individus con-damnés, d'après les articles 318 et 423 du Code pénal et la loi du

27 mars 1851, pour tromperies sur la quantité ou la qualité de marchandises vendues, individus que le décret du 2 février frappait d'une incapacité politique perpétuelle.

Mais aucun principe général n'a été posé. Les circulaires seulement énumèrent arbitrairement les juridictions dont les condamnations donnent matière à des bulletins ; elles n'y ont pas compris la juridiction des tribunaux de police. Et autrement, pour discerner entre les condamnations elles-mêmes, il n'existe pas de criterium. Ce n'est pas, — comme cela est dans d'autres pays et notamment dans des cantons de la Suisse, — la gravité de la peine qui est prise en considération. Aussi bien, pour cette peine, fût-elle la prison, si elle a été prononcée en simple police, il n'y a jamais le casier judiciaire ; et il y a toujours ce casier, même pour la plus minime amende, si la condamnation émane des tribunaux correctionnels.

Les bulletins relevés de condamnations absolument insignifiantes au point de vue de la moralité et de l'honneur, pour ces infractions que l'on sait à la loi de 1836 sur les loteries, aux lois de la presse, de la chasse, de la pêche et bien d'autres, entraînent donc une perpétuelle incapacité des droits de vote et d'éligibilité et du droit d'être juré. Des officiers ministériels peuvent perdre les mêmes droits par suite de simples fautes professionnelles : ils les perdent s'ils ont été destitués ou révoqués par une décision prise en conformité du décret du 30 mars 1808, et aussi, comme l'ont jugé des arrêts de la Cour de cassation du 26 mars 1862, du 2 avril 1872, du 19 avril 1880, du 30 juin 1890, s'ils l'ont été par décret, encore bien que n'ayant point encouru de condamnation pénale, ne fût-ce qu'une amende.

D'autre part, de pareilles conséquences, celles d'une perpétuelle incapacité politique, ne sont point attachées à des méfaits qu'on estimera pourtant incomparablement plus graves. Ainsi il a été admis par la Cour de cassation, dans un arrêt du 16 mars 1875, qu'aucune incapacité ne résultait de la condamnation à la prison pour délit de violation de domicile ; dans un arrêt du 29 mars 1878, qu'une condamnation à 4 mois de prison et 50 francs d'amende pour le double délit de coups et blessures et de menace verbale de mort faite avec ordre et sous condition ne créait, non plus, aucune incapacité ; dans un arrêt du 29 janvier 1879, qu'un condamné à la prison pour destruction, détournement ou enlèvement d'objets saisis n'était point privé de ses droits civiques. On pourrait multiplier les exemples.

S'il est surtout des délits qui soient absolument similaires, jugés par les mêmes tribunaux et comportant les mêmes pénalités, ce sont incontestablement les délits forestiers et ceux de chasse et de pêche. Eh bien ! pour ces délits de chasse et de pêche, les condamnations entraînent toujours le casier judiciaire, avec l'incapacité politique qui en est la conséquence; elles ne l'entraînent jamais pour les délits forestiers. Où est la raison de cette différence? D'après une décision du Conseil d'État, en date du 29 novembre 1878, une condamnation à l'emprisonnement, par application des articles 192 et suivants du Code forestier, pour coupe et enlèvement d'arbres dans une forêt de l'Etat, ne doit même pas être considérée comme une condamnation pour vol, et il n'en résulte aucune incapacité politique. Il n'est résulté, non plus, aux termes d'un arrêt de la Cour de cassation du 3 avril 1866, aucune incapacité du fait qu'un individu a été condamné à 2 mois d'emprisonnement et 25 francs d'amende pour avoir coupé et enlevé des osiers dans une oseraie, « attendu, dit l'arrêt, que c'est un délit de maraudage prévu et défini par la loi du 28 septembre 1791, lequel ne peut pas être assimilé, en droit, au vol puni par le Code pénal ».

Mais voici que ce sont des fleurs qui ont été cueillies dans un jardin par deux ouvriers en promenade un dimanche aux environs de Paris. M. Bozérian et M. Humbert, — après les journaux, du reste, — ont raconté le fait au Sénat dans la séance du 30 juin 1890. « Les seringas étaient en fleurs, a dit M. Bozérian; ces deux hommes en trouvaient le parfum de leur goût. Peut-être cédaient-ils aussi à un autre désir moins poétique, celui de faire provision de quelques fleurs pour en tirer un mince profit; soit. Ils sont traduits en police correctionnelle : trois jours de prison pour l'un et six pour l'autre ». Leur fait est un vol; et la conséquence de la condamnation est le casier judiciaire et, en vertu de l'article 15 n° 5 du décret du 2 février 1852, une incapacité perpétuelle de vote et d'élégibilité.

Ainsi, avoir pris des fleurs, le tribunal juge que c'est un vol : il est vrai que le jardin était la propriété d'un personnage important; est-ce là ce qui aurait fait la circonstance aggravante? Mais avoir enlevé des arbres dans une forêt de l'État n'est pas un vol aux yeux du Conseil d'État, et avoir coupé des osiers n'est, selon la Cour de cassation, qu'un délit de maraudage qui n'entraîne aucune incapacité. C'est à ces singuliers résultats, à ces flagrantes contradictions d'une justice essentiellement relative, que conduit l'application combinée, comme l'a voulue l'Empire, des casiers judiciaires et du décret du 2 février 1852.

En matière de faillite, il y aurait bien tout au moins à distinguer entre le cas où le failli n'a point commis de faute et celui où il en a commis de plus ou moins graves : c'est ce que fait, comme on sait, une loi fédérale suisse du 28 mars 1877 ; et, en conséquence, d'après

Theureau.   4

cette loi « lorsqu'il n'y a pas eu de faute de la part du failli, celui-ci ne peut être privé d'aucun de ses droits politiques », et il n'aura pas son casier judiciaire. Mais, en France, il importe peu qu'il y ait eu ou non des fautes commises : le failli qui n'a été que malheureux n'en sera pas moins privé de ses droits politiques, il n'en aura pas moins son casier judiciaire ; et comme il se sera dépouillé de tout, ne parvenant plus à désintéresser intégralement ses créanciers, il ne pourra pas se faire réhabiliter. Un décret du 18 avril 1848, rendu par le gouvernement provisoire, statuait : « les faillis déclarés excusables aux termes des articles 538 et 539 du Code de commerce sont admis à exercer les droits électoraux ». Il a été abrogé par les lois postérieures [1].

---

[1] Voir à l'appendice la note C.

CHAPITRE XII

Peines édictées par le décret et les lois sur les élections. — Casiers administratifs électoraux et casiers administratifs. — Les casiers judiciaires constituent une pénalité qu'aucune loi n'édicte. — Mirabeau. — Gambetta.

Les peines qu'édicte ce décret de 1852, et qu'édictent aussi la loi du 7 juillet 1874 « relative à l'élection municipale », et celle du 30 novembre 1875 « sur l'élection des députés », contre les individus qui voteraient étant privés de leurs droits électoraux ou qui profiteraient d'une inscription multiple pour voter plus d'une fois, contre ceux qui se seraient fait ou auraient tenté de se faire inscrire indûment, contre ceux qui auraient tenté de faire inscrire ou rayer indûment un citoyen, sont des peines très-sévères, amende et prison. Un ministre de l'intérieur néanmoins a jugé sans doute que ce n'est point encore suffisant : c'était après que MM. Thiers et Dufaure, le 24 mai 1873, se furent retirés ; c'était sous le gouvernement de l'ordre moral. Par une circulaire du 20 juillet 1874, il a été enjoint de s'assurer, au moyen des casiers judiciaires, que les personnes à inscrire sur les listes ne sont frappées d'aucune condamnation entraînant la privation des droits électoraux. Et, dans des instructions postérieures, les ministres de la justice, de la guerre, de la marine ont adhéré. L'usage s'est donc introduit et une circulaire de la Chancellerie du 18 décembre 1874 a recommandé que des duplicata des bulletins nᵒ 1, dressés par les greffiers, auxquels il est alloué pour cela 15 centimes par duplicata payés sur le budget des frais de la justice, soient envoyés par les soins des parquets et réunis dans toutes les sous-préfectures des arrondissements, où ils constituent, depuis le 1ᵉʳ janvier 1875, ce qu'on appelle les « casiers administratifs électoraux », distincts des casiers simplement administratifs, lesquels, établis dans le même temps par des circulaires des 19 février et 15 décembre 1874, consistent en ce que les duplicata des bulletins nᵒ 1 concernant des hommes appelés au service militaire sont transmis aux commandants de dépôt des départements de naissance des condamnés : car le temps passé en prison par des hommes de l'armée active ou de la réserve ne compte pas pour les années de service ; et, d'autre part, l'exclusion du service militaire résulte de certaines condamnations. C'est donc en vue du service militaire de terre et de mer que sont tenus les casiers administratifs. Et quant aux casiers administratifs électoraux, ils n'ont été imaginés qu'au sujet des listes électorales, les duplicata qui les composent étant classés dans les sous-préfectures pour de là être communiqués respectivement aux municipalités des lieux de naissance chargées de ces listes électorales. Ni ces autorités municipales ni les sous-préfets ne sont autorisés à en donner communication à des tiers ; et toutefois ces duplicata des casiers échappant à la vigilance et à la responsabilité des parquets, — vigilance et responsabilité qui ne présentent déjà même qu'une garantie douteuse, — sait-on tous les abus qui sont possibles ?

Et alors même, d'ailleurs, que des abus n'auraient pas lieu, et qu'il ne se produirait pas d'indiscrétions, il n'en est pas moins de toute évidence que cet emploi politique des casiers judiciaires fait qu'ils ne sont plus une simple collection de renseignements pour les besoins de la justice, mais qu'ils constituent par eux-mêmes, surtout dans un pays de suffrage universel, une des plus dures pénalités, qui est d'exclure pour toujours les personnes qu'ils concernent de l'exercice de leurs droits de citoyens, sans qu'un tribunal quelconque leur ait légalement enlevé ces droits. La peine principale, celle que le juge prononce en vertu de la loi, n'aura été que de quelques semaines de prison ou même d'une amende seulement ; et les casiers judiciaires et casiers administratifs électoraux, qui ne sont que les mêmes après tout, créent ainsi une peine annexe véritablement formidable, une incapacité politique perpétuelle ni édictée dans une loi ni prononcée par un tribunal et qui ne résulte que de circulaires ministérielles, — circulaires qui ne sont publiées ni dans le Journal officiel ni dans le Bulletin des lois et qu'il faut aller chercher dans le Bulletin officiel du ministère de la Justice : — comme s'il n'était pas de principe absolu, en droit pénal, qu'une peine ne peut être appliquée que d'après un texte de loi ; et comme s'il n'y avait pas, dans le Code pénal qui nous régit, un article 4 portant que « nulle contravation, nul délit, nul crime ne peuvent être punis de peines qui n'étaient pas prononcées par la loi avant qu'ils fussent commis ». Il sera toujours déplorable que l'arbitraire gouvernemental ou administratif règle par des décrets, des ordonnances ou des circulaires ce qui ne devrait être réglé que législativement. C'est la confusion des pouvoirs. Mirabeau, s'il eût vécu un siècle plus tard, n'était ni électeur ni éligible, parce qu'ayant été condamné pour des écarts de jeunesse il aurait eu son casier judiciaire. En 1877, Gambetta était poursuivi pour les délits de rébellion envers le maréchal de Mac-Mahon, président de la République, sommé par lui de « se soumettre ou se démettre », et d'outrages aux ministres. Une condamnation à plus d'un mois d'emprisonnement lui aurait valu un casier judiciaire qui, aux termes de l'article 16 du décret du 2 février 1852, le rendait, pendant 5 ans à dater de l'expiration de la peine, inapte à voter et, par suite, inéligible. C'est le but que visait le gouvernement de l'ordre moral, qui ne tarda pas à être renversé quand le pays eût envoyé à la Chambre, avec Gambetta, les 363, c'est-à-dire une majorité nettement républicaine.

CHAPITRE XIII

Les casiers judiciaires au point de vue politique, — au point de vue des
relations des citoyens entr'eux : circulaires de M. Rouher. — Peines
accessoires abolies, — la surveillance de la haute police, — interdiction de séjour. — L'idée de l'éternité du châtiment et l'institution des
casiers judiciaires. — La prescription est d'ordre public; les casiers
judiciaires ne se prescrivent pas.

Il faut bien, du reste, pour se rendre compte des institutions qui
fonctionnent, considérer leur point de départ : les casiers judiciaires
et le décret du 2 février 1852 sur les élections datent de la même
époque. Si l'idée de ces casiers avait été proclamée dès 1848 par un
magistrat, ce sont les ministres d'un gouvernement despotique et
sans contrôle, ce sont MM. Rouher et Abbutucci qui les ont organisés, de 1851 à 1856, sauf des modifications ultérieures qui n'ont pas
changé le fond. Or, M. Rouher surtout ne voulait certainement pas
n'en faire qu'une institution limitée, comme elle aurait dû l'être, à
aider l'œuvre de la justice seule, œuvre qui, dans les idées modernes,
est l'amendement du coupable plus que sa répression. Ils seront bien
autre chose, ils seront, selon les termes mêmes de la circulaire orga-
nisatrice du 6 novembre 1850, « un terrible châtiment pour le coupable, qui cherchera vainement à échapper à la réprobation qui doit
le frapper ». Ils auront donc leur utilité, même « au point de vue politique ». C'est M. Rouher qui le dit. Ils l'auront aussi « au point de
vue des simples relations des citoyens entre eux ».

Sous ce dernier rapport, M. Rouher, dans sa seconde circulaire,
celle du 30 décembre 1850, complétant l'exposé de sa pensée, écrivait : « On m'a demandé dans quel esprit devait s'entendre la communication à faire, aux simples particuliers, des renseignements contenus aux casiers judiciaires; ma pensée est que la publicité doit
être la règle et que la communication doit être accordée chaque fois
que le ministère public reconnaît que la demande qui en est faite
s'appuie sur des motifs sérieux et légitimes ». Dans une circulaire
postérieure, datée du 4 juin 1851, il répétait que « la publicité des
renseignements recueillis dans les casiers judiciaires est la règle ».

Depuis des années déjà, l'ancienne marque des galériens, les expositions publiques des condamnés, la peine de la mort civile sont abolies [1]. Une autre peine accessoire, que le sénatus-consulte organique du 28 floréal an XII et le décret du 19 ventôse an XIII avaient introduite, la surveillance de la haute police, même avec le Code pénal modifié et adouci en 1832, et surtout avec les rigueurs du décret essentiellement politique du 8 décembre 1851, durait toute la vie. Et à ceux qui y étaient soumis il était délivré une feuille de route, un passeport portant en tête la lettre F, la lettre R, ou la lettre D, suivant qu'ils avaient subi les travaux forcés, la réclusion ou la détention : c'était attester aux yeux de tous leur flétrissure. Une loi du 23 janvier 1874 décida, à l'exemple du Code pénal belge de 1867, que cette surveillance de la haute police ne devait pas être prononcée pour plus de vingt ans, et que, d'ailleurs, en des cas nombreux, elle ne le serait pas du tout. La feuille de route avec itinéraire tracé, remise aux libérés, fut établie dès lors, aux termes d'un décret du 30 mars 1875, en la forme ordinaire des passeports gratuits, sauf la mention que la délivrance en était faite « en exécution de la loi du 23 janvier 1874 ». Enfin, comme c'était déjà admis en Hollande, en Suisse et dans d'autres pays, la surveillance de la haute police a été supprimée par la loi française « sur les récidivistes » en date du 27 mai 1885, qui, à cette surveillance et à l'obligation de séjour en un lieu déterminé, a substitué seulement « la défense faite au condamné de paraître dans les lieux dont l'interdiction lui aura été signifiée avant sa libération ».

Il résulte de cette loi, est-il expliqué dans une circulaire du ministre de l'intérieur aux préfets, en date du 1er janvier 1885, que les individus « précédemment astreints à la surveillance ne sont aujourd'hui soumis à aucune des obligations qui leur incombaient. Ils sont dispensés de souscrire des déclarations de résidence, de recevoir des passeports récognitifs, de séjourner six mois dans une commune, de se présenter dans les bureaux du maire ou d'un commissaire de police. Ils sont, en un mot, absolument libres de se rendre où bon leur semble, sous la réserve de ne point paraître dans les localités interdites ».

Ces localités sont les unes interdites à titre général, les autres à titre particulier. Et notamment « tout individu qui aura été condamné pour attentat à la pudeur, meurtre, incendie ou menaces de

---

[1] En France, la marque a été abolie par la loi du 28 avril 1832, l'exposition publique par un décret-loi du 12 avril 1848 et la peine de la mort civile par une loi du 31 mai 1854.

mort ne pourra pas reparaître dans la commune, l'arrondissement, le département où sa présence serait, pour la population, une cause de danger ou d'effroi ».

Pour les cas où auparavant les tribunaux prononçaient la surveillance de la haute police, ils prononcent donc maintenant l'interdiction de séjour pendant un temps déterminé. Ainsi il n'y a plus de ces surveillés de la haute police qui n'étaient ni libres ni détenus ; et s'il peut y avoir l'infraction à l'interdiction de séjour, la Cour de cassation a jugé souverainement, dans ses arrêts des 18 juin et 16 juillet 1885, que, depuis la loi du 27 mai, il n'y a plus de délit de rupture de ban, qui était le délit de s'évader sans fuir d'une prison, fait, après tout, dénué de conséquences dommageables et même d'intention coupable, auquel l'auteur était poussé le plus souvent par la nécessité. L'expérience a permis de se convaincre que toutes ces peines accessoires, qui se perpétuaient après l'expiration même de la peine principale, n'avaient qu'un seul résultat, celui de rendre à jamais les condamnés irréconciliables avec la société, de faire obstacle à tout amendement de leur part, à leur retour au bien, et de les pousser à la récidive et au crime par l'avilissement.

Les casiers judiciaires, par leur large publicité et par la perpétuité de leur durée, remplacent donc tout cela. Et tout cela venait de l'idée de l'éternité du châtiment qui est, si l'on veut, une idée religieuse et canonique, celle du christianisme, mais qui ne saurait être une idée juridique.

Les libérés se voyaient repoussés « parce qu'ils étaient sous la surveillance de la haute police » ; on refuse aujourd'hui tout travail, tout moyen de vivre à une foule de malheureux « parce qu'ils ont un casier judiciaire ». Avoir un casier judiciaire, disait un délégué au Congrès pénitentiaire international de Stockholm en août 1878, « c'est être qualifié de repris de justice. Le public n'entre pas dans l'examen des causes qui ont déterminé la condamnation ; il n'en a pas le temps et n'en prend pas la peine. Il ne s'inquiète pas de savoir si la faute commise a été légère, si elle est née d'un entraînement, d'une inadvertance, si elle a pour excuse l'âge ou l'état d'esprit de celui qui s'en est rendu coupable, si elle dénote ou non une mauvaise nature, un cœur perverti, si elle ne laisse pas subsister intacts sa probité et son honneur ; non, la gravité de la peine ne compte pas : le casier judiciaire dit tout, et les portes se ferment devant l'individu bon ou mauvais, repentant ou non qui est ainsi désigné à la réprobation publique. Cet individu, pendant toute sa vie et partout où il se transporte, est poursuivi par cette note infamante ».

Le casier judiciaire, en effet, qui rive ainsi le condamné à sa faute en lui décernant l'ignominie, n'a pas de fin. C'est « le pilori à perpétuité », disait un député, M. Delattre, dans la séance de la Chambre du 29 juin 1886, au cours d'une interpellation adressée au garde des sceaux M. Demôle. Il n'est pas entamé par le temps, il ne se prescrit pas. Et cependant tout, en droit, se prescrit. Il n'y a jamais eu de législation dans laquelle la prescription ne fût point inscrite. Les délais seuls varient.

Pour la France, en matière civile, d'après la législation actuelle, article 2262 du Code civil, le délai de prescription le plus long est celui de 30 ans. Viennent ensuite les prescriptions de 10 et 20 ans, de 5 ans, même de quelques mois. Et, en matière pénale également, sans parler des prescriptions à de très courts délais pour les délits spéciaux de presse, de chasse, de pêche, d'ivresse publique ou autres, il n'est pas une infraction aux lois, si grave soit-elle, qui ne se prescrive. Ainsi, aux termes des articles 635 et suivants du Code d'instruction criminelle, s'il y a eu condamnation prononcée, les peines se prescrivent par 20 ans pour les crimes, par 5 ans pour les délits, par 2 ans pour les contraventions; et s'il n'est pas intervenu de condamnation, le droit d'en prononcer une, droit de poursuivre le coupable, c'est-à-dire l'action publique, se prescrit par un temps respectivement de moitié moins long dans chacun des trois cas, 10 ans pour les crimes, 3 ans pour les délits, 1 an pour les contraventions.

Le législateur a considéré, — les auteurs du Code français eux-mêmes, Réal, orateur du gouvernement, Louvet, rapporteur au Corps législatif, l'ont dit, — que « le coupable, par les remords auxquels il n'a pas pu échapper, par ses angoisses de chaque jour dans la crainte où il vivait d'être découvert, arrêté et puni, a suffisamment expié sa faute; le temps lui vaut le pardon ».

Et l'homme, le citoyen que son casier judiciaire, pour un méfait quelquefois insignifiant, a privé de l'exercice de ses droits les plus précieux, privé même de la possibilité de vivre de son travail, n'a-t-il donc pas ainsi expié ce méfait? Ayant, d'ailleurs, subi sa peine, celle que la loi lui infligeait et que les juges avaient prononcée, il ne devait légalement rien à la société. S'il ne commet pas de nouvelles infractions aux lois, il mérite certainement bien que le temps lui apporte de même le pardon, l'effacement d'une faute dont même souvent personne ne se souvient plus; et évidemment cette pénalité d'avoir son casier judiciaire n'aurait pas dû être soustraite à la prescription, car la prescription, en toute matière, est d'ordre public. « On ne peut pas d'avance y renoncer », dit l'article 2220 du Code civil. Et en matière pénale, si elle est fondée, comme l'expliquaient

M. Réal et M. Louvet « sur le principe de l'expiation », elle est aussi dans l'intérêt bien entendu qu'a la société à ne pas perpétuer des situations de nature à pousser au désespoir ou au crime. D'après l'article 2 du Code d'instruction criminelle, elle éteint à la fois l'action publique et l'action civile, tandis que même la mort, qui éteint l'action publique pour l'application des peines, n'éteint pas l'action civile à exercer, pour la réparation des dommages, contre le prévenu ou ses ayants-droit. Enfin, ce qui est même la justification morale de la prescription en matière pénale, c'est que, comme il a été fort justement démontré dans un exposé des motifs du nouveau Code pénal portugais, « tout dommage causé à l'ordre moral de la société par une infraction aux lois, si violent qu'il soit, est toujours transitoire », et que « la peine ne doit être que l'équivalent de ce dommage ».

Puisque la loi française veut que les crimes se prescrivent par dix ou vingt ans, les délits par trois ou cinq ans, les contraventions par un ou deux ans, et certains délits spéciaux au bout seulement de quelques mois, est-ce qu'il n'aurait pas été logique, rationnel, d'observer une gradation identique pour ce qui est du casier judiciaire, à l'égard duquel la prescription, par conséquent, serait acquise dans un délai égal à celui qu'il faut pour prescrire le genre même de la peine qui a motivé l'inscription à ce casier ? On aurait mis de la sorte l'institution des casiers judiciaires en harmonie du moins avec les textes des lois, et aussi bien des lois qui viendraient postérieurement que de celles qui existaient déjà. Car, par exemple, voici la loi du 27 mai 1885 sur la relégation : elle ne frappe, par son article 4, les récidivistes que si, « dans un intervalle de dix ans », ils ont encouru une nouvelle condamnation. C'est manifestement consacrer, pour les condamnations encourues, la prescription de dix ans.

CHAPITRE XIV

La réhabilitation. — Code d'instruction criminelle et loi du 14 août 1885.
— Les bulletins n° 1 des réhabilités ne sont pas détruits. — Les
extraits ou bulletins n° 2 doivent être négatifs.

Il y a sans doute la réhabilitation, ouverte, après un délai écoulé,
à qui la mérite. La réhabilitation était inscrite dans le Code d'instruction criminelle de 1808, aux articles 619 et suivants, articles
modifiés dans la suite par la loi du 28 avril 1832 et par celles du
3 juillet 1852 et du 19 mars 1864 ; et une loi récente, celle du
14 août 1885, l'a rendue, en même temps que plus complète, plus
facile aussi : elle en a réglementé et simplifié les formalités. On
comptait, avant cette loi, pendant la période de 1876 à 1880, en
moyenne, 482 réhabilitations par an, et 817 pendant la période de
1881 à 1885. Postérieurement à la loi, ce nombre s'est beaucoup
accru : il a été de 1.432 en 1886, de 1.518 en 1887 et de 1.974 en
1888 [1].

Mais, pour obtenir d'être réhabilité, il faut toujours, sous la loi du
14 août 1885 comme avant, une enquête et des attestations, une
procédure, une certaine publicité. C'est la Cour d'appel qui prononce,
et il n'y a pas le huis clos, qu'un amendement à la loi du 14 août 1885,
proposé par un député, M. Freppel, tendait à faire admettre ; l'amendement a été rejeté. On réveille donc le souvenir d'un fait peut-être
oublié de tous depuis longtemps ; on ressuscite la peine. Et les
formalités exigées ont le singulier résultat « de flétrir l'homme
dont on veut effacer la flétrissure [2] ». En effet, « voilà un
homme qui, sa peine finie, disait M. Duhamel dans un discours de
rentrée devant la Cour d'appel de Grenoble en 1881, s'est, à force de
patience et de courage, créé une existence nouvelle. Afin de mieux
attester sa ferme volonté de rompre avec un passé déplorable, il s'est
expatrié. Dans le milieu où il s'est établi, il est parvenu à dissimuler ses antécédents. Comme on ne le juge que par ses œuvres

---

[1] Des élections devaient avoir lieu en 1889, et on a toujours observé que
des élections prochaines provoquaient des demandes de réhabilitation plus
nombreuses.

[2] Faustin Hélie, « Traité de l'instruction criminelle », tome 9, page 572.

actuelles, il a la réputation d'un honnête homme et personne ne lui refuse l'estime. Nul mieux que lui n'a mérité la réhabilitation ; mais la sollicitera-t-il si vous l'obligez à faire revivre un passé définitivement racheté ? Il a tout à perdre à étaler sa honte devant ses nouveaux concitoyens. Le succès de ses démarches ne sera pas un remède complètement réparateur du préjudice causé par un aveu de sa faute. Même en déclarant que l'expiation a été complète, le pouvoir souverain le laissera sous le coup de la défaveur qui s'attachera à sa qualité, désormais publique, de repris de justice. Mais un échec est même possible ! Et, en ce cas, le rejet de sa demande le couvrira de confusion et équivaudra à une nouvelle condamnation plus douloureuse que la première. Pour lui, c'est payer trop cher la restitution des droits que de l'obtenir au prix d'une cruelle divulgation de sa faute. Presque toujours ce sont les plus dignes qui redoutent d'affronter cette épreuve et quelques-uns préfèrent retirer leurs demandes que de s'y soumettre. »

Avec la prescription, rien de tel ne serait à redouter : la prescription aurait l'avantage d'être ce qu'il est permis d'appeler une réhabilitation tacite ; en même temps qu'elle deviendrait le meilleur moyen, le seul efficace peut-être, pour mettre un terme à l'encombrement des casiers croissant au point d'en rendre déjà, on le sait, le service très difficile.

D'ailleurs, la réhabilitation entourée de formalités du Code d'instruction criminelle et même de la loi du 14 août 1885, si, une fois acquise, elle restitue aux citoyens tous leurs droits, comme anciennement les lettres de réhabilitation accordées par le roi rétablissaient les condamnés, selon les termes mêmes de l'ordonnance d'août 1670, « en leurs biens et bonne renommée », si elle fait cesser les incapacités qui résultaient des condamnations, c'est pour l'avenir : l'article 634 du Code d'instruction criminelle le disait ; le même article modifié par la loi du 14 août 1885 le dit pareillement, tout en proclamant l'effacement de la condamnation. Mais il n'y a pas d'effet rétroactif ; de telle sorte qu'il avait été jugé par la Cour de cassation, dans des arrêts du 25 juillet 1812 et du 6 février 1823, « qu'un réhabilité qui se rend coupable d'un nouveau crime ou délit doit, à raison des condamnations antérieures à la réhabilitation, être considéré comme récidiviste ». Et un réhabilité devenu récidiviste ne pouvait plus se faire réhabiliter avant la loi du 14 août 1885 ; sous cette loi, il ne le peut qu'au bout d'un délai double du délai fixé pour une première réhabilitation. Il est vrai que, pour la relégation, la loi du 27 mai 1885, on le sait, ne veut pas que les condamnations effacées par la réhabilitation soient comptées.

Et la réhabilitation supprime-t-elle, pour l'avenir, les casiers judiciaires des réhabilités? Nullement. Les bulletins n° 1 et par conséquent les casiers eux-mêmes restent, avec la mention ajoutée seulement que la réhabilitation a été obtenue; les condamnations ne cessent donc pas d'être inscrites. Et, en conséquence, sur les extraits ou bulletins n° 2 qui en seront demandés par des magistrats, les greffiers relèvent à la fois ces condamnations et la réhabilitation. Ils avaient été longtemps dans l'usage de relever également ces condamnations avec la réhabilitation sur les bulletins n° 2 délivrés pour des particuliers. Des circulaires du 25 novembre 1871 et du 6 décembre 1876 leur ont enjoint en pareil cas, — ce qui est plus conforme au sens dans lequel devait être conçue la loi du 14 août 1885, — l'emploi des certificats négatifs, avec le mot « néant »; et ainsi fait-on maintenant. Mais les bulletins n° 1 des réhabilités ne sont pas détruits, ces réhabilités étant sans doute de moins dignes personnes que ne le sont par exemple les condamnés pour ivresse publique dont on sait que les bulletins, d'après une circulaire du 23 février 1874, doivent être détruits une fois périmés.

CHAPITRE XV

L'amnistie, la réhabilitation et les grâces ou commutations et réductions
de peines. — Les bulletins des amnistiés. — Ceux des décédés. —
Ceux des personnes âgées de plus de 80 ans.

Au moins semble-t-il que les bulletins n° 1 ne devraient surtout
pas être conservés lorsque c'est une amnistie, si c'est une amnistie complète, qui a eu lieu. Car, à la différence des simples grâces,
commutations ou réductions de peines, qui, étant des renonciations
totales ou partielles du pouvoir social à poursuivre l'exécution des
condamnations pénales, ne font pas cesser les incapacités ; à la
différence même de la réhabilitation, qui, s'il est vrai que, d'après
la loi du 14 août 1885, modifiant en ce point le Code d'instruction
criminelle, elle efface la condamnation, ne l'efface, d'ailleurs, que
dans ses effets pour l'avenir et laisse le passé être ce qu'il est ; l'amnistie, à l'égal des lettres d'abolition de l'ancien droit royal, toutes
les fois qu'elle a été pleine et sans réserves, efface jusqu'au fait
délictueux lui-même. Elle remonte au passé, et elle ne porte pas
seulement avec elle l'anéantissement entier des condamnations, qui,
par conséquent, selon les arrêts de la Cour de cassation du 21 septembre 1838, du 4 janvier 1851, du 6 mars 1874, ne peuvent ni
servir à constituer l'état de récidive ni empêcher l'admission de circonstances atténuantes ; elle implique l'abolition même des délits,
« tellement que, — comme l'ont dit, entr'autres arrêts, ceux de la
Cour de cassation du 11 juin 1825, du 19 juillet 1839, du 7 mars
1844, du 31 juillet 1850, du 8 décembre 1851, du 12 et du 13 avril
1870, du 6 mars 1874, — ces délits sont, au regard des cours et tribunaux, comme s'ils n'avaient jamais été commis ». La loi d'amnistie
du 2 avril 1878 a même voulu que « les amendes acquittées fussent
restituées ». Et le compte général de l'administration de la justice
criminelle pour l'année constatait, comme conséquence, 584.212 fr.
de moins au chapitre des amendes. Dans deux autres lois d'amnistie,
il est vrai, — d'amnistie pleine et entière, — la loi du 11 juillet 1880,
en faveur des insurgés de la Commune, et celle du 19 juillet 1889, à
l'occasion du centenaire de la Révolution française et de la prise de
la Bastille, il a été accordé seulement, dans la première, que « les

amendes non payées ne seraient pas réclamées » et, dans la seconde, que «remise était faite de la contrainte par corps », les sommes qui avaient été payées « n'étant pas rendues[1]». Au sens du mot et d'après l'histoire, l'amnistie est « l'oubli ». A Athènes, lorsque Thrasybule, 403 ans environ avant notre ère, eut chassé les trente tyrans, il rétablit la liberté. « Et sa modération, disent les historiens [2], ajouta encore à l'éclat de son triomphe : il fit décréter par le peuple l'entier oubli du passé ; et cet oubli, que les Athéniens nommèrent «Amnistie »,rendit à la République ébranlée sa force et sa splendeur.»

L'amnistie, en France, est accordée actuellement par une loi, la réhabilitation par une décision de la Justice, les grâces et commutations ou réductions de peines par un décret du Président de la République.

Il n'y a que si l'amnistie n'est pas pleine et entière, si, au lieu d'être absolue, elle est limitée, qu'alors, ainsi que l'ont décidé les arrêts de la Cour de cassation du 4 janvier 1851 et du 6 mars 1874, elle laisse subsister, dans le sens des réserves qu'elle a faites, ceux des effets de la condamnation, mais ceux-là seulement, qu'elle a entendu expressément maintenir; et quant aux autres effets de la condamnation, disent des arrêts de la Cour de cassation du 7 mars 1844 et du 11 août 1845, elle ne les efface pas moins complètement.

---

[1] Cette loi du 19 juillet 1889 accordait, par ses articles 1 et 2, amnistie pleine et entière pour toutes les condamnations prononcées ou encourues au 14 juillet à raison de délits de grèves, de presse, de réunions publiques et autres, ainsi que pour celles qui émanaient des conseils de guerre et des juridictions maritimes, remise de la contrainte par corps étant faite dans tous ces cas. Mais son article 5 disposait, à propos des délits et contraventions en matière de pêche fluviale, de chasse, de voirie et de police du roulage, que « ne jouiront de la présente amnistie que les contrevenants et délinquants qui auront justifié du paiement des frais de poursuite et de la part revenant aux agents ». De graves difficultés, paraît-il, se présentèrent au point de vue du casier judiciaire. Et M. Thévenet, garde des sceaux, dans sa circulaire du 8 janvier 1890, écrivait aux procureurs généraux : «Je ne puis que vous prier d'inviter les greffiers des tribunaux de première instance à éliminer aussitôt que possible du casier les bulletins constatant les condamnations prononcées pour crimes, délits et contraventions énumérés dans les articles 1 et 2 de cette loi. Quant aux bulletins s'appliquant à des faits prévus par l'article 5 et à l'égard desquels l'amnistie est subordonnée au paiement des frais de poursuite et de la part revenant aux agents, ils ne devront être retirés qu'après justification faite par les condamnés de l'accomplissement de la présente loi ».

[2] Valère-Maxime, « Des faits et des paroles mémorables », livre 4 De la modération chez les étrangers, § 4.

Eh bien! une circulaire de la Chancellerie, en date du 20 juillet 1878, décidant que les bulletins des amnistiés seront retirés des casiers pour ne plus les encombrer, a ordonné, sans établir aucune distinction entre ceux des pleinement amnistiés et ceux des amnistiés avec des réserves, que tous soient « classés aux archives pour le cas où la justice aurait besoin d'y recourir ». Et, dans une autre circulaire, du 2 décembre 1882, on lit : « Par une circulaire du 15 novembre 1880, il avait été prescrit de procéder, en 1881, à l'extraction des casiers judiciaires : 1° des bulletins de condamnation concernant des condamnés âgés de plus de 80 ans; 2° de ceux qui s'appliquent à des individus ayant bénéficié des diverses lois d'amnistie qui se sont succédées depuis la création des casiers. Le ministre saisit cette occasion pour rappeler que les bulletins n° 1 retirés des casiers judiciaires, soit après amnistie ou décès, soit parce que les condamnés ont atteint 80 ans, ne doivent pas être détruits; il est nécessaire de les conserver dans les archives des greffes pour le cas où la justice aurait besoin d'y recourir ».

Ainsi, par les lois d'amnistie, le souverain — autrefois le roi ou l'empereur et maintenant le législateur — a voulu l'oubli du passé ; il entend donc que l'on efface et les condamnations et les faits criminels ou délictueux eux-mêmes et que, conséquemment, l'on anéantisse les bulletins qui rappelleraient ces condamnations, ces faits, ce passé. Et un ministre de la justice, dont le premier devoir assurément serait de se conformer aux lois, vient dire : ces bulletins, même de gens pleinement amnistiés, je les garde; ces condamnations, je ne les effacerai pas et, à l'occasion, je me réserve de les faire revivre.

D'après le compte général de l'administration de la justice criminelle en France pour 1881, il a été retiré des casiers judiciaires pour être classés dans les archives des greffes 76199 bulletins d'individus ayant bénéficié des amnisties antérieures. Depuis, il y a eu encore d'autres amnisties, et notamment celle que la Chambre des députés, dont le mandat expirait, a votée par une loi du 19 juillet 1889, à l'occasion du centenaire de la Révolution française.

Et ce ne sont pas même seulement les bulletins concernant des amnistiés, peut-être toujours vivants, qui sont ainsi conservés dans les archives ; ce sont, les circulaires l'exigent, ceux également des individus âgés de plus de 80 ans et, mieux que cela, ceux mêmes des individus décédés! Et ils sont conservés pourquoi? « Pour le cas où la justice aurait besoin d'y recourir ». On ne fera pourtant pas des procès à des morts. L'article 2 du Code d'instruction criminelle est ainsi conçu : « L'action publique, pour l'application des peines, s'éteint par la mort du prévenu ».

Il n'y a pas un pays au monde où de pareilles mesures aient été imaginées, ni rien de comparable. L'Italie possède des institutions judiciaires très rapprochées de celles de la France; elle a admis le principe des casiers judiciaires, c'est-à-dire des bulletins, et un décret royal du 6 décembre 1865 en a ordonné l'établissement. Or, le règlement d'administration publique de la même date, qui accompagne ce décret, porte textuellement : « Les bulletins des personnes décédées doivent être détruits au fur et à mesure que les décès sont connus ». Il ajoute que « même les familles des condamnés, si elles craignent de voir leur réputation entachée par l'existence, aux casiers, des bulletins concernant leurs parents, pourront demander la destruction de ces bulletins en faisant connaître les décès ». Et pour ce qui est des bulletins des individus qui sont exonérés de leurs casiers judiciaires par la réhabilitation ou autrement, l'usage est également, en Italie, qu'ils soient détruits. On n'y a pas la puérile manie paperassière de classer dans des archives tous ces bulletins devenus sans objet. En Suisse et en Portugal, les casiers judiciaires se prescrivent, et lorsque la prescription est acquise les bulletins disparaissent, ils sont anéantis.

CHAPITRE XVI.

Nulle part, non plus, ailleurs qu'en France, la publicité, dans un
intérêt privé, des renseignements de la nature de ceux des casiers
judiciaires, n'a été érigée en règle. Car, ainsi qu'il a été dit dans
une séance du Congrès pénitentiaire international de Stockholm de
1878, une institution de ce genre « n'est pas faite pour servir
d'agence de renseignements au profit des particuliers ».

Aussi bien le garde des sceaux M. Fallières, le 3 juin 1890, dans
une séance du Sénat, à propos du projet de loi en discussion « sur
l'aggravation des peines en cas de récidive et leur atténuation pour
un premier délit », rappelant les textes des circulaires de M. Rouher,
qui ont établi cette publicité des casiers judiciaires en France, n'a
pas hésité à déclarer « ne les avoir pas lus sans étonnement ». En
effet, quand on sait que les auteurs du Code de 1808, code qui régis-
sait en 1850 et, quoique modifié, régit encore actuellement l'instruction criminelle en France, avaient catégoriquement repoussé, dans
leur discussion des articles 600 et autres de ce Code, toute idée de
la publicité des renseignements recueillis par les greffiers, on
s'explique difficilement qu'un jurisconsulte, un ministre de la justice, ait fait de cette publicité même « la règle » de l'institution
nouvelle qu'il créait en établissant les casiers judiciaires : c'était,
par de simples circulaires, mettre cette institution nouvelle en opposition formelle avec l'esprit comme avec le texte de la loi existante.
« Ne vous étonnez pas, Messieurs, a donc pu ajouter très justement
M. Fallières, de nous voir émettre aujourd'hui des idées contraires à
celles de 1850. Nous pensons qu'il faut éclairer la justice, mais il
nous paraît essentiellement utile, pour assurer l'amendement des
coupables libérés, de ne pas livrer à la publicité les condamnations
qui leur ont été infligées. Ce que nous voulons, c'est l'atténuation
de la récidive ».

Il est certain que cette publicité des casiers judiciaires a manifes-

tement amené les plus déplorables conséquences. **M. Dufaure, garde**
des sceaux en 1876, le constatait dans deux circulaires, l'une du
14 août et l'autre du 6 décembre, où il explique que c'est dénaturer
le caractère de cette institution que de « la faire ainsi servir à donner satisfaction à des vues intéressées, à venir en aide à des intérêts privés, à favoriser de mauvais desseins ». Il a recommandé, en
conséquence, aux procureurs généraux de « faire savoir aux greffiers
qu'il leur est désormais interdit de délivrer à des tiers des bulletins
n° 2 des casiers judiciaires, le but de l'institution étant de renseigner
la justice sur les antécédents des inculpés ».

Il admettait, toutefois, des exceptions que « les procureurs généraux apprécieront ou, à Paris, le garde des sceaux ». Et les casiers
judiciaires n'ont pas été si bien clos que des abus graves ne se soient
encore produits. Ainsi, entre autres, — et on voit là une preuve du peu
de garantie que présentent la surveillance et la prétendue responsabilité des parquets, — le journal du ministère public, dans son 21° volume, pages 231 et 232, année 1878, par conséquent deux ans après
les circulaires de M. Dufaure, relevait, à Marseille, le fait d'un agent
de publicité qui, jaloux d'un concurrent, s'était procuré le casier
judiciaire de celui-ci, casier authentique, au greffe de Montluçon,
pour une condamnation ancienne, et en montrait le contenu partout
dans les lieux publics. Il a été poursuivi en diffamation, mais il
avait ruiné le crédit de son concurrent : il avait atteint son but.

« Il demeure bien entendu, disait en outre M. Dufaure, que le
condamné lui-même peut demander et obtenir les bulletins n° 2 le
concernant. Il conviendra, toutefois, pour éviter la fraude, de s'assurer de son identité ». Il se commettait donc de la fraude. Et la
fraude a été si peu empêchée ensuite que le ministre de la justice,
M. Thévenet, écrivait encore en 1890, dans sa circulaire du 8 janvier : « La manière dont les demandes sont introduites, pour les bulletins n° 2, n'offre aucune garantie en ce qui touche la constatation
de l'identité de l'impétrant. Tantôt la demande est faite verbalement,
tantôt elle est adressée au greffier sans passer par le parquet, et il est
arrivé trop fréquemment que des extraits ont été remis à d'autres qu'à
ceux qui avaient seuls droit de les obtenir ». C'est dans l'intention
de prévenir les erreurs sur ce point, — les préviendra-t-on ? — que
M. Thévenet a prescrit, comme on sait, d'adresser les demandes
aux procureurs de la République et non plus aux greffiers.

Qu'est-il arrivé, d'ailleurs ? une chose bien simple et qui était à prévoir.
Les directeurs des compagnies, les chefs d'ateliers, d'usines et de maisons de commerce, en un mot les patrons, quand un employé ou un
ouvrier se présente, ne font plus eux-mêmes directement la demande

du casier judiciaire ; mais ils l'exigent de cet ouvrier ou de cet employé, qui a de plus maintenant à en payer le prix. La situation n'est pas meilleure ; elle est pire. L'usage d'exiger la production du casier judiciaire s'est tellement généralisé que, à vrai dire, on ne peut plus aujourd'hui trouver du travail ni un emploi quelque part sans cette production du casier. « Et, pour n'avoir point à discuter sur le plus ou le moins de gravité d'une mention qui y figurerait, la règle est de n'accepter que le casier en blanc ». M. Bérenger [1], cette remarque faite, ajoute avec raison : « Le remède efficace serait d'interdire la délivrance du casier même aux intéressés, même aux administrations publiques ». Le casier judiciaire, en effet, ne devrait être que « judiciaire », c'est-à-dire ne servir qu'à renseigner la justice. Pour tout ce qui n'est pas la justice, il resterait absolument secret.

Une loi du 2 juillet 1890 vient de faire disparaître la nécessité du livret pour les ouvriers, employés et domestiques [2] ; on a reconnu que c'était, envers eux tous, un instrument de sujétion. Du moins, cette obligation du livret avait été imposée et réglementée par des lois et décrets. Et, à côté de cela, quoique n'ayant été introduite que par le plus abusif, le plus déplorable abus, la production du casier judiciaire persiste et prend de plus en plus du développement ; en sorte que, bien loin que le nombre des bulletins n° 2 délivrés pour des particuliers et dans un intérêt purement privé, en dehors de l'œuvre de la justice, ait diminué, il s'est, au contraire, accru et ne cesse pas de s'accroître. En ce qui concerne seulement le casier judiciaire central, une circulaire constatait, le 5 juillet 1877, que ce nombre, « après avoir été de 1.099 en 1874 et de 1.842 en 1875, s'était élevé à 2.319 en 1876 et que, pour les trois premiers mois de 1877, il montait déjà à 805 », ce qui correspond à 3.220 pour l'année entière. D'autre part, le chiffre annuel de cette même catégorie de bulletins n° 2 sortis des casiers judiciaires des arrondissements, inférieur à 80.000 avant 1875, atteignait 120.000 en 1880 ; et une communication insérée dans le « Bulletin de la Société générale des prisons », année 1887, p. 497, l'a évalué, pour cette année 1887, à 170.000.

---

[1] « Bulletin de la Société générale des prisons » année 1887, séance du 18 mai.

[2] Voir à l'appendice la note D.

CHAPITRE XVII.

Les casiers judiciaires, comme ils fonctionnent en France, y sont l'une
des principales causes de la récidive.

Ainsi un malheureux a-t-il été condamné une fois, peut-être pour
un léger délit, pour une faute minime, un écart de jeunesse ; il a
son casier judiciaire. Le voilà rejeté de partout, eût-il même les
meilleures intentions de retourner au bien. La Chambre des députés
discutait la loi du 14 août 1885 « sur les moyens de prévenir la récidive ». La récidive ! mais c'est le casier judiciaire qui en a agrandi
les proportions ; car, a très justement fait observer M. Freppel, à
propos de cette loi, « c'est ce casier comme il fonctionne qui n'a pas
peu contribué à grossir l'armée des mendiants et des vagabonds ;
c'est grâce au casier judiciaire ainsi entendu et appliqué que de malheureux ouvriers ne trouvent de travail nulle part et qu'ils sont mis
à la porte des ateliers et des manufactures ».

M. Delattre, dans la séance de la Chambre des députés du 29 juin
1886, où il a si bien qualifié le casier judiciaire de « pilori à perpétuité », affirmait que « ce pilori du casier judiciaire a engendré, lui
seul, plus de récidivistes que jamais on n'en enverra en Nouvelle-
Calédonie ».

A son tour, un sénateur, M. Bérenger, à propos du « projet de
loi relatif à l'aggravation des peines en cas de récidive et leur atténuation pour un premier délit », le 27 juin 1890, s'exprimait ainsi :

« Qu'il me soit permis de dire quelques mots sur la situation que
crée à un condamné et sur le tort réel que fait à la société la pratique actuelle des casiers judiciaires, institution utile en elle-même
mais fort déviée de sa destination véritable. Pour l'individu, il est à
peine besoin de le dire, éternellement poursuivi par le souvenir de
cette condamnation qui lui ferme toutes les portes et le suit partout,
dans quelque lieu qu'il soit, le casier judiciaire est devenu une véritable peine ; et cette peine équivaut pour lui, non seulement à une
incapacité d'emploi, mais à une incapacité de travail, c'est-à-dire à
une impossibilité de vivre. Que voulez-vous qu'il fasse, ce malheureux, repoussé toujours et partout, s'il a besoin de son travail pour
vivre ? Il n'a que deux issues : mourir ou vivre aux dépens de la

société[1]. Vous sentez bien que c'est ce second parti qu'il prendra. Et c'est ici que se montre à nu la conséquence la plus redoutable pour la société : le casier judiciaire est une des principales causes de la récidive ».

Le Congrès pénitentiaire de Saint-Pétersbourg, en juin 1890, dans une de ses résolutions, a considéré aussi « comme une cause fatale de récidive la divulgation faite aux particuliers des renseignements contenus aux casiers judiciaires ».

---

[1] M. Jules Simon, dans une conférence sur le patronage des libérés, — conférence reproduite par le Bulletin de la Société des prisons, année 1880, p. 651 et suiv. — a raconté le fait que voici :

« Un malheureux est condamné à je ne sais quelle peine pour je ne sais quelle faute. La peine était très légère ; la faute, de celles que le monde amnistie tous les jours, quand elle n'a pas de conséquences judiciaires. Peu ou prou, il avait tâté de la prison.

« Il sort de là sans être corrompu ; c'est une chance heureuse, ce n'est pas tout à fait un miracle.

« Il trouve un ancien ami, peut-être un ami nouveau. Cet ami le présente à un honnête homme, sans rien dissimuler. Il dit la faute et le châtiment, l'honnêteté passée et les sages résolutions. Le libéré fut accepté pour ce qu'il était. D'abord on le surveilla, puis on l'estima, puis on l'aima. Personne, excepté le patron, n'était au courant de son aventure. Il monta rapidement de grade en grade : d'employé, il devint contremaître, de contremaître chef d'atelier et enfin associé de la maison. Voilà un homme sauvé s'il n'y avait pas eu le casier judiciaire.

« Son âge l'appelait à faire partie de l'armée territoriale. Un gendarme lui apporta son livret, qu'il laissa chez le concierge parce que le titulaire était absent. Le concierge ouvrit le livret et y trouva la mention de la condamnation.

« Quand le pauvre homme revint d'une absence de deux ou trois jours, le mot qui circulait dans la fabrique était : un des patrons est un repris de justice.

« Son associé lui dit : « Quittez-moi, partez avec mon estime, avec mon ami- « tié, avec ma recommandation, mais partez. »

« Il partit. Où alla-t-il ? Je l'ignore. Ni ses ouvriers, ni son patron ne l'ont jamais su. Il est parti, voilà tout ce qu'on peut dire. Où est-il allé avec sa douleur, avec sa honte, avec son désespoir ? Est-il allé à la mort ? est-il retourné au vice ? Subit-il quelque part la misère ? Je l'ignore et, je le répète, on l'ignorera toujours. Voilà la peine qu'il subit après la courte peine à laquelle les juges l'avaient condamné ».

Que de faits de ce genre seraient à citer, si on pouvait les connaître tous.

CHAPITRE XVIII

Accroissement de la récidive en France, et non accroissement de la criminalité. — La correctionnalisation. — Manière différente de compter
la récidive selon les pays.

Il est de fait qu'en France la récidive augmente dans des proportions qui donnent sérieusement à réfléchir. On n'a, à cet égard, qu'à
consulter la statistique criminelle [1].

En ce qui concerne les accusés traduits devant le jury, pendant
l'époque antérieure à 1851, c'est-à-dire antérieure au fonctionnement des casiers judiciaires, la moyenne des cas de récidive ne
dépassait point, par année, 26 0/0 de l'ensemble des condamnations.
Cette moyenne a été de 33 0/0 de 1851 à 1855, de 36 0/0 de 1856 à
1860, de 38 0/0 de 1861 à 1865, de 40 0/0 en 1866; elle a atteint le
chiffre de 42 0/0 en 1869, celui de 47 0/0 de 1871 à 1875, celui de
48 0/0 de 1876 à 1880, celui de 52 0/0 de 1881 à 1884 et celui de
56 0/0 en 1885 et 1886 pour rester à 54 0/0 en 1887 et atteindre
57 0/0 en 1888, plus de la moitié du total des condamnations.

Pour les prévenus jugés correctionnellement, cette moyenne
annuelle de la récidive, qui, jusqu'à la fin de 1850, n'avait été au
plus que de 17 0/0 de l'ensemble des condamnations, s'est élevée
successivement à 21 0/0 dans la période de 1851 à 1855, à 27 0/0 de
1856 à 1860, à 31 0/0 de 1861 à 1865, à 34 0/0 en 1866 et 1867, à
38 0/0 en 1869, à 40 0/0 en 1877, à 42 0/0 en 1880, à 44 0/0 en 1883
et à 45 0/0 en 1887; elle a atteint 47 0/0 en 1888.

Or, dans leur ensemble, les condamnations criminelles et correctionnelles n'ont pas augmenté; elles ont, au contraire, diminué, si
à l'époque antérieure à 1850, date de l'établissement des casiers
judiciaires, on compare celles qui ont suivi, surtout en tenant
compte des différences de population. Le chiffre total de ces condamnations criminelles et correctionnelles réunies avait atteint, en
effet, avant 1850, jusqu'à 226,000 par an; il a été en moyenne, par
an, de 175,000 pendant la période de 1850 à 1860, de 162,000 pendant celle de 1861 à 1870, de 159,000 de 1871 à 1880 et il est évalué,

---

[1] « Comptes généraux de l'administration de la Justice criminelle en
France », publiés tous les ans par le Ministre de la Justice.

toujours par an, à près de 180,000 de 1881 à 1890 [1]. La population de la France, inférieure à 35,500,000 habitants avant 1850, dépasse en 1890 le chiffre de 38,212,900, qui a été celui du recensement effectué en 1886 : cet accroissement de la population fait mieux ressortir encore la décroissance de la criminalité.

Défalcation sur le chiffre total de chaque année étant faite des condamnations pour récidive dans les proportions que l'on connaît, il suit que plus ces condamnations sont nombreuses, moins on compte de celles qui ont été prononcées sans récidive c'est-à-dire pour une première infraction. En d'autres termes, il n'y a pas autant de nouveaux délinquants et criminels, et par conséquent c'est au point de vue du personnel qu'elle recrute que la criminalité diminue ; il n'y a d'augmentation que dans la récidive. C'est ce que constatait le rapporteur de la loi du 5 juin 1875 « sur le régime des prisons », M. Bérenger : « Le nombre des infractions commises par les inculpés sans antécédents judiciaires va en diminuant, disait-il, et la récidive fait l'augmentation ». Plus récemment, un ministre de l'intérieur, M. Waldeck-Rousseau, dans une séance de la Chambre des députés au cours de la discussion de la loi « sur les récidivistes et la rélégation » du 27 mai 1885, observait de même que la criminalité, dans son ensemble, diminue. « Mais, ajoutait-il, pendant que les crimes diminuent, que le nombre des délits reste sensiblement le même, il arrive que le nombre des récidives augmente avec une progression presque mathématique. La récidive a une marche régulière, fatale, comme serait la marche d'un mal, d'un fléau, dont l'intensité redouble au fur et à mesure qu'il développe des foyers nouveaux ; il y a moins de crimes et délits, et, d'autre part, beaucoup plus de récidives ».

La diminution du nombre des condamnations pour crimes, même comparativement au nombre des condamnations pour délits, provient sans doute en partie de ce qu'il s'est introduit en France, après 1848 et surtout depuis un certain nombre d'années, une pratique consistant à renvoyer devant les tribunaux correctionnels les individus auxquels sont imputés des faits légalement qualifiés de crimes, mais qui perdent leur caractère de gravité par suite de circonstances spéciales, telles qu'une responsabilité restreinte, l'âge ou l'état d'ivresse de l'accusé, le peu de préjudice causé ou la réparation de

---

[1] Les tendances, depuis l'année 1880, seraient donc de nouveau à l'augmentation. Mais cette augmentation ne porte absolument que sur les délits déférés à la police correctionnelle ; la grande criminalité, celle qui est du ressort des cours d'assises, continue toujours à décroître.

ce préjudice, les torts de la victime : un verdict d'acquittement serait peut-être à prévoir de la part du jury, et on assure mieux la répression devant une juridiction où cette répression est abaissée. Cette pratique, assurément peu conforme au principe des compétences puisqu'elle soustrait des accusés à leurs juges naturels, mais qui n'en a pas moins été consacrée en Belgique par une loi du 15 mai 1838 et des lois postérieures, et en Italie par le Code de procédure pénale du 26 novembre 1865, ne l'a pas de même été en France, si ce n'est indirectement lorsqu'une loi du 13 mai 1863 y a déféré aux juges correctionnels plusieurs infractions jusqu'alors qualifiées de crimes [1]. Elle y est toutefois un fait bien accepté maintenant. C'est ce qu'on appelle, en des termes non encore admis dans le dictionnaire de l'Académie, « correctionnaliser un crime » ou « la correctionnalisation d'un crime, d'une cause ». En 1871, à la date du 12 janvier, une circulaire de la Chancellerie, considérant la correctionnalisation comme « inspirée moins par une véritable indulgence pour les prévenus que par une défiance injuste du jury », la déclarait « contraire à la loi », et ajoutait qu'elle doit « disparaître ». Mais quelques mois plus tard, le 5 avril 1871, une autre circulaire de la même Chancellerie, adressée aux procureurs généraux, enjoignait de « tenir la circulaire du 12 janvier 1871 pour non avenue et sans autorité ». La correctionnalisation, après cette rétractation ministérielle, n'est entrée que plus entièrement dans les mœurs judiciaires en France. Souvent, en outre, les jurés, par l'admission de circonstances atténuantes, y font descendre les condamnations en Cour d'assises à de simples peines correctionnélles. Mais toutes les condamnations correctionnelles et criminelles prises dans leur ensemble dénotent, on vient de le voir, une diminution de la criminalité ; au contraire, les récidives ne cessent pas de s'accroître.

On les voit s'accroître aussi dans quelques pays autres que la France, particulièrement dans l'empire allemand. Ailleurs, elles diminuent, par exemple en Belgique où, après avoir été autrefois de 65 0/0 de l'ensemble des condamnations criminelles et correctionnelles, elles ne sont plus actuellement que de 45 0/0. En Italie, elles seraient à peu près stationnaires. Un ministre de la justice y constatait, pour l'année 1880, « une proportion de prévenus de récidive de 22 0/0, tandis que, faisait-il observer, cette proportion devant les tribunaux correctionnels de France atteint 42 0/0 ». Mais toutes les comparaisons de ce genre entre des pays sont défectueuses, attendu que, comme on sait, les manières de compter

---

[1] Voir à l'appendice la note E.

la récidive ne sont pas les mêmes. En France et en Belgique, la récidive est frappée d'une manière générale, quelle que soit la
nature des infractions, ce qui n'a pas lieu en Italie ni en Suisse.
Elle n'est admise, dans l'Empire allemand, en Autriche et en
Hongrie, que pour les cas légalement spécifiés, par exemple lorsqu'il
y a répétition d'un crime ou délit de même nature que le précédent.
La formule de la loi russe est intermédiaire entre ces deux systèmes.
Et dans plusieurs législations modernes, la récidive n'est, d'ailleurs,
reconnue que lorsqu'il ne s'est pas écoulé entre l'expiration de la
peine attachée à la première infraction et la perpétration de l'infraction nouvelle un délai qui ferait en quelque sorte prescription, délai
de 5 ans par exemple dans le Code pénal Hollandais de 1881, de
8 ans dans le Code pénal Portugais de 1886, de 10 ans dans le Code
pénal Danois de 1866 [1].

---

[1] Voir à l'appendice la note F.

CHAPITRE XIX

Appréciation des gardes des sceaux de France. — Mesures contre la
récidive restées inefficaces. — Les cas de récidive les plus fréquents.
— Un discours de rentrée en 1890.

En France, les gardes des sceaux qui, sous l'Empire, se sont succédé à partir de 1851, ont été unanimes à prétendre, dans leurs
comptes généraux de l'administration de la justice criminelle,
que cette élévation du chiffre des récidives constatées dans le pays
dénotait moins une augmentation de la récidive même qu'elle
n'était la preuve d'une répression plus attentive et d'une plus exacte
connaissance des antécédents des accusés et des prévenus, au moyen
des casiers judiciaires. Lorsque le rapport est établi entre l'époque
antérieure à l'institution de ces casiers et les premières années qui
ont suivi, comme les conditions des renseignements avaient changé
du tout au tout, évidemment l'explication a de la valeur. « Jusqu'en 1850, en effet, les antécédents judiciaires des individus poursuivis étaient très-difficiles à constater ; et, au contraire, aujourd'hui,
écrivait M. Delangle dans son compte général de l'administration
de la Justice criminelle pour 1858, grâce à l'institution des casiers
judiciaires, dès que l'origine d'un inculpé est connue, les parquets
peuvent obtenir dans les 48 heures, en 4 ou 5 jours au plus si le lieu
d'origine est très éloigné, un bulletin qui constate l'individualité de
l'inculpé poursuivi et qui donne en même temps le relevé de toutes
les condamnations qu'il a subies, quels que soient les tribunaux
français qui les aient prononcées ». Mais l'explication étant appliquée
au-delà devient sans portée en présence du fonctionnement prolongé de cette institution des casiers judiciaires, qui fait que les
facilités de renseignements sont depuis longtemps les mêmes.
C'est ce qu'ont fait observer deux ministres de la justice, M. Emile
Ollivier en 1870, dans le compte général de l'administration de la
justice criminelle pour 1868, et M. Dufaure en 1872, dans le compte
général de cette administration pour 1870. L'un et l'autre ont fort
bien établi qu'il n'était plus possible de s'arrêter à cette explication.
« Le gouvernement, ajoutait M. Dufaure, se préoccupe de la situation et l'Assemblée nationale a chargé une commission de procéder

à une vaste enquête qui permettra d'apprécier les véritables causes du mal et d'appliquer les remèdes propres à l'atténuer ». Cette commission était nommée le 25 mars 1872 [1].

Diverses mesures, en effet, ont déjà été adoptées, sans compter celles à venir, comme le projet, entre autres, imité de la législation anglaise et que le Sénat discutait en juin 1890, d'une loi « sur l'aggravation des peines en cas de récidive et leur atténuation pour un premier délit ». Ainsi la loi du 5 juin 1875 a prescrit la réforme des prisons : car, avait dit le rapporteur de cette loi à l'Assemblée nationale, « c'est la prison qui fait la récidive ; d'où la conséquence que l'amélioration du système pénitentiaire doit plus que tout le reste influer sur le fléau ». Par la loi du 27 mai 1885, on a voulu ensuite atteindre les incorrigibles ou prétendus tels, ce qui semblait être la meilleure mesure possible de préservation sociale ; et cette loi a établi la relégation qui, prononcée seulement s'il y a récidive, diffère en cela, non seulement de la déportation, peine essentiellement politique [2], mais aussi de la transportation édictée dans la loi du 30 mai 1854 et frappant les condamnés aux travaux forcés, encore bien que sans antécédents judiciaires [3]. D'autre part, pour faciliter aux bonnes volontés le retour au bien, cette même loi du 27 mai 1885 a supprimé la surveillance de la haute police, en même temps qu'aux termes de la loi du 15 août de la même année, la libération conditionnelle des condamnés, le patronage des libérés, la réhabilitation rendue plus accessible devenaient, avait-on espéré, autant de « moyens de prévenir la récidive ». Eh bien ! pas plus ces tentatives à l'effet d'amener l'amendement des coupables que la réforme du régime pénitentiaire entreprise dans le même but ou que la reléga-

---

[1] Compte général de l'administration de la Justice criminelle pour 1873.

[2] Cette peine politique, empruntée aux lois romaines, fut introduite en France pour la première fois en 1791, « Code du 25 septembre ». Elle a été appliquée par le « Code des délits et des peines » de l'an IV et par le Code pénal de 1810 même modifié, sous ce rapport, en 1832 et en 1835. Aux termes d'une loi du 8 juin 1850, elle remplaça la peine de mort en matière politique que l'article 5 de la Constitution de 1848 avait abolie. Napoléon III, d'abord après son coup d'État du 2 décembre, au moyen des commissions mixtes, ensuite en 1858, avec la loi du 2 février « relative à des mesures de sûreté générale », et en quelque sorte pendant toute la durée de son règne, a fait de la déportation politique l'abus le plus monstrueux qui se soit jamais vu. C'est la déportation aussi qui a été prononcée contre le plus grand nombre des insurgés de la Commune de 1871 traduits devant les conseils de guerre.

[3] Cette loi du 30 mai 1854 est intitulée : « Loi sur l'exécution de la peine des travaux forcés ».

tion dont la France s'est mise à faire l'essai lorsque l'Angleterre et la Hollande, au contraire, viennent d'y renoncer, rien de tout cela ne prévient la récidive ni ne l'empêche de continuer à s'accroître et à se développer. La loi du 30 mai 1854 a fait transporter plus de 36,000 criminels ; et en vertu de celle encore récente du 27 mai 1885, on compte, depuis l'application de cette loi, jusqu'au 1er janvier 1890, environ 6.532 récidivistes condamnés à la reléga- tion, dont 4.338 ne sont plus en France ; et, en France, les récidi- vistes sont toujours aussi nombreux. Les Sociétés de patronage des libérés, il est vrai, n'y prennent pas de développement, tandis qu'elles en présentent de très-considérables, de manière à produire les meilleurs résultats, en Belgique, en Hollande, en Angleterre, aux États-Unis. Mais il est à croire aussi que la France ne s'est pas attaquée à la vraie et, sinon la seule, du moins la principale cause du mal, qu'il ne faut guère chercher ailleurs sans doute que dans les casiers judiciaires qui, par la manière dont ils y fonctionnent, jettent iné- vitablement dans la récidive une foule d'individus à qui toute pos- sibilité de vivre par le travail est ôtée ; en sorte que, résultat étrange, une institution qui visait à atteindre la récidive, contribue, au contraire, à en multiplier les cas, en faisant de cette récidive une conséquence pour ainsi dire fatale d'une première condamnation purgée et expiée.

Et quels sont, en effet, les cas de récidive les plus fréquents ? En tête venait la rupture de ban tant que la surveillance de la haute police n'a pas été supprimée ; et maintenant ce sont, toutes les sta- tistiques le constatent, les délits de vagabondage, de mendicité et de vol, délits auxquels, dans une époque comme la nôtre, d'immenses fortunes d'un côté et de misères croissantes de l'autre, le besoin pousse des malheureux dénués de tout, sans domicile, forcément vagabonds par conséquent, et mendiants par nécessité, que le juge condamnera parce que, manquant de pain, ils ont tendu la main, et que, n'ayant pas d'abri, ils ont été trouvés errants dans les rues ou endormis sur un banc : leur dénuement ne réclamait-il pas plutôt une hospitalité bienveillante [1] ? A défaut de mieux, ils se contentent de la prison, où du moins ils seront nourris et chauffés l'hiver. Ils ont pu commettre une première faute, peut-être chèrement expiée,

---

[1] Le vagabondage et la mendicité sont-ils même des délits ? Devant la loi, oui ; en morale, non, si de véritables méfaits ou une intention voulue d'exploi- ter la pitié du public ne viennent pas en dénaturer le caractère. On n'est pas coupable pour n'avoir ni feu ni lieu, ni sou ni maille. Dans bien des cas, c'est l'Assistance publique qui devrait intervenir et non pas le Tribunal.

mais ils ne sont pas toujours foncièrement criminels et beaucoup ne demanderaient pas mieux que de rentrer dans la voie du bien et du travail si elle ne leur était pas impitoyablement fermée.

Un magistrat, M. Sarrut, dans son discours de rentrée des cours et tribunaux le 16 octobre 1890, en parlant de la surveillance de la haute police, aujourd'hui abolie, s'est exprimé ainsi : « Elle prolongeait injustement l'expiation après l'exécution de la peine, notait le condamné d'infamie, le chassait de la société par une sorte de damnation perpétuelle ; elle créait une série toujours croissante de récidivistes ; elle rejetait, par un mouvement de flux et de reflux, les malheureux de la misère dans la prison, de la prison dans la misère ». C'est là exactement ce qu'on peut dire, et ce qu'il faudrait bien que la magistrature pensât avec M. Sarrut, de la pratique des casiers judiciaires en France. Maintenir cette pratique abusive serait donc absolument contradictoire, du moment que la surveillance de la haute police a été légalement supprimée, qu'une loi a été rendue pour la libération conditionnelle des condamnés et que, de plus, le législateur, par ses textes de loi, autorise et que l'État par ses subventions encourage les associations de patronage des libérés. Toutes ces mesures adoptées en vue de l'amendement des libérés, et celles qui sont encore en projet, les casiers judiciaires, s'ils restaient ce qu'ils sont, les rendraient inutiles. Et le législateur français voudra être d'accord avec lui-même.

CHAPITRE XX

La réforme des casiers judiciaires et M. Demôle. — La réforme des casiers judiciaires et M. Fallières. — Une commission chargée d'étudier cette réforme.

Répondant à l'interpellation de M. Delattre, dans la séance de la Chambre des députés du 29 juin 1886, M. Demôle, alors garde des sceaux, proclamait la nécessité d'établir « une loi sur le casier judiciaire ». Et, ajoutait-il aux applaudissements de tous, « il faut que les Chambres soient appelées à examiner ce que doit contenir ce casier et ce qui ne doit pas y figurer ; il faut que les Chambres se prononcent sur la question de savoir à la disposition de qui doit être le casier judiciaire. Messieurs, j'étudie la question et, dans quelque temps, j'espère pouvoir vous soumettre un projet sur la matière ».

Mais peu après, M. Demôle tombait du ministère et son projet de loi, si tant est qu'il en eût préparé un, s'en allait avec lui.

Plus récemment, au cours de la discussion du projet de loi « sur l'aggravation des peines en cas de récidive et leur atténuation pour le cas d'un premier délit », dans la séance du Sénat du 27 juin 1890, la question était de nouveau posée par M. Bérenger, qui amenait le garde des sceaux, M. Fallières, à déclarer que « son intention formelle est d'étudier d'une façon toute particulière la question du casier judiciaire », et que, « s'il n'avait pas encore entrepris cette étude au sein d'une commission composée d'hommes spéciaux, comme l'indiquait M. Bérenger, puisque c'est une question pratique autant que juridique, c'est que le retour des délégués français partis au Congrès pénitentiaire de Saint-Pétersbourg était attendu » ; car ces délégués soulèveraient la question dans le Congrès même, et l'on pourra ainsi « profiter des lumières, non pas seulement des délégués français, mais encore de ceux de l'Europe entière ». M. Fallières promettait qu'aussitôt que ces délégués seraient revenus, il entrerait en relation avec eux « pour recueillir les fruits de la discussion du Congrès », et qu'il « s'empresserait alors d'étudier la question ».

En effet, un arrêté ministériel du 24 juillet 1890, publié dans le *Journal officiel* du 28, a institué une commission spéciale « chargée, sous la présidence du ministre de la justice, de rechercher les modifications qui peuvent être apportées au fonctionnement du casier judiciaire ». Elle est composée de MM. : Cazot, Bérenger, Trarieux, sénateurs ; Guyot-Dessaignes, Bovier-Lapierre, Leygues, députés ; Voisin, conseiller à la Cour de cassation ; Herbette, conseiller d'État ; Dumas, directeur des affaires criminelles et des grâces au ministère de la justice ; Léveillé, professeur à la Faculté de droit de Paris ; Bloch, avocat général à la Cour d'appel de Paris ; Guillot, juge d'instruction au tribunal de la Seine ; Brégeault, substitut du procureur de la République ; Yvernès, chef de division au ministère de la justice. Les fonctions de secrétaire sont confiées à M. Noulens, auditeur au Conseil d'État, chef adjoint du cabinet du garde des sceaux. Deux membres en plus, M. Jacquin, conseiller d'État, et M. Lépine, secrétaire général de la préfecture de police, ont encore été nommés par un arrêté du 24 octobre.

Cette commission a tenu, le 30 juillet, sous la présidence de M. Fallières, garde des sceaux, une première séance, puis une seconde à la date du 2 août. Elle s'est ensuite ajournée à la rentrée des vacances, au mois d'octobre, date à laquelle elle a repris ses travaux.

CHAPITRE XXI.

Séances de la Commission. — Le rapport. — Projet de loi.

La Commission du casier judiciaire, après ses deux séances de juillet et août 1890, en a tenu 16 autres pendant les derniers mois de 1890 et les premiers de 1891 : ensemble 18 séances consacrées par elle à l'étude des modifications à introduire dans le fonctionnement de l'institution, séances qui, à l'exception de deux, celles du 30 juillet 1890 et du 20 février 1891, que le Garde des Sceaux a présidées lui-même, ont eu lieu sous la présidence de M. Cazot, vice-président.

C'est dans sa séance du 6 juin 1891 que la Commission a approuvé le Rapport rédigé en son nom par l'un de ses membres, M. Brégeault. Et les journaux du 6 et du 7 du même mois publiaient un résumé du projet de loi élaboré par elle, faisant connaître, en outre, qu'elle allait encore s'occuper de la question de la réhabilitation [1].

---

[1] La note que ces journaux ont insérée en termes identiques, et qu'il y a utilité de reproduire ici pour ne rien laisser ignorer au lecteur, était ainsi conçue :

« La Commission chargée d'étudier les modifications à apporter au fonctionnement du casier judiciaire s'est réunie le 6 juin au matin, au ministère de la justice, sous la présidence de M. Cazot.

« Elle a approuvé le rapport de M. Brégeault.

« Le rapporteur propose l'adoption des décisions suivantes de la Commission :

« Création de trois bulletins destinés à recevoir les diverses condamnations prononcées par les tribunaux.

« Le bulletin n° 1 sera envoyé au greffe de l'arrondissement natal de l'individu condamné.

« Le bulletin n° 2 sera envoyé aux parquets et aux administrations publiques.

« Le bulletin n° 3 sera communiqué aux intéressés seuls.

« Le projet arrêté par la Commission énumère ensuite les mentions qui seront portées sur chacun de ces bulletins, et il indique le mode de communication aux municipalités pour la revision des listes électorales, ainsi qu'aux autorités militaires et maritimes.

« Des dispenses absolues d'inscription au bulletin n° 3 sont accordées pour

Theureau.6

Le Rapport et le projet de loi qui l'accompagne ont été remis alors entre les mains de M. le Garde des Sceaux. Ils seront déposés aux Chambres à la rentrée ; et sans doute ils paraîtront dans le *Journal officiel*, peut-être en octobre, peut-être en novembre. Dès le mois d'août, il nous a été donné d'en avoir communication ; en voici le texte exact et complet :

---

les peines correctionnelles inférieures au maximum de simple police, pour les déclarations de faillite et de liquidation judiciaire et pour les délits politiques et de presse.

« D'autres dispenses sont accordées aux adultes qui encourent une « première » condamnation inférieure à un mois de prison pour un délit autre que le vol, l'abus de confiance, l'escroquerie, l'outrage aux mœurs et l'attentat à la pudeur.

« Les mineurs qui sont condamnés, une première fois, à une peine ne dépassant pas six mois de prison, bénéficieront également de la non-inscription au bulletin n° 3.

« Les inscriptions se prescrivent par sept et quinze ans, suivant que la condamnation est correctionnelle ou criminelle.

« Enfin, des pénalités sanctionnent les infractions à la loi nouvelle et répriment les fausses déclarations en matière de casier judiciaire.

« M. Brégeault a été autorisé à présenter son Rapport au Garde des Sceaux.

« La Commission, quoique ayant terminé ses travaux, continuera à siéger pour examiner la question de la réhabilitation. »

COMMISSION DU CASIER JUDICIAIRE

—

RAPPORT

A M. LE GARDE DES SCEAUX,

PRÉSENTÉ AU NOM DE LA COMMISSION PAR M. BRÉGEAULT.

Monsieur le Garde des Sceaux,

La Commission que vous avez instituée, par votre arrêté en date du 24 juillet 1890, pour rechercher les modifications qui pouvaient être apportées au fonctionnement du casier judiciaire, vient de terminer ses travaux, dont elle a l'honneur de vous exposer ci-après les résultats.

Dans l'allocution par laquelle vous avez bien voulu ouvrir notre première séance, vous avez précisé ainsi l'objet de notre mission [1] : rechercher les améliorations à introduire dans le fonctionnement du casier judiciaire, spécialement au point de vue des inconvénients résultant de la trop grande publicité qui lui est actuellement donnée et qui paraît contribuer à l'accroissement de la récidive. Vous avez, en même temps, signalé les trois idées qui se trouvaient en présence : le maintien de *statu quo*, le retour au système antérieur à 1850, et enfin une publicité restreinte par un procédé nouveau. C'est en se conformant à ce programme que la Commission a étudié les multiples questions qui se sont offertes à ses délibérations et a rédigé le projet qu'elle vient soumettre à votre haute approbation.

I

La Commission s'est trouvée tout d'abord en présence de deux théories opposées relativement à la *nature* même du casier judiciaire : l'une, d'après laquelle il constituerait une véritable *peine* accessoire, comparable à l'affichage des condamnations [2] et même, a-t-il été dit, à l'ancien pilori; l'autre le considérant, d'après son origine et son objet, comme un mode de renseignement sur les antécédents des individus, créé dans l'intérêt des tiers et de la société. La Commission n'a pas cru devoir se prononcer, par un vote formel, entre ces deux théories qui

---

[1] « Procès-verbaux des séances de la Commission » : Séance du 30 juillet 1890, **p. 2.**

[2] Séance du 5 décembre 1890, p. 8.

ont, l'une et l'autre, rencontré parmi ses membres des partisans convaincus; mais elle a été amenée à reconnaître que le casier judiciaire, s'il constitue pour le condamné, dans un grand nombre de cas, une aggravation de pénalité, est en même temps le document le plus certain et le plus difficile à remplacer lorsqu'il s'agit, pour la justice, pour l'État ou pour les particuliers, de connaître le passé d'un individu.

En résumé, de même qu'aucun des membres de la Commission n'a demandé le maintien intégral de l'état de choses actuel, aucun d'eux n'a d'avantage songé à proposer le retour à l'état de choses antérieur à 1850, c'est-à-dire à la suppression du casier judiciaire, en tant que renseignement toujours à la disposition des magistrats du Parquet et de l'Instruction et des tribunaux, ainsi que du gouvernement et des autorités qui en émanent directement.

Le maintien du *bulletin n°* 1 dressé par le greffe de tout tribunal ayant prononcé une condamnation, et envoyé au greffe du lieu de naissance du condamné, ou au *casier central* lorsqu'il s'agit d'individus nés à l'étranger, aux colonies ou dont le lieu de naissance est inconnu, n'a donc souffert aucune difficulté, non plus que la délivrance de l'extrait de ces bulletins, dit *bulletin n°* 2, aux magistrats du Parquet et de l'Instruction [1].

En même temps, la Commission a reconnu, malgré une proposition contraire de l'un de ses membres [2], l'utilité ou, pour mieux dire, la nécessité de régler par un texte législatif l'institution du casier judiciaire, laissée jusqu'à ce jour au régime des circulaires.

II

Mais une importante discussion [3] s'est élevée au sujet de la divulgation du casier judiciaire aux particuliers ou aux administrations ne relevant pas directement de l'État. Si la Commission s'est trouvée unanime pour refuser la communication du casier judiciaire aux tiers, conformément d'ailleurs à la pratique actuelle, elle s'est demandée si la communication à l'intéressé lui-même ne constituait pas, par suite de l'usage qui s'est établi de demander l'extrait de son casier à tout individu sollicitant un emploi, une sorte de publicité « oblique », suivant l'expression de M. Léveillé, ayant de graves inconvénients pour les libérés qui cherchent du travail, et si, par conséquent, elle ne devait pas être interdite.

Cette opinion absolue a été soutenue par plusieurs membres, qui ont

---

[1] Articles 1er à 5 du projet de loi.
[2] Séance du 2 août 1890, p. 11.
[3] Séances des 30 juillet et 2 août 1890.

rappelé les vœux émis par les Congrès tenus en 1890 à Saint-Péters-bourg et à Anvers contre la divulgation du casier judiciaire, et qui se sont surtout préoccupés de venir en aide aux libérés. D'autres membres ont, au contraire, estimé que l'intérêt social exigeait la divulgation du casier judiciaire, entrée d'ailleurs dans les mœurs ; que, si elle était sup-primée, on y suppléerait par des enquêtes et investigations plus dange-reuses et par la demande de production de la carte électorale ; qu'enfin il importait de ne pas sacrifier à l'intérêt des condamnés celui des honnêtes gens : c'est ainsi qu'aujourd'hui, a dit M. Yvernès [1], sur le nombre des bulletins n° 2 délivrés aux particuliers, ceux portant la mention « néant » sont dans la proportion de 98 0/0.

A la suite de cette discussion, la Commission a successivement repoussé le système de la clandestinité complète et celui de la publicité absolue, et elle **a** voté, par neuf voix contre quatre, l'adoption d'un système transactionnel [2].

III

Les séances suivantes ont été consacrées à la recherche des éléments devant servir de base à ce système, c'est-à-dire à l'examen des condi-tions dans lesquelles seraient à l'avenir rédigés les bulletins ou extraits du casier judiciaire, suivant qu'il s'agirait du *bulletin n°* 2 délivré aux magistrats du Parquet et de l'Instruction et aux administrations publi-ques de l'État, ou du bulletin n° 3 délivré aux particuliers et aux admi-nistrations.

Le bulletin n° 2 devant être, en principe, le relevé exact et intégral des bulletins n° 1 [3], la Commission a dû se demander à quelles admi-nistrations communication en serait donnée. Il résulte des discussions qui ont eu lieu à plusieurs reprises sur ce point [4] que la Commission a entendu réserver cette communication aux seules *administrations publiques de l'État*. Il a été précisé que ces expressions ne devaient pas comprendre les Compagnies de chemins de fer, même de l'État, ni l'administration de l'Assistance publique de Paris. Cependant, en ce qui concerne les employés de cette dernière administration, comme ils sont nommés par le préfet de la Seine, celui-ci pourra toujours obtenir la délivrance des bulletins n° 2 les concernant, et la Commission a exprimé le désir que l'Exposé des motifs du projet de loi en fît mention.

---

[1] Séance du 30 juillet 1890, p. 17.
[2] Séance du 2 août 1890, p. 13.
[3] Article 5.
[4] Séances du 19 novembre 1890, p. 5 et 10, et du 30 janvier 1891, p. 1.

Quant aux autres administrations, même publiques, qui ne sont pas des établissements de l'État, la Banque de France, par exemple, elles sont assimilées aux particuliers, c'est-à-dire qu'aucune communication ne leur sera faite du bulletin n° 2 et qu'elles pourront seulement exiger de leurs employés ou candidats la production de leur bulletin n° 3. Ce bulletin n° 3 ne pourra, d'ailleurs, dans aucun cas, être délivré à un tiers autre que l'intéressé lui-même [1].

A l'égard des magistrats du Parquet et de l'Instruction, il a été formellement décidé [2], malgré une proposition [3] tendant à restreindre leur droit « à l'exercice de poursuites ou aux exigences du service judiciaire », que le bulletin n° 2 leur serait toujours délivré, quel que fût le motif de la demande [4].

En ce qui concerne les juges de paix et les officiers du ministère public près les tribunaux de simple police, il résulte des explications échangées [5] qu'ils ne pourront obtenir la délivrance des bulletins n° 2 que par l'intermédiaire du Parquet.

Au contraire, à l'égard des administrations publiques de l'État, certaines restrictions ont été apportées à la communication du bulletin n° 2. La Commission a d'abord admis [6], pour ne pas aggraver la situation actuelle des mineurs de 16 ans, que les décisions portant remise aux parents ou envoi en correction de ces mineurs, par application de l'article 66 du Code pénal, ne seraient pas mentionnées sur les bulletins n° 2 communiqués à ces administrations.

Puis, il a été spécifié [7] que le bulletin n° 2 ne serait, en principe, délivré qu'en vue de l'*obtention d'emplois publics*. Toutefois, pour mettre le projet en harmonie avec la législation en vigueur, la Commission a dû ajouter qu'il serait délivré à l'autorité académique en cas d'ouverture d'une école privée (art. 38 de la loi du 30 octobre 1886), ou de poursuites disciplinaires contre un membre du corps enseignant [8]. Cette dernière disposition a été ensuite étendue à toutes autres poursuites disciplinaires.

La Commission a dû aussi se préoccuper des communications à faire

----

[1] Article 7.

[2] Article 5.

[3] Séance du 27 février 1891, p. 8.

[4] Séance du 20 mars 1891, p. 2.

[5] Séances du 15 mai 1891, p. 2, et du 29 mai 1891, p. 1.

[6] Séance du 27 février 1891, p. 6 à 9.

[7] Séance du 6 mars 1891, p. 3, 9.

[8] Séance du 20 mars 1891, p. 4.

à l'autorité militaire ou maritime au point de vue des engagements, et à l'autorité administrative pour la confection des listes électorales.

Conformément à la proposition de M. Bérenger, elle a admis le principe que les bulletins n° 2 réclamés par l'État à ces fins ne comprendraient que les décisions visées par les lois spéciales militaires, maritimes et politiques [1]. En même temps, elle a consacré [2] le système actuel du casier électoral en décidant qu'un duplicata de chaque bulletin n° 1 constatant une décision de nature à entraîner la privation des droits électoraux serait adressé à l'autorité administrative.

Quant aux autorités militaire et maritime, la Commission a jugé nécessaire, dans un intérêt supérieur de discipline, et au point de vue des nominations et promotions, de donner connaissance, par l'envoi d'un duplicata du bulletin n° 1, de toute condamnation même à l'amende et de tout jugement de faillite ou de la destitution d'un officier ministériel, concernant un citoyen soumis, en raison de son âge, à l'obligation du service militaire ou maritime, c'est-à-dire un militaire ou marin de l'armée active, de la réserve, de l'armée territoriale ou de la réserve de l'armée territoriale ou des services auxiliaires. Il a été bien entendu, d'ailleurs, que cette communication n'aurait lieu que pour les décisions susvisées intervenues *postérieurement* à l'entrée au service.

IV

La plus importante préoccupation de la Commission a été de rechercher quelle devait être la composition du bulletin n° 3.

Les commissaires se sont trouvés facilement d'accord pour dispenser [3], absolument et à tout jamais, de l'inscription sur ce bulletin, certaines décisions ne présentant aucun caractère de gravité : d'une part, les applications de l'article 66 du Code pénal [4], qui, dans la pratique actuelle, ont déjà cessé de figurer sur les extraits délivrés aux particuliers ; d'autre part, les condamnations à des *peines de simple police* prononcées pour délit par suite de l'admission de circonstances atténuantes.

Dans le même ordre d'idées, il a été décidé par la majorité [5] que les condamnations à une amende de 25 francs et *au-dessous* ne figureraient pas au bulletin n° 3. Ce principe a été étendu, malgré la vive opposition de plusieurs membres [6], même au cas où la condamnation serait

---

[1] Séance du 6 mars 1891, p. 9.

[2] Article 6.

[3] Article 8.

[4] Séance du 21 novembre 1890, p. 10, 12.

[5] Séance du 27 février 1891, p. 11.

[6] Séance du 6 mars 1891, p. 12.

encourue en raison de l'un des délits exceptés dont il sera ci-après question.

Une autre discussion s'est élevée [1] au sujet de l'inscription des *jugements déclaratifs de faillite*. Certains membres ont fait observer que la faillite entraîne des incapacités qu'il est utile de faire connaître au public, et que, d'ailleurs, depuis la loi du 4 mars 1889, tout failli de bonne foi obtient le bénéfice de la liquidation judiciaire. Mais d'autres répondirent que la faillite, ne produisant par elle-même aucune conséquence pénale, ne saurait être assimilée à un délit, et que, lorsque le failli a mérité une peine, c'est au ministère public à le poursuivre pour banqueroute. La Commission s'est rangée à cette dernière opinion ; elle a décidé que les jugements déclaratifs de faillite ou de liquidation judiciaire ne seraient pas inscrits au bulletin n° 3, et que leur inscription au bulletin n° 1 ne priverait pas l'intéressé des avantages réservés à une première condamnation encourue ultérieurement.

Une décision semblable a été prise [2] au sujet des jugements ou arrêts prononçant la déchéance de la puissance paternelle par application de la loi du 24 juillet 1889, que la Commission a cru devoir faire figurer au casier judiciaire, mais qu'elle a dispensés de l'inscription au bulletin n° 3.

Une proposition tendant à exclure du bulletin n° 3 *les condamnations par défaut* [3] non signifiées à personne ou à domicile n'a pas été adoptée, la Commission ayant considéré qu'elle serait de nature à préjudicier à l'intérêt social en encourageant les prévenus ou les accusés à faire défaut. Elle a pensé aussi [4] qu'il convenait d'ajourner, jusqu'à la discussion du projet sur la réhabilitation, la solution de la question suivante : un individu ayant prescrit sa peine, prononcée par défaut, pourra-t-il obtenir sa réhabilitation ?

L'attention de la Commission a été appelée ensuite sur l'opportunité de l'inscription, au casier, des peines disciplinaires [5]. Après avoir entendu M. le Directeur des affaires civiles, qui a bien voulu se mettre à sa disposition, elle a voté à l'unanimité l'inscription au bulletin n° 2 des décisions disciplinaires prononcées par l'autorité judiciaire et de celles qui, prononcées par une autorité administrative, entraînent des incapacités. Puis, à la suite d'une discussion approfondie, elle a décidé de laisser subsister, au bulletin n° 3, seulement celles de ces décisions qui sont

---

[1] Séance du 12 décembre 1890, p. 5 à 7.

[2] Séance du 15 mai 1891, p. 2.

[3] Séance du 12 décembre 1890, p. 7.

[4] Séance du 3 mars 1891, p. 1.

[5] Séance du 30 janvier 1891, p. 2 à 7.

susceptibles de réhabilitation d'après la loi du 19 mars 1864, c'est-à-dire des destitutions de notaires, greffiers et officiers ministériels prononcées par le tribunal ou par le Garde des Sceaux. Enfin elle a repoussé la proposition de plusieurs de ses membres tendant à donner au Garde des Sceaux le pouvoir de dispenser ces décisions de l'inscription au bulletin n° 3.

Quant aux délits politiques, tout en constatant à quel point il est difficile de les définir théoriquement, la Commission a été à l'unanimité d'avis [1] de les exclure absolument du bulletin n° 3. Mais, contrairement à la proposition de deux de ses membres tendant à n'inscrire que les crimes contre la sûreté extérieure de l'Etat, elle a refusé d'exclure du bulletin n° 3 les *crimes politiques* et les délits de droit commun *connexes* à des délits politiques.

La Commission a aussi décidé que les condamnations pour *délits de presse* ne figureraient pas au bulletin n° 3, à l'exception de celles prononcées pour diffamation ou outrage aux bonnes mœurs.

Elle a exclu également, sur la proposition de M. Bovier-Lapierre [2], les condamnations prononcées à l'*étranger* pour des faits non prévus par les lois pénales françaises.

Au sujet des condamnations prononcées par les tribunaux *militaires* ou *maritimes*, une discussion prolongée a eu lieu [3]. La Commission a chargé M. Jacquin d'étudier spécialement cette question et a entendu le rapport très complet qui lui a été fait sur les différentes infractions réprimées par ces tribunaux, savoir : les crimes ou délits de droit commun et les faits militaires punis de peines criminelles ou de peines de délit. M. Jacquin a conclu en proposant d'exclure, du bulletin n° 3 seulement, les peines de délit infligées par les Conseils de guerre pour faits militaires. M. Bérenger, de son côté, a demandé l'exclusion de toutes les condamnations pour crimes et délits purement militaires, sauf l'espionnage et la trahison. Mais, sur la proposition de M. Lépine [4], qui a fait observer que le bulletin mentionnait la juridiction spéciale ayant statué, la Commission a décidé qu'il n'y avait pas lieu de distinguer, au point de vue de l'inscription au bulletin n° 3, entre les condamnations militaires et maritimes et celles prononcées par les tribunaux ordinaires.

---

[1] Séance du 13 mars 1891, p. 8 à 10.

[2] Séance du 13 mars 1891, p. 10, 11.

[3] Séances du 13 mars 1891, p. 7, 8, et du 20 mars 1891, p. 6 à 10.

[4] Séance du 20 mars 1891, p. 14.

V

Toutes ces questions écartées [1], il restait à prendre parti sur l'inscription, au bulletin n° 3, des condamnations pour les différents *délits de droit commun* punis d'une peine *supérieure à cinq jours de prison ou à 25 francs d'amende.*

Trois solutions se présentaient [2] : classer les délits d'après leur nature, — s'attacher à la quotité de la peine, — ou laisser au juge l'appréciation de l'opportunité de l'inscription, ces divers systèmes étant, d'ailleurs, susceptibles de se combiner entre eux.

Le danger du premier système était de nécessiter une nomenclature des diverses infractions susceptibles d'être ou non mentionnées au casier, nomenclature offrant, dans un texte législatif, des difficultés presque insurmontables. Le second système avait un autre inconvénient, c'était de mettre sur le pied de l'égalité les infractions les plus graves et les plus légères, le vol et les blessures par imprudence, par exemple. Aussi la Commission crut-elle possible de recourir à la combinaison de ces deux systèmes.

Elle vota [3] d'abord le principe suivant : ne sera pas portée au bulletin n° 3 une première condamnation à *un mois* ou moins d'un mois d'emprisonnement ou à 500 francs ou moins de 500 francs d'amende, mais en exceptant de cette disposition les délits de vol, escroquerie, abus de confiance, attentat aux mœurs et autres délits *similaires*, qu'elle chargea une sous-commission, composée de MM. Lépine, Yvernès et Brégeault, de rechercher et d'énumérer.

La Commission s'occupa ensuite des condamnations supérieures à un mois de prison ou à 500 fr. d'amende, et c'est alors qu'intervint le troisième système, qui consistait à laisser au juge le pouvoir d'ordonner l'inscription au bulletin n° 3 ou d'en dispenser le condamné. Cette idée rencontra une vive opposition de la part de plusieurs membres [4]. Ils firent observer que donner au juge cette faculté, c'était reconnaître au casier judiciaire le caractère d'une peine véritable et d'une peine nouvelle ; que les tribunaux pourraient être portés à appliquer plus ou moins cette peine, selon qu'ils admettraient plus ou moins volontiers le principe de la publicité du casier judiciaire ; qu'enfin le bulletin n° 3, ainsi abandonné à l'arbitraire des décisions de la justice, ne présenterait plus aucune garantie au public et perdrait sa raison d'être.

---

[1] Article 9.

[2] Séance du 21 novembre 1890.

[3] Séance du 21 novembre 1890, page 10.

[4] Séances du 19 novembre 1890, p. 11 et suiv., et du 5 décembre 1890.

Au contraire, les partisans du pouvoir du juge répondaient qu'il ne s'agissait pas de créer une peine nouvelle, mais d'atténuer les rigueurs du casier judiciaire ; que l'on ne pouvait hésiter à donner au juge une faculté beaucoup moins importante que celle de l'application de la peine elle-même et du sursis à l'exécution de la peine ; que, d'ailleurs, si on la lui refusait directement, il la conserverait indirectement puisqu'il se·rait le maître, en prononçant une condamnation inférieure ou supérieure à un mois, de dispenser ou non le condamné de l'inscription au casier. Enfin ils ajoutaient que la mention « néant » ferait toujours connaître au public que, si une condamnation a été prononcée, elle a été sans gravité dans la pensée du législateur ou du magistrat.

A la suite de cette discussion, la Commission admit [1], par huit voix contre six, le principe du pouvoir du juge ; puis elle adopta, après rejet de deux propositions émanant de MM. Guillot et Léveillé et tendant à l'attribution d'un arbitraire absolu aux tribunaux, celle de **M. Guyot-Dessaigne** restreignant ce pouvoir à la première condamnation à une peine supérieure à un mois et inférieure à un an pour délit autre que ceux qui devaient être exceptés.

Conformément à ces décisions, la sous-commission élabora un texte qui les coordonnait et dressa une liste de dix-sept délits qui lui parurent rentrer dans les prévisions de la Commission, sans se dissimuler cependant que cette liste pouvait sembler susceptible d'additions ou de retranchements.

Lorsque, en effet, ce projet revint devant la Commission, M. Guillot critiqua vivement [2] cette nomenclature et montra, en suivant l'ordre des articles du Code pénal, qu'elle comportait de nombreuses additions. Il proposa, en présence de la difficulté et du danger d'une énumération législative, d'en revenir au pouvoir du juge sans restriction.

M. Léveillé [3] soutint la même opinion et développa un contre-projet aux termes duquel, l'inscription au casier judiciaire étant considérée comme une peine, il en faisait découler les conséquences suivantes par analogie avec la loi du 23 janvier 1874 sur la surveillance de la haute police : 1º le juge aurait la faculté de l'ordonner ou d'en dispenser selon les cas ; 2º elle serait infligée pour un temps limité ; 3º remise pourrait en être faite par voie de grâce ou de suspension accordée par mesure administrative.

---

[1] Séance du 5 décembre 1890, p. 9, 10.

[2] Séance du 20 février 1891, p. 1 à 5.

[3] Annexe à la séance du 20 février 1891.

De son côté, M. Bérenger [1] proposa de simplifier le projet, en dispensant de l'inscription, au bulletin n° 3, toute condamnation inférieure à un mois de prison sans distinction.

Après mûre délibération, la Commission [2] refusa de prendre en considération le contre-projet de M. Léveillé, repoussa les propositions de MM. Guillot et Bérenger, rejeta l'article 9 du projet de la sous-commission et décida [3] enfin que la première condamnation à un mois de prison ou au-dessous, — ou à une amende supérieure à 25 francs, mais n'excédant pas 500 francs, — ne serait pas inscrite au bulletin n° 3, excepté lorsqu'il s'agirait des délits suivants : outrage public à la pudeur, vol, escroquerie, abus de confiance, attentat aux mœurs prévu par l'article 334 du Code pénal. La Commission, conformément à l'avis de M. Voisin, préféra cette énumération reproduite de l'article 5 de la loi du 15 juillet 1889 sur le recrutement de l'armée au système que proposa plus tard M. Guillot, et qui consistait à désigner les délits exceptés par les numéros des articles du Code pénal les prévoyant [4].

A la suite de ces décisions, la faculté conférée aux tribunaux par un vote antérieur, parut, à la Commission, présenter de graves inconvénients et, sur la proposition de M. Trarieux, qui déclara que le vote du principe du pouvoir du juge avait eu pour corollaire l'énumération des délits exceptés, confiée à la sous-commission et qui venait d'être repoussée, l'article du pouvoir relatif du juge fut supprimé purement et simplement.

A l'égard des mineurs de seize ans, la Commission avait d'abord décidé [5], sur la proposition de M. Herbette, de dispenser de toute inscription les peines de six mois de prison et au-dessous prononcées en vertu de *l'article* 69 du Code pénal ; puis, sur celle de M. Bovier-Lapierre, elle avait chargé le juge d'arbitrer l'opportunité de l'inscription pour les condamnations au-dessous de deux ans de prison prononcées en vertu de l'article 68 du du même Code [6]. Après la suppression générale du pouvoir du juge, une modification s'imposait sur ce point, et la dispense de l'inscription fut accordée [7] à toute condamnation à un emprisonnement de six mois ou moins encourue par un mineur de 16 ans par application des articles 67, 68 et 69 du Code pénal.

---

[1] Séance du 20 février 1891, p. 9 et 10.

[2] Séance du 20 février 1891, p. 14 et 15.

[3] Séance du 6 mars 1891, p. 10, 11.

[4] Séance du 13 mars 1891, p. 3.

[5] Séance du 20 février 1891, p. 16.

[6] Séance du 30 janvier 1891, p. 9.

[7] Séance du 13 mars 1891, p. 4.

Il était bien entendu que les différentes décisions qui viennent d'être rapportées s'appliquaient uniquement, dans la pensée de la Commission, à la *première condamnation*. Elle compléta cette pensée en décidant [1] que la première mention, non marquée ou périmée, revivrait quand une seconde condamnation serait encourue, quels que fussent, d'ailleurs, la nature et le *quantum* de chacune de ces deux condamnations. Ce point a été nettement précisé après discussion [2].

VI

L'idée de rendre temporaires les mentions du bulletin n° 3 a été soumise à la Commission par M. Bérenger, qui proposa d'abord la prescription de toute première condamnation par cinq ans [3].

Cette proposition fut contestée à un double point de vue : en la forme, plusieurs commissaires estimèrent que le terme était inexact et devait être remplacé par celui de péremption ; sur le fond, certains membres se montrèrent partisans de systèmes différents. M. Léveillé, continuant à considérer l'inscription au casier exclusivement comme une peine, demanda qu'elle pût être effacée par voie de grâce ou suspendue par mesure administrative. MM. Guillot et Brégeault proposèrent de créer une réhabilitation spéciale, dite « petite réhabilitation », ayant seulement pour effet de purger le bulletin n° 3. Mais la Commission [4] écarta ces propositions et admit, en principe, que les condamnations seraient effacées du casier judiciaire après un certain délai courant du jour de la libération pleine et entière du condamné.

Une discussion eut lieu ensuite sur la durée de ce délai. Sur la proposition de M. Guyot-Dessaigne la Commission adopta [5] le chiffre de *sept ans* pour une *première condamnation correctionnelle inférieure à un an de prison*, puis elle étendit cette disposition à *toute première condamnation correctionnelle* ; et elle fixa à *quinze ans*, sur la proposition de M. Voisin, la durée du délai *en cas de récidive correctionnelle* et de *condamnation*, même primaire, à une *peine criminelle*. Elle décida aussi que ces mesures auraient un effet rétroactif.

Mais lorsque la rédaction de ces décisions par la Sous-commission revint en discussion, M. Trarieux proposa de restreindre le principe à la *première condamnation*, *correctionnelle* ou *criminelle*, estimant que le récidiviste était indigne d'une telle faveur ; et la Commission, après

---

[1] Article 11.

[2] Séance du 13 février 1891, p. 2 à 5.

[3] Séance du 6 février 1891, p. 4.

[4] Séance du 6 février 1891, p. 2.

[5] Séance du 13 février 1891, p. 1.

une nouvelle discussion, adopta cette modification. Il résulte de ce vote [1] que, seules, une *première condamnation pour délit après sept ans* et une *première condamnation pour crime après quinze ans* cessent de figurer au bulletin n° 3 [2].

Une autre proposition émanant de M. Bérenger fut soumise à la Commission [3]. Elle tendait à l'institution de la *réhabilitation légale*, c'est-à-dire à la réhabilitation pleine et entière par le seul effet d'un certain laps de temps écoulé sans nouvelle condamnation. A ce sujet, MM. Bérenger et Guillot signalèrent la situation intéressante de certains individus, condamnés depuis de longues années, et que la crainte de divulguer un passé oublié empêche de recourir à la procédure actuelle de la réhabilitation. Mais la Commission estima que cette proposition excédait les limites de son mandat. Sur la communication qui vous a été faite par M. le vice-président Cazot, vous avez bien voulu, M. le Garde des Sceaux [4], donner satisfaction au vœu exprimé par la Commission, en lui continuant, pour l'étude de la réhabilitation légale, les pouvoirs que vous lui aviez conférés pour celle du casier judiciaire. La Commission, en vous remerciant de cette nouvelle marque de confiance, est prête à aborder la discussion de cette importante question.

VII

Il restait à mentionner certaines dispositions du projet relatives à divers objets spéciaux.

Sur la proposition de M. Lépine, la Commission a décidé [5] que le *signalement anthropométrique* [6] du condamné serait inscrit au bulletin n.° 1, et elle a laissé, au règlement d'administration publique qui devra être établi à la suite du vote de la loi, le soin de prendre les mesures nécessaires à cet égard.

Une discussion importante [7] a eu lieu au sujet de la mesure dans laquelle les *étrangers* résidant en France devraient être admis à bénéficier des dispositions du projet. MM. Léveillé et Guillot ont fait observer que, les lois pénales étant territoriales, la loi du casier judiciaire devrait s'appliquer sans réserve à tous les étrangers se trouvant sur notre ter-

---

[1] Séance du 20 mars 1891, p. 16, 17.

[2] Article 10.

[3] Séance du 13 février 1891, p. 4 à 10.

[4] Séance du 20 février 1891, p. 1.

[5] Séances du 12 décembre 1890, p. 1 à 3, et du 27 février 1891, p. 5, 6.

[6] Article 3.

[7] Séance du 19 décembre 1890, p. 2 à 5.

ritoire. Toutefois la Commission a cru devoir repousser cette conséquence, ainsi que la proposition de M. Guyot-Dessaigne, refusant indistinctement aux étrangers le bénéfice de la loi, et celle de M. Trarieux ne
l'accordant qu'aux étrangers admis à domicile. Elle a adopté, sur la
proposition de M. Yvernès, le principe de la réciprocité [1]. L'étranger
aura droit aux dispenses d'inscription lorsqu'un traité ou une loi réser-
vera dans son pays d'origine, à nos nationaux, des avantages analogues.
La Commission [2] a également décidé, à l'unanimité, que les arrêtés d'expulsion seraient portés aux bulletins n°s 2 et 3 des étrangers.

Quant aux condamnations prononcées contre des Français par des
tribunaux étrangers, la Commission a été d'avis qu'elles devraient être
inscrites au Casier judiciaire, conformément à la pratique actuelle,
lorsque les bulletins constatant ces condamnations auraient été transmis
au gouvernement français par le gouvernement étranger en vertu d'une
convention internationale.

Enfin, la Commission s'est préoccuppée d'assurer la *sanction* des dispositions qu'elle avait adoptées. Après diverses explications, elle a reconnu que la responsabilité des magistrats du Parquet, vérifiant et visant les bulletins, ne pouvait être que morale et disciplinaire [3].

M. Brégeault a proposé [4] d'introduire, dans le projet, des pénalités
contre les individus qui auraient frauduleusement fait inscrire une condamnation au casier judiciaire d'un autre que le véritable condamné, et
contre ceux qui se seraient fait délivrer par fraude le bulletin n° 3 d'un
tiers. La première partie de cet amendement [5], à laquelle s'était ral-
lié M. Guillot, tout en proposant une rédaction différente, a été combattue par divers membres, qui ont estimé [6] que les dispositions du
Code pénal relatives au crime de faux étaient suffisantes pour réprimer les fraudes de cette nature. M. Bloch a fait, en outre, observer que
faire inscrire sa propre condamnation sur le casier d'un innocent est
un acte au moins aussi répréhensible que le faux commis dans un but
de lucre. Mais il a été répondu qu'en fait les pénalités du faux et la juridiction de la Cour d'assises paraissaient, à cet égard, trop rigoureuses ;
que le Parquet s'abstenait, le plus souvent, de poursuites devant aboutir à des acquittements, et que, d'ailleurs, dans certains cas, le crime
de faux n'était pas suffisamment caractérisé.

---

[1] Article 12.
[2] Séance du 19 décembre 1890, p. 8.
[3] Séance du 19 décembre 1890, p. 6, 7.
[4] Séance du 13 mars 1891, p. 5.
[5] Séance du 15 mai 1891, p. 7, 8.
[6] Séance du 29 mai 1891.

D'un autre côté, M. Guillot a proposé d'édicter des pénalités correctionnelles contre des individus qui se font condamner sous un nom imaginaire.

A la suite de cette discussion, la Commission a adopté le principe de la création d'un délit nouveau, et a voté une pénalité de six mois à cinq ans d'emprisonnement [1] contre tout individu qui, en prenant le nom d'un tiers ou un nom supposé, aura amené l'inscription, au casier, de sa condamnation sous un autre nom que le sien, en réservant, sur la proposition de M. Léveillé, l'application des peines de faux lorsque ce crime serait caractérisé. Ces dispositions ont été étendues aux tiers qui auront sciemment déterminé une inscription erronée au Casier en fournissant à la Justice de faux renseignements sur l'état civil de l'inculpé.

L'article 463 du Code pénal est applicable à ces diverses pénalités.

Le dernier article [2] du texte adopté a eu pour but, sur la proposition de MM. Dumas et Jacquin, de confier à un règlement d'administration publique [3] le soin de spécifier notamment les conditions dans lesquelles devraient être, à l'avenir, demandés, établis et délivrés les bulletins n°° 2 et 3, les droits qui seraient dûs aux greffiers et, en général, de prendre toutes les mesures nécessaires à l'exécution de la loi.

Enfin, il n'a pas paru possible, par une formule générale, de rendre la loi applicable aux colonies et aux pays de protectorat, certaines de ses dispositions n'y pouvant recevoir exécution, et des mesures spéciales devant être adoptées en ce qui les concerne. Le casier central de la métropole ou les Casiers des lieux de naissance pour les individus nés en dehors de la colonie se trouveront le plus souvent à une distance trop grande pour suffire aux nécessités de la Justice et à la rapide expédition des affaires ; des casiers centraux devront vraisemblablement être créés dans chaque colonie. Dans ces conditions, il a semblé préférable de laisser au gouvernement, en Conseil d'État, le soin de prescrire les conditions particulières dans lesquelles la loi recevrait son application dans les colonies et pays de protectorat.

Tels sont, Monsieur le Garde des Sceaux, les résultats auxquels ont abouti les travaux de la Commission, résultats formulés dans la dernière rédaction du texte du projet qu'elle vient maintenant vous soumettre, et dont la teneur suit.

---

[1] Article 13.

[2] Article 14.

[3] Séance du 15 mai 1891, p. 2 à 5.

PROJET DE LOI

SUR LE CASIER JUDICIAIRE

Article premier.

Le casier judiciaire, établi au greffe de chaque tribunal de première instance, reçoit, en ce qui concerne les personnes nées dans la circonscription du tribunal et après vérification de leur identité aux registres de l'état civil, des bulletins, dits *bulletins* n° 1, constatant :

1° Les condamnations contradictoires ou par contumace et les condamnations par défaut non frappées d'opposition prononcées, pour crime ou délit, par toute juridiction répressive ;

2° Les décisions prononcées par application de l'article 66 du Code pénal ;

3° Les décisions disciplinaires prononcées par l'autorité judiciaire et celles qui, prononcées par une autorité administrative, entraînent des incapacités ;

4° Les jugements déclaratifs de faillite ou de liquidation judiciaire ;

5° Les déchéances de la puissance paternelle ;

6° Les arrêtés d'expulsion pris contre les étrangers.

Art. 2.

Il est fait mention, sur les bulletins n° 1, des grâces, commutations ou réductions de peine, des décisions qui suspendent l'exécution d'une première condamnation, des arrêtés de mise en libération conditionnelle et de révocation, des réhabilitations et des jugements relevant de la relégation conformément à l'article 16 de la loi du 27 mai 1885.

Sont retirés du casier judiciaire : les bulletins n° 1 relatifs à des condamnations effacées par une amnistie, à des déclarations de faillite, de liquidation judiciaire ou de déchéance de la puissance paternelle ultérieurement rapportées.

Art. 3.

Le bulletin n° 1 doit présenter le signalement anthropométrique du condamné dans tous les cas où il a été relevé.

Art. 4.

Le casier judiciaire central, institué au ministère de la Justice, reçoit les bulletins n° 1 concernant les personnes nées à l'étranger, dans les colonies, ou dont l'acte de naissance n'a pas été inscrit sur les registres de l'état civil.

Theureau.

Art. 5.

Le bulletin nº 2 est le relevé intégral des bulletins nº 1 applicables au même individu.

Il est délivré aux magistrats du Parquet et de l'Instruction.

Il l'est également aux administrations publiques de l'État en vue de l'obtention d'emplois publics, de poursuites disciplinaires ou de l'ouverture d'une école privée conformément à la loi du 30 octobre 1886.

Toutefois, les décisions prononcées par application de l'article 66 du Code pénal ne sont jamais mentionnées sur les bulletins nº 2 délivrés aux administrations publiques de l'État.

Les bulletins nº 2 réclamés par les administrations publiques de l'État, soit pour engagement militaire ou maritime, soit pour l'exercice des droits politiques, ne comprennent que les décisions visées par les lois militaires, maritimes ou politiques.

Lorsqu'il n'existe pas de bulletins nº 1 au casier judiciaire, le bulletin nº 2 porte le mot *néant*.

Art. 6.

En cas de condamnation, faillite ou destitution d'office prononcée contre un individu soumis à l'obligation du service militaire ou maritime, il en est donné connaissance aux autorités militaire ou maritime par l'envoi d'un diplicata du bulletin nº 1.

Un duplicata de chaque bulletin nº 1 constatant une décision entraînant la privation des droits électoraux est adressé à l'autorité administrative à l'égard de tout Français ou de tout étranger naturalisé âgé de plus de 21 ans.

Art. 7.

Le bulletin nº 3 est relevé des bulletins nº 1, établi suivant les règles fixées aux articles 8 à 12.

Il peut être réclamé par l'individu qu'il concerne et ne doit, dans aucun cas, être délivré à un tiers.

Art. 8.

Ne sont jamais inscrits au bulletin nº 3 :

1º Les décisions prononcées par application de l'article 66 du Code pénal :

2º Les condamnations à des peines de simple police prononcées, pour délit, par suite de l'admission de circonstances atténuantes ;

3º Les condamnations à une amende seulement, lorsque cette amende ne dépasse pas 25 francs ;

4º Les condamnations effacées par la réhabilitation ou par l'application de l'article 4 de la loi du 26 mars 1891 sur l'atténuation et l'aggravation des peines ;

5° Les déclarations de faillite ou de liquidation judiciaire ;

6° Les déchéances de la puissance paternelle ;

7° Les décisions disciplinaires autres que la destitution ;

8° Les condamnations pour délits politiques et pour délits prévus par les lois sur la presse, à l'exception de celles qui ont été prononcées pour diffamation ou pour outrages aux bonnes mœurs ;

9° Les condamnations prononcées à l'étranger pour des faits non prévus par les lois pénales françaises.

Art. 9.

Ne sont pas inscrits au bulletin n° 3 :

1° Une première condamnation à un emprisonnement de six mois ou de moins de six mois prononcée par application des articles 67, 68 et 69 du Code pénal ;

2° Une première condamnation, soit à un mois ou moins d'un mois d'emprisonnement, soit à une amende supérieure à 25 francs mais n'excédant pas 500 francs, prononcée pour un délit autre que l'outrage public à la pudeur, le vol, l'escroquerie, l'abus de confiance ou l'attentat aux mœurs prévu par l'article 334 du Code pénal.

Art. 10.

Cessent d'être inscrites au bulletin n° 3 :

1° Sept ans après l'expiration de la peine corporelle ou le paiement de l'amende, la condamnation unique pour délit ;

2° Quinze ans après l'expiration de la peine, la condamnation unique pour crime ;

Le tout sans qu'il soit dérogé à la loi du 26 mars 1891 sur l'atténuation et l'aggravation des peines.

Art. 11.

En cas de condamnation ultérieure, le bulletin n° 3 reproduit intégralement les bulletins n° 1 constatant les décisions autres que celles qui sont énumérées à l'article 8.

Art. 12.

L'étranger n'aura droit aux dispenses d'inscription sur le bulletin n° 3 que si, dans son pays d'origine, une loi ou un traité réserve aux condamnés français des avantages analogues.

Art. 13.

Quiconque, en prenant le nom d'un tiers ou un nom supposé, aura amené l'inscription, au casier, de sa condamnation sous un autre nom que le sien, sera puni de six mois à cinq ans d'emprisonnement, sans préjudice des poursuites à exercer pour le crime de faux, s'il y échet.

Sera puni de la même peine celui qui, par de faux renseignements relatifs à l'état civil d'un inculpé, aura sciemment été la cause de l'inscription d'une condamnation sur le casier judiciaire d'un individu autre que le véritable condamné.

Quiconque, en prenant un faux nom ou une fausse qualité, se sera fait délivrer ou aura tenté de se faire délivrer par le greffier le bulletin n° 3 d'un tiers, sera puni d'un mois à un an d'emprisonnement.

L'article 463 du Code pénal sera dans tous les cas applicable.

Art. 14.

Un règlement d'administration publique déterminera les mesures nécessaires à l'exécution de la présente loi et, notamment, les conditions dans lesquelles doivent être demandés, établis et délivrés les bulletins n°s 2 et 3, les droits de greffe alloués au greffier, ainsi que les conditions d'application de la présente loi aux colonies et aux pays de protectorat.

CHAPITRE XXII

Bulletins n°s 1, 2 et 3. — La prescription. — Discernement de ce qui
doit figurer sur les bulletins ou ne pas y figurer. — Pénalités. —
Procédure. — La question de la réhabilitation.

A la suite de ce projet de loi de la Commission et du Rapport, la
place est indiquée pour des commentaires en ce qui concerne au
moins plusieurs des dispositions principales que comporte la matière des casiers judiciaires.

*
* *

D'abord, parmi ces dispositions, apparaissent celles qui sont relatives aux bulletins et par conséquent au plus ou moins de publicité
à donner des informations que contiendront les bulletins n° 1.

Les systèmes diffèrent, à cet égard. Ainsi, au lieu que, dans celui
qui date de 1850 et qui est encore actuellement en pratique, il ne se
trouve que des bulletins n° 1 et des bulletins n° 2, ceux-ci reproduisant les énonciations de ceux-là, la Commission classe les bulletins sous trois numéros. Les bulletins n° 1, dans ce fonctionnement
modifié de l'institution, s'il est admis, continueront à être, comme
par le passé, ceux qui composent les casiers mêmes des greffes, et
les bulletins n° 2 ou extraits destinés aux magistrats de l'ordre judiciaire et aux administrations publiques de l'État seront conformes
à ces bulletins n° 1. Mais, dans les bulletins n° 3, c'est-à-dire ceux
qui seraient délivrés à la demande des intéressés pour des patrons,
qui en exigent d'eux la production, ou pour des sociétés et administrations qui, telles que celles des chemins de fer ou de la Banque
de France, ne sont pas des administrations de l'État, il serait omis
bon nombre des condamnations figurant sur les bulletins n° 1.

Pourquoi et comment ce numéro 3 des bulletins a-t-il été introduit?
Le Rapport donne la réponse à la question en constatant que la
Commission, dans sa séance du 2 août 1890, « a successivement
repoussé la clandestinité complète des casiers judiciaires et leur
publicité absolue, et qu'elle s'est prononcée pour l'adoption d'un
système transactionnel [1]. Les bulletins n° 3 sont l'application même

---

[1] Le Garde des Sceaux, M. Fallières, en ouvrant la première séance de la
Commission, celle du 30 juillet 1890, qu'il a présidée, avait, en effet, précisé

de ce système transactionnel et intermédiaire adopté en vue de restreindre en même temps qu'admettre la « publicité » des informations ; et c'est pourquoi ils ne devront reproduire que certaines des mentions recueillies dans les bulletins n° 1.

Or, ces bulletins n° 1 étant les pièces originales et en quelque sorte les minutes des casiers judiciaires, donc les véritables casiers eux-mêmes, on n'en aura ainsi, dans les bulletins n° 3, que des copies imparfaites, copies par conséquent de documents officiels non identiques à ces documents ; et des copies, d'autre part, que, dans une même affaire et au sujet d'une même personne, les bulletins n° 2, conformes aux bulletins n° 1 et remis aux fonctionnaires et aux magistrats, viendraient contredire.

Il y a, d'ailleurs, ce qui est autrement important, à envisager surtout le côté de l'application du système. Et quelle leçon, sous ce rapport, ressort du passé ! M. Rouher avait voulu, comme on sait, la publicité la plus large des casiers judiciaires. Les déplorables résultats d'une telle pratique ont été mis en évidence [1], et M. Dufaure, Garde des Sceaux, dans ses circulaires du 14 août et du 6 décembre 1876, a cru y remédier par l'interdiction faite aux particuliers d'obtenir les bulletins des casiers judiciaires concernant des tiers ; mais, ajoutait-il, « les condamnés eux-mêmes pourront toujours se faire délivrer les bulletins de leur propre casier ».

C'était déjà là aussi un régime de transaction, dont une circulaire du Garde des sceaux, M. Martin Feuillée, du 4 décembre 1884, est venue confirmer le maintien.

Eh bien ! on a vu [2] que la situation nouvelle sortie de ces dispositions n'est pas meilleure que la précédente, que même elle est pire. Ce qu'il aurait fallu et ce que par conséquent la Commission du casier judiciaire, éclairée par l'expérience, devait adopter dans son Rapport et formuler dans son projet de loi, c'est, comme M. Bérenger, l'homme assurément le plus compétent en ces matières, le dé-

---

ainsi le travail que cette Commission était appelée à accomplir : « Elle se trouve en présence de trois idées, ou bien refuser toute communication des renseignements judiciaires comme avant 1850, ou bien maintenir le système actuel, ou bien enfin restreindre la publicité par un procédé quelconque. Elle a, à cet égard, une latitude absolue pour adopter le régime qu'elle croira le meilleur ; ses conclusions formeront les éléments d'un projet de loi qui sera présenté par le gouvernement ».

[1] Voir p. 67.

[2] P. 67 et 68.

montrait déjà si bien en 1887 [1] et comme, d'accord avec d'autres membres de la Commission, il n'a cessé de le proposer, que « la délivrance du casier judiciaire, même aux intéressés qui demandent le leur propre, fût interdite », c'est, en d'autres termes, que le régime devînt celui de la clandestinité, le casier, d'après la qualification qu'il porte, ne devant être que « judiciaire ».

Dès la première séance de la Commission, celle du 30 juillet 1890, en effet, l'honorable sénateur rappelait que le « Congrès de Saint-Pétersbourg, justement ému par les faits qui lui ont été révélés, a considéré la divulgation du casier judiciaire comme un obstacle au relèvement du condamné par le travail et a émis un vœu en faveur de sa clandestinité absolue ».

Dans la même séance de la Commission, M. Dumas, constatant que le ministère public, à qui appartient le droit d'appréciation pour ce qui concerne la publicité des casiers judiciaires, n'use en pratique jamais de ce droit à l'égard de l'intéressé, s'exprimait ainsi : « Il en résulte que les tiers, auxquels la communication n'est plus accordée, l'obtiennent en fait. Ils l'exigent et celui qui sollicite un emploi n'a pas, pour se soustraire à cette obligation, la ressource d'invoquer un refus du Parquet. Si la communication était rendue impossible, il y aurait présomption d'honorabilité ; et, au cas par exemple où un innocent devrait repousser une imputation calomnieuse, au lieu d'avoir à demander pour cela son propre casier qui est en blanc, il traduirait le calomniateur devant la justice, et c'est alors le ministère public lui-même qui fournirait la justification en produisant aux débats l'extrait du casier judiciaire ». En résumé, M. Dumas a donc été d'avis « qu'il faut, comme l'entend M. Bérenger, interdire d'une façon absolue la délivrance de l'extrait des casiers judiciaires aux particuliers, alors même que cet extrait serait pour quelques-unes des grandes administrations, si ces administrations publiques ne sont pas celles de l'État. »

Et M. Herbette, à son tour, insistait sur le caractère même du casier judiciaire, sur son caractère essentiel. « Cette institution cependant va-t-elle dégénérer ainsi, remarquait-il, et le casier judiciaire se transformer en acte de l'état civil ? Est-il admissible qu'on exige de quelqu'un la preuve de son infamie ? La diffamation permanente est ouverte et de la sorte substituée au système des renseignements confidentiels que préconisent l'équité et la raison ».

La communication au tiers, vint dire également M. Léveillé, dans

----

[1] « Bulletin de la Société générale des Prisons » année 1887, séance du 18 mai. — Et ci-dessus, p. 68.

la séance du 2 août 1890, « se pratique par la délivrance aux intéressés. Ce n'est peut-être qu'une publicité « oblique », mais enfin c'est une publicité. Or, l'article 36 du Code pénal admet seulement la publicité des condamnations criminelles et se borne à en prescrire l'affichage. Le casier judiciaire divulgue toutes les condamnations criminelles ou correctionnelles ; et au lieu d'agir en un cercle restreint, il suit le condamné partout où celui-ci se porte et à la personne de qui il est rivé ».

A ces arguments, au sein de la Commission, qu'a-t-il été répondu? Rien qui en détruise la valeur.

Qu'un texte libellé en conséquence fût donc introduit dans la loi pour prohiber toute communication du casier judiciaire même à l'intéressé, c'est-à-dire à la personne qui demande l'extrait du sien propre, il n'y aurait plus de bulletins n° 3, puisqu'ils seraient sans objet ; et, dès lors, avec les bulletins n° 1, qui ne doivent pas être produits au dehors, il resterait seulement les bulletins n° 2, à la disposition des magistrats du parquet et de l'instruction et des tribunaux, ainsi que du gouvernement et des autorités qui en émanent directement. Et non seulement le fonctionnement de l'institution se trouverait de cette sorte avantageusement simplifié, mais surtout l'on couperait court aux exigences croissantes des patrons, qui, d'une institution dont l'objet est d'éclairer les pouvoirs publics et judiciaires, ont fait une véritable agence de renseignements à l'usage des intérêts privés.

On objecte sans doute que les patrons ne sauraient être blâmés de vouloir connaître le passé de l'homme qu'ils vont employer. Soit. Mais, en France, ne se renseignaient-ils donc pas avant l'établissement des casiers judiciaires en 1850 ? Et, dans les pays étrangers où ces casiers sont inconnus, ne se renseignent-ils point? Est-ce qu'il n'y a pas, à leur portée, le moyen facile des enquêtes qu'il leur plaira de faire ? Non, certes, la société ne serait pas désarmée, ni les honnêtes gens livrés à la merci des coquins. Ces enquêtes, ces investigations, le rapport les estime dangereuses. Elles le seraient, à coup sûr, moins que ne l'est l'obligation imposée à un individu de produire son casier judiciaire ; et par elles, au surplus, les patrons se verraient même mieux et plus exactement informés qu'ils ne peuvent l'être par cet extrait du casier judiciaire, un papier qui, en réalité, ne dit rien parce qu'il dit tout et qu'on ne cherche pas au-delà.

Et puis, il faut pourtant bien s'entendre : Veut-on sérieusement faire obstacle aux progrès incessants non moins que redoutables de la récidive ? Des lois nouvelles sont votées à cette fin et des fonds distribués, en même temps que des encouragements, aux sociétés de patronage, dont la mission est de moraliser par le travail les délinquants libérés. Or, la publicité des casiers judiciaires, même restreinte autant qu'elle pourra l'être, du moment qu'elle reste la publicité, a pour effet inévitable d'empêcher ces libérés de trouver du travail, quand même ils seraient complètement amendés et revenus au bien ; forcément elle les rejette donc dans la récidive, elle les « replonge dans le bourbier » comme disait un membre de la Commission dans la séance du 30 juillet 1890 ; et forcément, dès lors, l'œuvre des sociétés de patronage et l'action des nouvelles lois sont également rendues impuissantes.

, Evidemment le casier judiciaire ne sera ce qu'il doit être que si les informations qu'il fournit sont exclusivement réservées, comme sa qualification même de «judiciaire» l'indique, à l'administration de la Justice et, par extension, aux administrations analogues ayant la même source, tous services publics dont l'ensemble, à proprement parler, constitue l'État ou, si l'on aime mieux, émane et relève directement de l'État. Les individus qui entrent dans ces administrations et services publics pour en composer le personnel devant, par le fait de leurs fonctions, détenir une parcelle de l'autorité, il va de soi que des conditions particulières d'honorabilité et autres, à l'obtention des places, puissent être exigées d'eux. En ce qui concerne l'ouvrier qui frappe à la porte d'une usine ou d'une manufacture et de l'employé qui demande que ses services soient acceptés dans une administration de chemins de fer, par exemple, ou chez un particulier, la situation est tout à fait différente. Outre qu'il n'y a point là de parcelle de l'autorité à détenir, on voudra bien considérer, d'autre part, que les carrières de fonctionnaires ne sont qu'en nombre certainement restreint et qu'il n'y a déjà, en France, a les vouloir choisir, qu'une trop visible propension qu'il convient de modérer ; l'homme qui ne saurait arriver à elles, qui n'y est pas apte, portera ailleurs son activité. Que rien donc ne l'en empêche. Et cet ouvrier, cet employé ne pouvant que travailler pour vivre, il ne faut pas que la publicité à un degré quelconque du casier judiciaire leur fasse obstacle à cet égard ; il ne faut pas qu'elle leur barre le chemin. Au contraire, ce résultat de leur fermer les voies et de leur rendre tout travail impossible à trouver, le bulletin n° 3 imaginé par la Commission ne manquerait pas de l'avoir tout aussi bien que l'a eu jusqu'ici le bulletin délivré ou, comme primitivement, même à des tiers ou, comme actuellement, aux intéressés seuls. Le bulletin n° 3 de la Commission est de trop.

Il reste son bulletin n° 2, à la disposition des magistrats du Parquet et de l'Instruction et à celle des administrations publiques de l'État. Pour ces administrations, ministères et services de l'enregistrement, des postes ou autres, l'article 5 du projet de loi veut que le bulletin n° 2 ne soit délivré « qu'en vue de l'obtention d'emplois publics, de poursuites disciplinaires ou de l'ouverture d'une école privée » et que, s'il s'agit d'engagement militaire ou maritime ou de l'exercice des droits politiques, il ne soit fait mention « que des décisions visées par les lois militaires, maritimes et politiques ». Rien de mieux assurément. Pourquoi donc la Commission n'a-t-elle pas aussi adopté, envers les magistrats du Parquet et de l'instruction, et inséré, dans ce même article 5 du projet de loi, une mesure analogue, que M. Bérenger, dans les séances du 27 février et du 20 mars 1891, proposait en demandant de décider que le bulletin n° 2 sera délivré à ces magistrats « pour l'exercice de poursuites ou le service judiciaire » ? Il ajoutait [1] : « Quelques membres du Parquet ont eu et pourraient avoir encore la faiblesse de ne pas refuser à leurs amis communication du casier judiciaire d'un tiers ; il faudrait empêcher, pour l'avenir, ces complaisances coupables ».

Etait-ce là un langage exagéré ? Non, certes. On a vu, notamment page 66, le fait emprunté par nous au *Journal du ministère public* d'un agent de publicité qui, en 1878, ayant en sa possession le bulletin authentique du casier judiciaire d'un concurrent, s'en est servi pour la ruine de ce concurrent, à Marseille. Or, c'était deux ans après les circulaires de M. Dufaure prescrivant aux greffiers de ne plus délivrer les bulletins des casiers judiciaires à des tiers. L'agent de publicité n'avait donc pu tenir que de la « complaisance coupable » d'un membre du parquet le bulletin dont il s'est servi comme d'un moyen de chantage. On pourrait multiplier les exemples. Et néanmoins le bulletin n° 2 des casiers judiciaires continuera à être délivré aux magistrats du Parquet et de l'Instruction « quel que soit, dit le Rapport, le motif de la demande », la Commission ayant reconnu, dit encore le Rapport, « que la responsabilité des magistrats du Parquet, vérifiant et visant les bulletins, ne pouvait être que morale et disciplinaire ». Cette responsabilité-là, l'expérience a montré ce qu'elle vaut. Mais n'insistons point ; le sujet est délicat.

*
* *

En voilà assez, d'ailleurs, sur cette publicité accordée, plus ou moins largement selon les temps, aux casiers judiciaires. Il convient

---

[1] « Procès-verbal » de la séance du 20 mars 1891, p. 3.

maintenant, pour suivre la Commission dans son travail, d'apprécier un autre caractère qui leur a été aussi jusqu'à présent attribué, et qui n'a pas moins grandement et fatalement poussé à l'accroissement de la récidive : c'est la permanence des inscriptions qu'ils contiennent. Ces inscriptions, en effet, dans le système qu'il s'agit de réformer, ne se prescrivent pas. Elles sont ce que M. Rouher appelait, dans sa circulaire du 6 novembre 1850, « un terrible châtiment pour le coupable, qui cherchera vainement à échapper à la réprobation qui doit le frapper ». Aucun espoir d'un relèvement à l'honneur n'était donc laissé en perspective pour l'homme qui avait failli, pour l'homme une fois tombé ; or, il faut bien le reconnaître avec Bentham [1] « celui qui n'aura pas l'espoir de renaître à l'honneur renaîtra difficilement à la vertu ».

Serait-il donc vraiment dans la nature des casiers judiciaires qu'ils ne dussent point se prescrire, alors que toutes les peines cependant, même celles des plus grands crimes, et le droit aussi de faire prononcer ces peines se prescrivent ? Et ici tout d'abord s'est présentée par conséquent la question de savoir si les casiers judiciaires constituent une peine ou n'en sont pas une. Mais, dans nos Codes, un texte de loi n'a pas précisé ce que c'est juridiquement que la peine, le châtiment ; les exposés des motifs, les discussions, les rapports également sont restés muets à cet égard. Et les étymologies du mot [2] n'énoncent qu'un fait ; les explications aussi des jurisconsultes, des casuistes, des savants, ne sont guère plus instructives que les dénominations elles-mêmes de ce fait. En somme, « la peine, a-t-il été écrit [3], est susceptible d'être envisagée sous bien des aspects : c'est la raison pour laquelle on l'a définie bien diversement ».

Selon Ulpien [4], la peine, pénalité ou châtiment, serait « la vindicte d'une transgression » ; et ce jurisconsulte romain ajoute « qu'il peut bien y avoir la transgression sans la peine, mais non pas la peine sans la transgression ». Dans les livres des canonistes, la peine est nommée « une souffrance qui punit pour venger une faute commise » [5], ou encore « le mal de la souffrance infligé pour le mal

---

[1] « Traité de la législation civile et pénale », 1801.

[2] En grec, ποινή, amende pour le meurtre, ou πόνος, travail ; en latin, pœna ; en vieux français, poine.

[3] Tissot : « Le droit pénal étudié dans ses principes », 1re part., liv. 2, ch. 1er.

[4] Dig., lib. 50, tit. 16. De Verborum significatione, l. 131.

[5] Lœsio quœ punit vindicans quod quisque commisit.

de l'action » [1]. Un écrivain politique allemand, Fr. Ancillon [2], a vu, dans la peine, un mal physique, positif ou négatif, attaché à une action pour en détourner l'auteur ou, si cette action est déjà commise, pour en détourner d'autres agents, et pour obtenir une réparation proportionnée au dommage causé ». Définie par un professeur de droit de nos jours [3], la peine « est le mal que le pouvoir, au nom de l'intérêt public, inflige à l'individu déclaré, par jugement, coupable d'une infraction ». Dans les dictionnaires, elle est, en termes plus simples, « ce qu'on fait subir pour une chose jugée répréhensible ou coupable ». La peine, c'est encore « l'expiation ». D'après les principes d'une école moderne, elle aurait pour objectif, comme il a été expliqué dans la préface du présent volume, « l'amendement des coupables ».

Au milieu de ces divergences, toutefois, ce qui du moins apparaît, c'est que constamment « la peine se présente aux esprits comme une souffrance qu'on fait endurer à un agent parce qu'il a porté atteinte au droit d'autrui. Telle est l'idée générale qui se trouve au fond de toute peine » [4].

Or, des membres de la Commission du casier judiciaire ne voulaient [5] « considérer le casier, d'après son origine et son objet, que comme un mode de renseignement sur les individus, créé dans l'intérêt des tiers et de la Société » ; ils se refusaient à admettre qu'il fût « une peine », et tout au plus il serait, à leurs yeux, un procédé répressif ou préventif » [6].

---

[1] Malum passionis quod infligitur ob malum actionis.

[2] « De l'esprit des constitutions politiques et de son influence sur la législation ». Trad. de l'allemand, 1850.

[3] R. Garraud : « Traité théorique et pratique du droit pénal français », t. 1er, no 251.

[4] Tissot : « Le droit pénal étudié dans ses principes », 1re partie, l v. 2, chap. 1er.

[5] Voir le Rapport.

[6] Dans les discussions qui ont eu lieu à diverses reprises sur la contrainte par corps, avant qu'elle ne fût, aux termes de la loi du 22 juillet 1867, abolie pour dettes civiles et commerciales et contre les étrangers, et maintenue seulement pour le recouvrement des amendes, restitutions, dommages et intérêts et frais de justice en matière criminelle, correctionnelle et de police, il s'est trouvé aussi des publicistes et des membres du Parlement qui soutenaient que cette mesure, l'emprisonnement pour dettes, n'était pas une peine, mais, comme disait entre autres le rapporteur de la loi « sur la contrainte par corps » du 17 avril 1832, M. Parant, dans la séance de la Chambre des députés du 16 février, « un moyen coercitif pour amener le débiteur à

La vérité sans doute est bien que, si le casier judiciaire était resté pour l'usage et les besoins de la justice ce « mode de renseignements » qu'ils allèguent, il aurait pu ne pas constituer une peine. Mais quoi ! avec la publicité de ses informations, il empêche que des ouvriers gagnent leur vie par le travail et on prétendra que, pour ces ouvriers, il n'est pas une peine, la cause d'une souffrance ! On prétendra, à un point de vue encore plus large, que, pour tous les individus dont il garde les noms inscrits, il n'en est pas une lorsque ces individus se trouvent ainsi, et de ce seul fait, frappés indéfiniment de certaines incapacités, ne pouvant être, en conséquence, ni des jurés, ni des éligibles aux fonctions publiques, ni des électeurs ! Interrogez-les, ces hommes ; chacun d'eux le plus souvent vous répondra : « C'est au droit de vote que je tiendrais surtout, non pas précisément pour le plaisir d'exercer cette prérogative, mais parce que mon abstention forcée est, aux regards de tous, l'indice d'une infériorité de ma part, situation qui prête toujours à des commentaires désobligeants : je frémis toutes les fois que des élections vont avoir lieu ». Un vieux domestique, qui n'avait commis dans sa vie qu'une faute de jeunesse, depuis longtemps expiée, a raconté : « J'étais entré au service d'un excellent maître. Il était content de moi ; il voulut me faire inscrire sur la liste électorale. Mon indignité aussitôt lui aurait été révélée ; j'ai préféré le quitter. A quelque temps de là, il m'a été possible de trouver une autre place et j'y suis encore, j'y suis depuis quatre ans. Mais je vais être obligé d'en sortir pour la même raison ».

D'ailleurs, les peines, dans l'esprit de la loi et dans son texte, on le sait, ne sont pas toutes afflictives ; plusieurs sont infamantes seulement : et, par exemple, de ce nombre, sans parler de l'ancien pilori, il y a, d'après les art. 6 et 8 du Code pénal français, le bannissement, qui consiste, art. 32 et 33, dans l'expulsion hors du territoire de la patrie, et la dégradation civique, quelquefois peine principale, art. 35, le plus souvent peine accessoire, dont l'effet, dans l'un et l'autre cas, est, art. 34, la privation, notamment, de tous les droits politiques et de droits publics qui sont ceux d'exercer des fonctions ; il y a, en ce qui concerne les condamnations pour crimes, l'affichage prescrit par l'art. 36 comme accessoire d'autres peines, et aussi, en matière correctionnelle, c'est-à-dire pour les délits, l'interdiction des droits civiques, civils et de famille prononcée en vertu des art. 42 et 43. C'est sur le même rang que ces diverses

---

remplir ses engagements, une épreuve de solvabilité ». — Pas une peine, la privation de la liberté !

peines, tout au moins, que peut venir le casier judiciaire livré à la publicité dans une mesure quelconque, avec cette différence qu'il n'a même pas été, jusqu'ici, à leur égal, une peine établie par la loi, mais établie arbitrairement par de simples circulaires.

Entre les théories opposées, « la Commission n'a pas cru, nous apprend le Rapport, devoir se prononcer par un vote formel ». Elle s'est vue, toutefois, d'accord pour repousser la permanence indéfinie des inscriptions aux bulletins des casiers judiciaires. Ces inscriptions, de perpétuelles qu'elles sont encore, seront donc rendues temporaires ; elles auront un terme, une limite d'existence, une date pour leur extinction. Cette extinction des inscriptions aux bulletins par l'effet du temps, mais que la Commission a le tort, selon nous, de limiter, dans l'art. 10 de son projet de loi, à celles seulement des bulletins n° 3, sera-t-elle, d'ailleurs, « la prescription », ou s'appellera-t-elle du nom de « péremption » ?

En langage juridique, la péremption est « l'anéantissement de toutes procédures par la discontinuation des poursuites pendant un laps déterminé de temps », trois ans, disent les art. 330 du Code civil et 397 du Code de procédure civile. Elle n'a pas lieu de droit, Code de procédure civile art. 399 ; elle doit être demandée par requête d'avoué à avoué, art. 400 du même Code. Qu'y a-t-il, en tout cela, d'applicable aux casiers judiciaires, qui ne sauraient être, en aucune façon, du domaine de la procédure civile, mais qui sont bien évidemment du domaine pénal ou tout au moins répressif ? Et la péremption, au contraire, appartient exclusivement à la procédure civile ; en matière de pénalité et de répression, ainsi que le constate M. R. Garraud [1], « elle n'existe pas ».

Néanmoins, parmi les membres de la Commission, plusieurs estimaient [2], — ils n'ont pas expliqué pourquoi, — le mot de péremption « plus exact, dans l'espèce, et, en quelque sorte, plus technique ». M. Bérenger, pour clore une discussion oiseuse, s'est alors borné à faire observer que, « dans tous les cas, le choix, en pareille matière, devait être déterminé, non pas tant parce qu'une dénomination serait la plus technique que parce qu'elle serait la plus claire et la plus usuelle ; il était donc préférable de se servir du mot de prescription ».

Cette prescription ou péremption des mentions incrites aux casiers judiciaires, M. Trarieux [3] n'aurait pas voulu qu'elle fût une réhabilitation faisant, à ce titre, disparaître les incapacités attachées à la personne du condamné : et ainsi il n'entend pas, par

---

[1] « Traité théorique et pratique du droit pénal français », t. 2, n° 56.

[2] « Procès-verbal de la séance du 6 février 1891 ».

[3] « Procès-verbal de la séance du 2 août 1890 ».

exemple, que quelqu'un ayant été condamné puisse jamais faire partie de nos assemblées communales, départementales et autres. MM. Bérenger, Guyot-Dessaigne et Léveillé ont été d'un avis contraire : la prescription, à leur sens, sera une véritable réhabilitation de droit. Et, en effet, n'y a-t-il pas un précédent actuellement dans la loi de pardon, loi du 26 mars 1891 [1], dont les textes disposent, art. 1 et 2, que, si cinq ans se sont écoulés sans rechute du condamné, la condamnation sera « comme non avenue », et que de ce jour-là les « peines accessoires et incapacités cesseront d'avoir effet » ?

La Commission ne s'est pas prononcée, ayant pensé aussi, dit le Rapport, « qu'il convenait d'ajourner, jusqu'à la discussion du projet sur la réhabilitation, la solution de la question suivante : un individu ayant prescrit sa peine, prononcée par défaut, pourra-t-il obtenir sa réhabilitation » ?

Elle a, d'autre part, repoussé [2] : d'abord, la demande que « l'inscription au casier judiciaire pût être effacée par voie de grâce ou suspendue par mesure administrative » ; ensuite, une proposition tendant à ce qu'il fût créé une réhabilitation spéciale, dite « petite réhabilitation », ayant seulement pour effet de « purger le bulletin n° 3 », et qui serait prononcée par les magistrats de la Cour d'appel, à la requête de l'intéressé [3]. Et finalement elle a admis en principe [4], dit le Rapport, que les condamnations seraient effacées du casier judiciaire après un certain délai « courant du jour de la libération pleine et entière du condamné ».

C'est aussi du jour de cette libération ou « jour de l'expiration de la peine corporelle et du paiement de l'amende » que l'art. 10 du projet de loi fait courir le délai au bout duquel les mentions « cesseront d'être inscrites au bulletin n° 3 ».

De ces expressions tout à la fois du projet de loi et du Rapport, si on les prend à la lettre, il ressort que les seuls condamnés qui, pour leur casier judiciaire, bénéficieraient de la prescription, sont ceux qui auraient subi effectivement leur peine corporelle ou pécuniaire, mais pas ceux qui l'auraient prescrite. Il existe, au Code d'instruction criminelle, un art. 619 concernant la réhabilitation, aux termes duquel le condamné à même d'obtenir cette réhabilitation est celui qui « a subi sa peine ou en a été gracié », et un art. 641 ne permettant, « en aucun cas, aux condamnés par défaut ou par contu-

---

[1] Voir, à l'appendice, la note G.
[2] Voir le Rapport.
[3] Séance du 6 février 1891, p. 7 du « Procès-verbal ».
[4] Séance du 6 février 1891, p. 2 du « Procès-verbal ».

mace ayant prescrit leur peine, d'être admis à se présenter pour purger le défaut ou la coutumace » : Est-ce de ces articles qu'en la circonstance la Commission s'est inspirée ? elle aurait oublié vite qu'elle n'avait pas, pour le moment, à en tenir compte, ayant réservé son opinion puisqu'elle avait ajourné, comme on vient de le voir, la question de savoir « si un individu ayant prescrit sa peine, prononcée par défaut, pourra obtenir sa réhabilitation ; et, d'un autre côté, elle perdait de vue que, dans la loi du 26 mars 1891 « sur l'atténuation et l'aggravation des peines [1] », votée dès le mois d'août 1890 par le Sénat et en mars 1891 par la Chambre des députés, les art. 57 et 58 du Code pénal modifiés mettent sur le même pied l'expiration ou accomplissement effectif de la peine et sa prescription pour fixer le point de départ du délai de cinq ans avant ou après lequel il y aura ou non la récidive entraînant l'aggravation p énale.

La distinction, dans le Rapport et dans les textes du projet de loi, ne se trouve pas moins tranchée, malgré ces raisons contraires, entre les deux cas de la peine subie effectivement et de la peine éludée et prescrite. Pour le casier judiciaire, la conséquence est celle-ci : une condamnation ayant été prescrite, c'est la raison pour laquelle le casier judiciaire, accessoire de cette condamnation, ne pourra pas l'être à son tour ; l'accessoire survivra au principal ; l'effet persistera après que et parce que la cause aura été éteinte.

Que de fois, par exemple, il arrive que des condamnations par défaut entraînant le casier judiciaire, quand les faits délictueux surtout ont été de peu d'importance, ne sont pas signifiées à personne ou à domicile ? elles restent ignorées des intéressés. La prescription viendra. Alors les condamnés, en présence des articles 619 et 641 du Code d'Instruction criminelle, ne pourront ni obtenir d'être réhabilités ni purger le défaut ; et, avec la loi préparée par la Commission, leur casier ne se prescrira pas. M. Bérenger, dans la séance de la Commission du 12 décembre 1890, citait un industriel qui n'a connu ainsi une condamnation portée à son nom qu'après quinze ans lorsque, mandé à la Chancellerie de la Légion d'honneur, il y apprit que c'était là l'unique obstacle à sa décoration. Il a intenté un procès au greffier ; le résultat de cette instance est des plus incertains.

Et maintenant que le point de départ de la prescription du casier judiciaire est fixé [2], dans quel délai cette prescription sera-t-elle acquise ?

---

[1] Voir cette loi à l'appendice, note G.

[2] Quant au point de départ pour les prescriptions à acquérir en matière de

Pour éclairer le débat, un précédent législatif se présentait à l'attention de la Commission. Lorsque cette Commission, en effet, venait à peine d'être instituée, la loi « sur l'atténuation et l'aggravation des peines » était votée par le Sénat et elle le serait prochainement aussi par la Chambre des députés, pour devenir la loi du 26 mars 1891 [1]. Or, elle fixe cinq ans pour que le condamné correctionnel, en faveur de qui il a été sursis à l'exécution de la peine, soit complètement déchargé de la condamnation, qui restera, en conséquence, « comme non avenue », c'est-à-dire prescrite. M. Bérenger proposait donc [2] cette même durée de cinq ans pour qu'une première condamnation correctionnelle fût prescrite ; et à l'égard de la récidive correctionnelle ou d'une condamnation même primaire pour crime, il admettait un laps de temps double, soit dix ans. Ces délais de cinq et de dix années, tellement ils paraissent bien appropriés dans l'espèce, étaient, d'ailleurs, ceux également qu'avait adoptés sans aucune hésitation un groupe de députés qui, de son côté, avait déposé une « proposition de loi ayant pour objet d'effacer l'inscription des condamnations sur les casiers judiciaires au bout d'un certain temps et dans certaines conditions », proposition que la Chambre, dans sa séance du 23 juin 1890, renvoyait à la « Commission du Code d'Instruction criminelle [1] ».

Mais, au lieu de se ranger à cette manière de voir, plusieurs

---

crimes, délits et contraventions, il a différé selon les législations et les époques. Ces prescriptions sont : ou bien le droit, accordé par la loi à l'auteur d'une de ces infractions, de ne pas être poursuivi, — prescription de l'action en justice ; — ou bien, s'il y a eu condamnation, le droit, après un certain temps, de ne pas subir la peine prononcée, — prescription de la peine. — Dans le système du droit romain et dans celui de l'ancien droit français, toutes les prescriptions, soit de l'action, soit de la peine, couraient du jour où l'infraction avait été commise. Le Code pénal du 25 septembre 1791 et le Code des délits et des peines du 3 brumaire an IV comptèrent les délais, pour l'action en justice, à partir du jour où l'existence de l'infraction aurait été connue ou légalement constatée, et pour l'exécution de la peine à partir du jour où les jugements sont rendus. D'après les articles 635 et suivants du Code actuel d'Instruction criminelle, Code de 1808, c'est aussi de la date des arrêts et jugements que partent les délais pour les prescriptions de la peine ; mais pour les prescriptions de l'action, ils partent, comme dans l'ancien droit, du jour où les crimes, délits et contraventions ont été commis.

[1] Voir, à l'appendice, la note G.

[2] Séance du 6 février 1891.

[3] « Proposition de loi ayant pour objet d'effacer l'inscription des condamnations sur les casiers judiciaires au bout d'un certain temps et dans cer-

membres de la Commission du casier judiciaire ont, au contraire, trouvé insuffisants les délais de cinq et de dix ans, à l'expiration desquels ils ont prétendu que trop de rechutes seraient à prévoir. Leur préférence s'est manifestée pour un laps de temps plus considérable, soit sept ans et quinze ans.

Sont-ils pourtant bien sûrs et l'expérience leur démontre-t-elle véritablement qu'il y aura ainsi moins de rechutes ? Tout à l'inverse, il résulte même de l'observation des faits que les longs délais poussent au découragement ; car, si ces délais ne laissent plus à un homme l'espérance qu'il lui restera le temps de bénéficier de la mesure, il est évident que, chez lui, l'énergie et même la volonté pour le retour au bien se sentent paralysées, s'affaiblissent et disparaissent : cet homme, par conséquent, ne fera point d'effort pour s'amender. Il est donc nécessaire que les délais soient tels que, par leur expiration assez proche, ils offrent en perspective au condamné l'espoir de son propre relèvement.

Et puis, les délais de sept et de quinze ans, délais que l'arbitraire seul a voulu choisir, présentent, en outre, l'inconvénient que, s'ils demeurent introduits dans la loi du casier judiciaire, cette loi ne se trouvera être en harmonie, de ce chef, ni avec la loi du 26 mars 1891 « sur l'atténuation et l'aggravation des peines », à laquelle cepen-

---

taines conditions », présentée par MM. Albert Chiché, Aimel, Jourde, F. Laur, députés :

EXPOSÉ DES MOTIFS

Messieurs,

L'inscription perpétuelle, sur les casiers judiciaires, des condamnations encourues, empêche le relèvement du condamné, en lui infligeant pour toute sa vie une marque de flétrissure et en lui fermant la porte des administrations, des établissements, des ateliers, où il pourrait gagner honnêtement sa vie par le travail.

Nous pensons qu'il serait juste, humain et utile, au point de vue social, que le condamné qui a subi sa peine puisse voir disparaître cette note d'infamie au bout d'un certain nombre d'années d'une vie irréprochable.

En conséquence, nous avons l'honneur de vous soumettre la proposition de loi suivante :

Proposition de loi.

Art. 1er. — Les condamnations cesseront d'être inscrites, sur les casiers judiciaires, cinq ans après l'expiration de la peine, pour les délits, et dix ans après, pour les crimes, lorsque, pendant ce laps de temps, le condamné n'aura encouru aucune nouvelle condamnation.

Art. 2. — Les délais seront comptés à partir de la date du jugement ou de l'arrêt pour les condamnations à l'amende.

(*Journal officiel* « annexe au procès-verbal de la séance du 23 juin 1890 »).

dant on proclame, art. 10, « qu'il n'est pas dérogé », ni avec les art. 635 et suivants du Code d'instruction criminelle réglant les prescriptions pénales, ni avec ce même Code d'instruction criminelle, aux art. 620 et 621, et la loi du 14 août 1885, qui, pour permettre d'obtenir la réhabilitation, n'exigent, à compter du jour de la libération, que cinq ans des condamnés criminels et trois ans des condamnés correctionnels ; et que surtout la concordance existera encore bien moins avec les textes du Code civil et du Code de procédure civile relatifs à la péremption, qui ne fixent que trois ans : or précisément les membres de la Commission qui, en matière de casier judiciaire, préféraient dire la péremption que la prescription ont été au nombre de ceux qui se sont prononcés pour sept et quinze ans. Et c'est finalement en faveur de ces délais de sept et de quinze ans que la majorité de la Commission a émis son vote dans les séances du 6 et du 13 février 1891. Le texte adopté portait, en substance, que « ne seront plus inscrites, sept ans après l'expiration de la peine corporelle ou le paiement de l'amende, la condamnation unique pour délit et, quinze ans après l'expiration de la peine : 1º la condamnation en récidive pour délit; 2º la condamnation même primaire pour crime ».

Mais, est-il dit dans le Rapport, lorsque la rédaction de ces décisions par la Sous-Commission qui avait été nommée à cet effet, revint en discussion, M. Trarieux proposa de restreindre le principe à la « première condamnation correctionnelle ou criminelle », estimant, comme M. Voisin, que le récidiviste est indigne d'une telle faveur [1].

Et pourquoi donc indigne le récidiviste simplement correctionnel, quand les plus grands criminels ne le sont pas? « Au bout de quinze ans, selon la remarque de M. Bérenger à ce propos, dans la séance de la Commission du 20 mars 1891, l'homme qui a commis le plus atroce des crimes verra effacer cette tache; mais celui qui a été condamné deux fois, pour des actes peut-être sans gravité, conservera l'intégrité de ses mentions. Admettez même que ce récidiviste ait subi vingt condamnations : n'a-t-il pas plus de mérite qu'un autre d'avoir échappé, pour vivre en honnête homme, au milieu qui semblait l'attirer fatalement? Et dès lors ne lui doit-on pas un peu de cette haute équité qui s'affirme par le pardon? Enfin la disparition de tout délai destiné à prescrire les inscriptions multiples du casier supprimera un puissant stimulant de retour au bien ».

La majorité de la Commission ne s'est pas rendue à ces arguments. Elle avait accordé au récidiviste le bénéfice de la prescrip-

---

[1] Séance du 20 mars 1891.

tion ; elle le lui retire [1], se déjugeant de la sorte elle-même, comme d'ailleurs elle s'est déjugée encore en d'autres occasions, ainsi qu'il résulte de divers passages du Rapport et surtout des procès-verbaux des séances. Mais on sait bien que la Chambre des députés ne s'est pas fait faute de rendre, dans une séance, un vote contraire à celui qu'elle avait rendu dans une séance précédente et quelquefois dans la même séance ; il n'est pas surprenant qu'une Commission se permette aussi de pareilles libertés. La modification proposée par M. Trarieux a donc été votée dans la séance du 20 mars 1891. Il en résulte que, d'après les termes dans lesquels se trouve finalement rédigé l'art. 10 du projet de loi, les seules condamnations qui se prescrivent sont, par sept ans, une première condamnation pour délit et, par quinze ans, une première condamnation pour crime.

On était fixé ainsi en ce qui concerne les condamnations à venir ; il restait à se préoccuper des condamnations anciennes, pour lesquelles les délais de sept ans et de quinze ans, ou d'autres qui leur seraient substitués, sont depuis longtemps déjà expirés ou le seront à l'époque de la promulgation de la loi sur les casiers judiciaires. La prescription, dans les limites et les conditions déterminées par cette loi, sera-t-elle immédiatement acquise à ces condamnations ? En d'autres termes, la loi sur les casiers judiciaires, s'appliquant même au passé, aura-t-elle un effet rétroactif ?

Il est généralement de principe que les lois n'ont pas d'effet rétroactif. Et déjà à Rome, dans un texte du Code de Justinien [2], il était statué que « les lois et les constitutions ont manifestement pour objet de régler les affaires à venir, mais pas de s'appliquer à des faits passés ». Le texte ensuite faisait la remarque, cependant, qu'il peut y avoir aussi à pourvoir à « des choses qui, à la fois, sont passées et encore en suspens », c'est-à-dire où il y a des droits acquis et des droits en expectative. Il n'est pas toujours facile d'en établir la distinction.

En France, la « Déclaration des droits de l'homme et du citoyen », en tête de la Constitution du 3 septembre 1791, et ensuite celle qui vint en tête de l'acte constitutionnel du 24 juin 1793 portaient défense que qui que ce soit « pût être jugé et puni autrement qu'en vertu d'une loi promulguée antérieurement au délit ». Dans la déclaration en tête de cet acte constitutionnel, il était ajouté : « La loi qui punirait les délits commis avant qu'elle n'existât serait une tyrannie ; l'effet rétroactif donné à la loi serait un crime ». L'art. 14

---

[1] Séance du 20 mars 1891.

[2] Lib. 1, tit. 14, De Legibus et Constitutionibus, 1, 7.

de la « Déclaration des droits et des devoirs de l'homme et du citoyen », en tête de la Constitution du 5 fructidor an III, était ainsi conçu : « Aucune loi, ni criminelle, ni civile, ne peut avoir d'effet rétroactif ». Puis il est dit, par l'art. 2 du Code civil qui nous régit maintenant, que « La loi ne dispose que pour l'avenir et n'a point d'effet rétroactif », et par l'art. 4 de notre Code pénal de 1810, reproduisant à peu près les termes de l'art. 3 du Code des délits et des peines du 3 brumaire an IV, que « nulle contravention, nul délit, nul crime ne peuvent être punis de peines qui n'étaient pas prononcées par la loi avant qu'ils ne fussent commis ».

Mais « pourquoi, dira-t-on, laisser impunis des abus qui existaient avant la loi que l'on promulgue ? Parce qu'il ne faut pas que le remède soit pire que le mal ». C'est en ces termes simples que Portalis, dans les Motifs du Code, justifiait le principe de la non-rétroactivité des lois. Leur rétroactivité, évidemment, troublerait toutes les situations : elle serait contraire à l'ordre général, comme à la justice elle-même.

Il appartenait toutefois à la science du droit et à la pratique de préciser la portée effective d'un principe qui, de même que d'autres principes juridiques, ne saurait être absolu.

Ainsi, outre les cas déjà prévus par le législateur romain où « aux choses passées » se mêlent « des choses encore en suspens », en sorte que ces dernières peuvent légitimement être soumises à la loi nouvelle ; et si, d'ailleurs, c'est bien entendu, on laisse à l'écart tout ce qui est d'ordre politique, parce que, sans aucun doute, la non-rétroactivité est inapplicable aux lois politiques, surtout à celles qui règlent la constitution de l'État, l'organisation des pouvoirs, l'attribution et l'exercice des droits civiques ; est-ce que des circonstances ne se présentent pas telles, quelquefois, que la rétroactivité serait commandée par le motif même qui a fait admettre la non-rétroactivité, c'est-à-dire par l'utilité sociale et aussi par l'équité, par une raison supérieure quelconque ?

Notamment, il est admis en France, et il a été décidé par un avis du Conseil d'État du 22 prairial an VIII et par l'art. 6 du décret du 23 juillet 1810 [1], dont plusieurs arrêts ont fait l'application, que,

---

[1] Ce décret a été rendu pour la « mise en activité du Code criminel », notre Code pénal de 1810 ; l'art. 6 dispose : « Les cours et tribunaux appliqueront aux crimes et aux délits les peines prononcées par les lois pénales existant au moment où ils ont été commis ; néanmoins, si la nature de la peine prononcée par le nouveau Code était moins forte que celle prononcée par le Code actuel, les cours et tribunaux appliqueront les peines du nouveau Code ».

lorsqu'une différence de pénalité existe entre la loi du temps du crime ou du délit et celle du temps de la condamnation, on doit appliquer la loi qui prononce la peine la plus douce. En effet, comme ce n'est point là une rétroactivité qui suppose un préjudice causé, elle n'est point, à vrai dire, la rétroactivité que le législateur, en principe, a entendu proscrire. Et, au surplus, qui donc, une peine parce qu'elle a été trouvée trop forte étant remplacée par une autre, oserait encore l'appliquer ? Si la peine de mort, par exemple, était abolie par une loi, s'aviserait-on, sous prétexte que cette loi ne doit pas avoir d'effet rétroactif, de dresser l'échafaud pour un criminel qui aurait été condamné avant qu'elle ne fût promulguée ?

Il n'est pas moins aussi de jurisprudence constante que, le principe de non-rétroactivité étant comme d'une nature à ne s'appliquer qu'au fond du droit, les lois qui seulement modifient la composition des tribunaux et les compétences, qui créent de nouvelles formes des poursuites et de l'instruction, qui règlent la procédure et l'exécution des actes et des jugements ou qui statuent sur l'état des personnes, sont applicables de suite, à quelque époque que remontent les actes, les faits, les droits.

Enfin les lois qui améliorent les conditions des personnes sont toujours reconnues pour saisir l'individu au moment même de leur promulgation et être, en conséquence, rétroactives, les objets sur lesquels elles disposent étant essentiellement de ceux qui appartiennent à l'avenir et ne peuvent être gouvernés que par celle des lois qui est la plus récente.

Alors cette question de la rétroactivité ne pouvait sans doute pas manquer de se trouver plus d'une fois soulevée à l'occasion des lois nouvelles que discuteraient les assemblées législatives. Les tribunaux, institués pour appliquer les lois, sont liés par celles-ci et ils ne sauraient autoritairement les faire rétroagir ; mais ces assemblées, qui font les lois, ont manifestement une latitude d'action plus grande : elles peuvent décider qu'une loi aura un effet rétroactif.

Voici, par exemple, la contrainte par corps ; bien des dispositions législatives, à diverses époques, ont été prises à son sujet. Elle a été abolie par un décret du 9 mars 1793, rétablie partiellement par des lois ou décrets postérieurs et intégralement par les lois du 15 germinal an VI et du 4 floréal de la même année. Dans plusieurs articles du Code civil, du Code de procédure civile, du Code de commerce, du Code forestier, du Code d'Instruction criminelle, du Code Pénal, et dans la loi du 10 septembre 1807 et le décret du 18 juin 1811, elle a été déclarée applicable. Une loi du 17 avril 1832 en a adouci les rigueurs. Aux termes d'un décret du 9 mars 1848, le gouvernement provisoire en suspendait l'exécution, et, au cours de la même année, ce décret, d'abord limité en vertu d'un arrêté du 19 mai, était abrogé par une loi du 13 décembre, qui faisait revivre la législative antérieure sauf des modifications. C'est une loi du 22 juillet 1867 qui, ne maintenant la contrainte par corps que pour le recouvrement des amendes, restitutions, dommages-intérêts et frais de justice en matière criminelle, correctionnelle et de police, l'a fait disparaître enfin sans retour pour les dettes civiles et commerciales et contre les étrangers. Toujours ces lois et décrets ont été libellés, entendus et appliqués de manière à avoir un effet rétroactif.

Les dispositions de la loi du 22 juillet 1867, entr'autres, « sont applicables, a dit l'article 19 de cette loi, à tous les jugements et cas de contrainte par corps antérieurs ». Et on lit dans l'Exposé des motifs : « Il en doit être ainsi, malgré le principe de non-rétroactivité des lois. Ce principe, bien plus absolu pour les juges que pour les législateurs, n'a été admis ni par la loi sur la contrainte par corps de 1832 ni par celle de 1848. La nouvelle loi ne touche pas aux conventions des parties, mais seulement aux moyens d'exécuter ces conventions. Les pouvoirs publics qui instituent ces moyens d'exécution ont toujours le droit de les rectifier et surtout de les adoucir ».

Sur ce même article 19, qu'on accusait de transgresser tous les principes, le Garde des Sceaux, amené à prendre la parole dans le cours de la discussion au Corps législatif, séance du 29 mars 1867, répondait : « Je soutiens qu'il est conforme à tous les principes. Ce qui serait contraire à tous les principes, ce serait d'appliquer à un fait une pénalité plus sévère que celle qui existait au moment où ce fait a été commis. Une fois qu'une loi est entrée dans la voie des adoucissements, quand elle a déclaré, comme le fait celle-ci, que la contrainte par corps est abolie, est-il possible de maintenir sous le coup de cette contrainte les condamnés pour dettes, quelles que soient l'époque du jugement et la date de son exécution ? C'est alors qu'il y aurait violation de tous les principes, si on admettait que, la contrainte par corps ayant été exclue de nos lois, elle peut encore être exécutée et pour les mêmes causes ».

La loi du 30 mai 1854 « sur l'exécution de la peine des travaux forcés » a établi la transportation ; l'article 15 déclare que les dispositions en sont « applicables aux condamnations antérieurement prononcées et aux crimes antérieurement commis ». L'exposé des motifs, à ce propos, s'est exprimé ainsi : « Le changement de lieu ne touche pas à la nature de la peine ; il n'y a de changé que le mode d'exécution, qui peut l'être en tout temps sans rétroactivité : la distinction a été constamment admise. Et, au reste, il s'agirait d'une peine nouvelle, que l'application de la loi serait encore irréprochable. On peut, en effet, sans rétroactivité mauvaise, substituer une peine à une autre, si la peine ancienne est reconnue vicieuse dans son exécution et la peine nouvelle mieux organisée pour atteindre son but sans aggraver le châtiment. Le législateur, en accomplissant une amélioration, ne fait que remplir sa mission sociale et conservatrice ».

Dans la loi du 5 juin 1875 « sur le régime des prisons départementales », l'article 8 veut que « le nouveau régime pénitentiaire » soit appliqué au fur et à mesure de leur transformation.

La relégation a été organisée par la loi « sur les récidivistes », en date du 27 mai 1885, dont l'article 9 décide : « Les condamnations encourues antérieurement à la promulgation de la présente loi seront comptées en vue de la relégation. Néanmoins tout individu qui aura encouru, avant cette époque, des condamnations pouvant entraîner dès maintenant la relégation n'y sera soumis qu'en cas de condamnation nouvelle ». Résumant les Exposés des motifs et les précédents Rapports dans son premier Rapport général au Sénat, le 29 juillet 1884, M. de Verninac a démontré ainsi l'opportunité de cet article 9 : « Etant donné le caractère d'urgence de la loi actuelle, il ne semblait pas possible d'attendre, pour l'appliquer, que les récidivistes qu'elle vise eussent commis, après sa promulgation, le nombre d'infractions requis pour la relégation ».

C'est donc en vue de « l'utilité publique », c'est à titre en quelque sorte de préservatif ou de remède d'un péril social que la rétroactivité a été introduite dans cette loi du 27 mai 1885. Et elle l'a été au même titre aussi de préservatif, plus nouvellement, dans une autre loi, celle du 26 mars 1891 « sur l'atténuation et l'aggravation des peines [1] », qui, par le paragraphe 2 de l'article 58 du Code pénal, qu'elle modifie, vise les individus qui auraient été « condamnés anrérieurement », afin de les soumettre à l'aggravation qu'elle édicte des peines de la récidive légale.

· Ce point de jurisprudence a été jugé récemment[2] et les péripéties de la cause méritent d'être signalées.

Un nommé Garnier était traduit devant le tribunal correctionnel de Lure, sous la prévention de filouterie d'aliments, délit pour lequel il avait déjà été condamné à l'emprisonnement depuis moins de cinq ans mais avant la promulgation de la loi du 26 mars 1891.

---

[1] Voir, à l'appendice, la note G.
[2] « *Gazette des Tribunaux* », numéro du 27 août 1891.

Le tribunal, estimant « que les condamnations antérieures visées par le dit article ne peuvent fonder la récidive établie par la nouvelle loi que dans le cas où elles sont postérieures à la promulgation de cette loi, et que l'article 58, deuxième paragraphe, aggravant la situation des condamnés, ne saurait rétroagir dans son application », rend, le 9 juin 1891, un jugement déclarant n'y avoir pas lieu d'appliquer à l'inculpé le paragraphe 2 de l'article 58.

Mais, sur l'appel du ministère public, la Cour de Besançon, chambre correctionnelle, dans son audience du 24 juin :

« Considérant que le Tribunal de Lure a déclaré que le prévenu ne devait pas encourir la récidive légale créée par l'article 58 de la loi du 26 mars 1891, par ce motif qu'une loi pénale n'a pas d'effet rétroactif quant à celles de ses dispositions qui aggravent la situation du prévenu ;

« Considérant que ce principe général ne s'applique pas à l'espèce; qu'aux termes du paragraphe 2 de l'article 58 de la loi précitée : « Ceux qui, ayant été *antérieurement* condamnés à une peine d'em-
« prisonnement, commettraient le même délit dans les mêmes con-
« ditions de temps, seront condamnés à une peine d'emprisonnement
« qui ne pourra être inférieure au double de celle précédemment
« prononcée, sans toutefois qu'elle puisse dépasser le double du
« maximum de la peine encourue » ;

« Considérant que le délit constaté à la charge de Garnier a été commis le 30 mai 1891, c'est-à-dire à une date postérieure à la loi du 26 mars , qu'il tombe dès lors sous l'application de cette loi et doit encourir la récidive spéciale qu'elle a créée, puisque le nouveau délit commis depuis sa promulgation rentre dans la catégorie déterminée par le paragraphe 2 de l'article 58 ;

« Qu'il résulte clairement des termes formels de l'article 58, de l'exposé des motifs et de la discussion au Sénat, que tel est le sens et telle doit être la portée de la nouvelle loi, édictée dans un but de défense et de préservation sociales ;

« Que la loi du 27 mai 1885 sur la relégation a été constamment interprétée dans le même sens par la Cour de cassation; qu'elle a toujours décidé que tout individu qui, avant la promulgation de cette loi, a subi des condamnations pouvant motiver, dès à présent, la relégation, doit y être soumis dans les conditions prescrites, en cas de condamnation nouvelle prononcée pour un fait perpétré après la promulgation de la loi et lorsqu'elle est devenue exécutoire ;

« Par ces motifs,

« En ce qui concerne la récidive légale, réforme; et, faisant ce que les premiers juges auraient dû faire, dit qu'il y a lieu de faire application du paragraphe 2 de l'art. 58 de la loi du 26 mars 1891 ».

Sans doute ce motif de défense sociale et de préservation contre un péril public, invoqué pour justifier, dans la deuxième partie de la loi sur l'atténuation et l'aggravation des peines, comme dans la loi de la relégation, une dérogation au principe de non-rétroactivité, ne saurait pareillement l'être pour justifier cette même dérogation dans la loi sur les casiers judiciaires. Mais c'est un autre motif qui, alors et dans d'autres cas, apparaît, motif non moins puissant, l'équité.

Ainsi, la libération conditionnelle des condamnés, en vertu de la loi du 14 août 1885 qui l'établissait, a pu, trois mois après la promulgation de cette loi, aux termes de son article 9, et avant même le règlement d'administration publique à intervenir, être consentie pour des condamnations antérieures. Et de même la loi du 4 mars 1889 [1] « portant modification à la législation des faillites », loi qui a institué en France la « liquidation judiciaire », a eu, par ses dispositions transitoires, article 25, un « effet rétroactif » à l'égard des faillis antérieurs à la promulgation. Dans l'un et l'autre cas, l'équité commandait qu'il en fût ainsi.

Quant à la loi du 26 mars 1891, dans ses premiers articles [2], qui lui ont valu le nom de « loi de pardon », elle permet le sursis à l'exécution de la peine pendant cinq ans, à l'expiration desquels, s'il n'y a pas eu de rechute, la condamnation est « comme non avenue ». Mais ses textes sont formels, précis ; ils ne sauraient avoir d'effet rétroactif. Or, comme cette loi ne vise ainsi que les futurs délinquants, on a pu, aussitôt qu'elle est entrée en vigueur, s'apercevoir qu'elle est cruelle envers les délinquants passés, qui, si méritants qu'ils soient, puisque depuis des dix, des vingt, des trente années et plus, ils sont demeurés honnêtes, se trouvent pourtant n'avoir aucune part dans les faveurs qu'elle concède. La comparaison des deux situations n'est-elle pas choquante ? D'un côté, ces délinquants anciens, qui ont subi leur peine, ne sont pas, malgré le nombre écoulé des années de bonne conduite, déchargés du casier judiciaire ni des incapacités qui en sont l'accessoire ; et d'un autre côté, auprès d'eux, les délinquants postérieurs en seront, en cas de bonne conduite, déchargés au bout de cinq ans de sursis à l'exécution de la peine et sans qu'ils aient eu à subir cette peine.

Cette loi du 26 mars 1891, en effet, après avoir statué, dans le § 1er de son art. 1er, qu'en cas d'une condamnation primaire à l'emprisonnement ou à l'amende, il pourra être sursis à l'exécution de la peine, dispose, par le § 2° du même article, que, « si pendant le délai

---

[1] Voir, à l'appendice, la note C, 2°.
[2] Voir, à l'appendice, la note G.

de cinq ans, à dater du jugement ou de l'arrêt, le condamné n'a encouru aucune poursuite suivie de condamnation à l'emprisonnement ou à une peine plus grave pour crime ou délit de droit commun, la condamnation sera comme non avenue ». Evidemment il n'eût été que strictement équitable d'ajouter : « Le bénéfice de ce § 2° est accordé à tous ceux qui, ayant été condamnés une fois à une peine d'emprisonnement ou à l'amende antérieurement à la présente loi, n'ont pas encouru, pendant cinq ans, de nouvelle condamnation à l'emprisonnement ou à une peine plus forte pour crime ou délit de droit commun. » Et il y a aussi le § 3 de l'art. 2 de la dite loi, aux termes duquel les peines accessoires et les incapacités résultant de la condamnation « cesseront d'avoir effet du jour où la condamnation aura été réputée non avenue », c'est-à-dire du jour où les cinq années se seront écoulées sans condamnation nouvelle. C'est également une disposition dont les anciens délinquants auraient dû être appelés à bénéficier. Le plus grand nombre d'entre eux, les cinq ans étant depuis longtemps écoulés, se trouveraient déchargés aujourd'hui des incapacités qui les ont frappés.

L'équité commandait cela dans la loi sur l'atténuation et l'aggravation des peines ; elle ne le commande pas moins impérieusement dans celle qui sera votée sur les casiers judiciaires.

« Les mentions qui, au jour de la promulgation de cette loi, dateront de sept ou de quinze ans sans condamnation nouvelle, a dit M. Trarieux dans la séance de la Commission du 13 février 1891, devront être déclarées périmées de droit ». Et M. Yvernès s'est empressé d'ajouter « qu'en effet, ceux qui se recommandent par leur bonne conduite sous le régime actuel ne sauraient être moins bien traités que les délinquants condamnés sous le régime nouveau ». La Commission s'est prononcée dans ce sens [1].

La loi aura donc, selon les termes mêmes du Rapport, « un effet rétroactif », que toutes sortes d'excellentes raisons justifient, comme était justifié l'effet rétroactif, par exemple, de la loi abolitive, de la contrainte par corps et d'autres dispositions législatives analogues. Si l'on a dit de la contrainte par corps que, la loi l'ayant abolie, il eût été impossible de maintenir sous le coup de cette contrainte les condamnés pour dettes, quelles que fussent l'époque du jugement et la date de son exécution, c'est du casier judiciaire aussi que l'on pourra dire : du moment où les mentions qu'il contient sont déclarées prescrites par sept ans et par quinze ans écoulés sans nouvelle condamnation, il est impossible de maintenir sous le coup de ces

---

[1] « Procès-verbal de la séance du 13 février 1891 ».

mentions aucun des condamnés pour qui s'est accomplie cette condition de sept ans et de quinze ans écoulés sans condamnation nouvelle,
quelles que soient l'époque du jugement rendu autrefois et la date de
son exécution.

Mais une remarque ne saurait manquer d'être faite, c'est que, si le
Rapport de la Commission parle, le projet de loi reste muet à cet égard.
Est-ce que tous les juges prendront le soin de se reporter au Rapport
ou aux procès-verbaux des séances, que le plus souvent même ils
n'auront pas à leur disposition ? Il pourra arriver fréquemment que
beaucoup d'entre eux s'en tiennent au texte de la loi et que, vu le
silence de ce texte, ils n'admettent pas la rétroactivité, que d'autres,
au contraire, admettront. Pour empêcher ces contradictions de la
jurisprudence, l'unique moyen est de faire parler la loi ; un paragraphe était à introduire, par la Commission, dans l'art. 10 de son
projet.

C'est, du reste, cet art. 10 qui résume, lui seul, tout ce qui, dans
le dit projet, concerne la prescription. Il ne saurait donc être trop
attentivement étudié, en outre de ce détail, dans son ensemble même.
La question de la prescription du casier judiciaire est, en effet, des
plus importantes. Or, si, en omettant ainsi de faire connaître textuellement l'effet rétroactif que la Commission a entendu lui attribuer,
l'art. 10 du projet est défectueux, est-ce qu'il ne l'est pas davantage
encore à un autre égard, lorsque la Commission a, selon nous, le
tort, comme il a été dit déjà [1], d'y limiter aux mentions du seul bulletin n° 3 la possibilité d'être prescrites ? Voilà ce qu'à présent, pour
faire suite aux commentaires qui précèdent, pour les compléter, il
convient de voir.

Eh bien ! on sait que, dans le système nouveau, celui de la Commission, s'il est définitivement adopté, il y aura trois catégories de
bulletins. Et, d'après les termes de l'art. 10, les seuls bulletins où
les condamnations, après sept ans ou quinze ans, cesseront d'être
inscrites sont, comme il vient d'être observé, les bulletins n° 3, c'est-
à-dire ceux qui seront délivrés à la demande des intéressés ; elles ne
cesseront pas de figurer sur les Bulletins n° 1, minutes des casiers,
ni même sur les bulletins n° 2, tenus à la disposition des magistrats
et des grands services publics. Il en résultera, par conséquent, entre
des documents tous réputés officiels, entre ces bulletins n° 1 et 2,
d'une part, et, d'autre part, les bulletins n° 3, des dissemblances
complètes, une contradiction de renseignements fournis. Qu'est-ce
alors qu'une mesure semblable ? Qu'est-ce que cette prescription

---

[1] Page 110.

qui, à la fois, existerait et n'existerait pas ? Il faut pourtant qu'une porte soit ouverte ou fermée.

Le groupe de députés qui, en juin 1890, présentait à la Chambre[1] une « proposition de loi ayant pour objet d'effacer l'inscription des condamnations, sur les casiers judiciaires, au bout d'un certain temps et dans certaines conditions », a été, et avec raison, incomparablement plus logique dans la rédaction de l'art. 1er de cette proposition, article qui dispose : « Les condamnations cesseront d'être inscrites, sur les casiers judiciaires, cinq ans après l'expiration de la peine, pour les délits, et dix ans après, pour les crimes, lorsque, pendant ce laps de temps, le condamné n'aura encouru aucune nouvelle condamnation ». Il est dit, comme on voit, d'une manière générale, « les casiers judiciaires » et aucune distinction n'est faite entre les bulletins des casiers. Du moment, en effet, que la prescription « efface », elle doit effacer partout.

Mais qu'a fait, au contraire, la Commission et que veut-elle ? Plusieurs de ses membres avaient, comme on sait, proposé, entr'autres mesures, d'établir ce que le Rapport appelle une « petite réhabilitation », ayant seulement pour effet de purger le bulletin n° 3. En refusant d'adopter cette petite réhabilitation, qui limitait la prescription aux mentions du seul bulletin n° 3, la Commission, si elle avait une idée, ne pouvait avoir évidemment que celle de ne pas limiter ainsi la prescription, mais de la généraliser en la reconnaissant pour tous les bulletins indistinctement. Et, en effet, le Rapport constate qu'elle admit alors, en principe, que les condamnations, après un certain délai, seraient « effacées », il ne dit pas de telle catégorie de bulletins, mais « effacées du casier judiciaire ».

Or, comment est rédigé l'art. 10 du projet de loi ? Dans les termes que voici : « Cessent d'être inscrites au bulletin n° 3 : 1° sept ans après l'expiration de la peine corporelle ou le paiement de l'amende, la condamnation unique pour délit ; 2° quinze ans après l'expiration de la peine, la condamnation unique pour crime ». C'est bien là, on ne saurait en disconvenir, la petite réhabilitation qui ne purge que le bulletin n° 3 ; et elle avait été repoussée. Les contradictions étaient devenues inévitables parce que la Commission avait visé à l'impossible, en prétendant, pour ce qui concerne la durée des inscriptions au casier judiciaire, comme elle l'avait voulu aussi pour ce qui était de leur publicité, faire intervenir ensemble et en quelque sorte unir, par transaction, compromis et demi-mesure, des principes opposés et absolument inconciliables.

---

[1] Voir p. 113 et 114.

Elle a, d'ailleurs, rencontré de sérieuses difficultés, des difficultés de plusieurs genres, partout dans son programme. Il est telle partie de ce programme où elle a pu arriver, du moins, à quelque solution très acceptable.

*
* *

Notamment, on sait que, dans le système sorti de l'incohérence des circulaires et qui fonctionne encore actuellement, aucun principe, pas plus par exemple fixé d'après la quotité de la peine que déduit de la nature de l'infraction, ne se trouve posé pour servir de *crilerium* à l'effet de discerner entre les condamnations diverses, les unes à mentionner et les autres à omettre ; car les auteurs de ces circulaires se sont toujours uniquement bornés à énumérer arbitrairement les juridictions dont les condamnations donnent matière à des bulletins. Et il en est résulté, à toutes les époques, les conséquences les plus choquantes, parmi lesquelles il en a été signalé quelques-unes au lecteur [1] : des faits insignifiants au point de vue de la morale, et qui ne sont punis que de peines légères, entraînent le casier judiciaire et les incapacités qui en sont la suite, tandis que d'autres faits d'une immoralité indéniable, et beaucoup plus sévèrement punis, n'entraînent rien de pareil. Aussi bien M. Demôle, Garde des Sceaux en 1886, lorsqu'il annonçait pour un jour à venir une loi sur le casier judiciaire, définissait particulièrement ce que pourra être cette loi en disant, avec justesse et à propos, que non seulement les Chambres auraient à se prononcer « sur la question de savoir à la disposition de qui il convient que se trouve mis le casier judiciaire », mais que surtout il faut qu'elles soient appelées à examiner « ce que doit contenir ce casier et ce qui ne doit pas y figurer ». C'est de même, bien entendu, ce que la Commission avait à examiner, et elle s'y est appliquée dans plusieurs de ses séances, qui n'ont pas été des moins mouvementées ; le Rapport a longuement retracé les péripéties des discussions.

Il avait été demandé, dans la séance du 21 novembre, si l'on s'attachera à la quotité de la peine ou si les infractions seront classées d'après leur nature. A côté de ces deux règles de discernement vint ensuite s'en placer encore une autre, qui aurait consisté à laisser au juge l'appréciation de l'opportunité de l'inscription. Trois solutions, observe le Rapport, se trouvaient donc en présence.

Le pouvoir d'appréciation chez le juge, tantôt adopté par un vote de la Commission, tantôt modifié ou rejeté par un vote ultérieur, a fini par être écarté, et il n'en est pas parlé dans le projet de loi. Le

---

[1] Pages 48 et 49.

classement des infractions d'après leur nature a quelque chose de séduisant, car « c'est par la nature des infractions, a-t-on dit, que se mesure le mieux le degré d'immoralité de l'agent » ; mais, dans l'application, l'on se heurterait à d'insurmontables obstacles. Comme l'a fort sensément fait remarquer M. Bérenger, dans la séance du 20 février, « le chiffre de la peine arbitrée par le tribunal avec une entière indépendance est ce qui doit déterminer l'inscription de la condamnation. Tout autre système conduit à des impossibilités ou à des contradictions. L'immoralité du délit ne peut s'apprécier *in abstracto*, et les conséquences du châtiment sont inséparables de la peine elle-même ». La Commission s'est rangée à cette opinion, qui était rationnelle et pratique à la fois. Et alors un principe de discernement entre les condamnations à inscrire ou à ne pas inscrire existera : c'est la quotité de la peine. Il en est ainsi déjà dans des cantons suisses qui ont le casier judiciaire.

Divers points du programme de la Commission, en outre, ont été réglés d'une manière aussi qui pourra, au moins relativement, paraître satisfaisante, encore bien que, dans des cas, il eût été possible de faire mieux.

La loi, entr'autres, du 4 mars 1889 [1], « portant modification à la législation des faillites », a institué, en France, « la liquidation judiciaire ». Pour ne se point mettre en désaccord avec cette loi, la Commission du casier judiciaire a décidé et elle a inséré dans son projet, art. 8, que les déclarations de faillite ou de liquidation judiciaire ne seraient jamais inscrites au bulletin délivré à la demande des particuliers, ou bulletin n° 3. C'est bien, ou du moins c'est déjà quelque chose, étant admis que ce bulletin n° 3 soit conservé. Pourquoi cependant n'être pas allé plus loin ? Et pourquoi la loi elle-même du 4 mars 1889 n'était-elle pas allée jusqu'à supprimer le casier judiciaire en entier pour la faillite qui n'est que la cessation de paiements d'un commerçant et la liquidation judiciaire ? Le principe proclamé est que l'inscription ou la non inscription au casier judiciaire se détermine d'après le chiffre de la peine. Or, dans la liquidation judiciaire et dans cette faillite qui n'est que la cessation de paiements d'un commerçant, aucune peine n'est prononcée, il n'y a pas de condamnation encourue ou même de poursuite devant une juridiction répressive quelconque : c'est le tribunal de commerce qui déclare la faillite ou la liquidation judiciaire. Une peine n'est encourue devant une juridiction répressive que par les faillis qui ont commis des fautes les constituant ou en

---

[1] Voir, à l'appendice, la note C, 2°.

état de banqueroute simple, du ressort de la police correctionnelle, ou en état de banqueroute frauduleuse, à juger par la Cour d'assises.

A ceux-là, le casier judiciaire, oui. Mais la faillite et la liquidation judiciaire, puisqu'il n'y a pas de peine prononcée et qu'il ne s'ensuit que des incapacités civiles, dès lors qu'elles sont l'une et l'autre exemptes de la mention au bulletin n° 3, ne devraient pas davantage être inscrites au bulletin n° 2 et pas même, non plus, au bulletin n° 1, où, néanmoins, l'art. 1er n° 4 du projet veut qu'elles figurent, sans priver, il est vrai, l'intéressé « des avantages réservés à une première condamnation » ; ainsi s'exprime le Rapport, en conformité d'un vote de la Commission dans la séance du 12 décembre 1890, et pour ne pas déroger à la loi sur l'atténuation et l'aggravation des peines. Avec l'observation réelle des principes, la faillite et la liquidation judiciaire ne devraient donc être relevées nulle part sur les bulletins des casiers judiciaires. Et la faillite, dans les cas où le failli est reconnu n'avoir éprouvé que des malheurs et des pertes et pas commis des fautes, n'aurait même jamais dû, à aucune époque du passé, donner lieu à ces casiers: on sait qu'ils n'y donnent pas lieu dans des cantons suisses où l'institution existe. Mais il appartenait au régime autoritaire de Napoléon III et de M. Rouher de ne guère s'embarrasser des vrais principes, en cette circonstance comme en bien d'autres.

De même les déchéances de la puissance paternelle en vertu de la loi du 24 juillet 1889 « sur la protection des enfants maltraités ou moralement abandonnés », que le projet de la Commission affranchit de la mention au bulletin n° 3, devraient, contrairement à l'art. 1er n° 5 du dit projet, échapper aussi à l'inscription et sur le bulletin n° 1 et conséquemment sur le bulletin n° 2.

En réalité, ces déchéances de la puissance paternelle, qui même, aux termes de l'art. 2 n° 6 de la loi, peuvent être déclarées en dehors de toute condamnation, pour ivrognerie habituelle, inconduite notoire ou mauvais traitements, et les faillites et liquidations judiciaires n'appartiennent pas plus au droit pénal que ne lui appartiennent, par exemple, les nominations de conseils judiciaires et les interdictions. Les incapacités entraînées dans ces cas sont purement civiles ; par conséquent les mentions à faire ne se trouvent point à leur place dans les casiers judiciaires. Elles ne seraient à leur place que dans des « casiers civils », institution qui est à créer comme un complément devenu à peu près indispensable aujourd'hui de l'institution des casiers judiciaires : il en sera parlé, dans des chapitres qui vont suivre, avec tous les détails que le sujet comporte.

Mais on peut prévoir aussi qu'il y aura certainement lieu à plus d'un amendement au projet de loi élaboré par la Commission du casier judiciaire, quand viendront, à la Chambre des députés et au Sénat, les débats de ce projet.

*
* *

A d'autres égards, d'ailleurs, même après tout ce qui a déjà été exposé dans les pages qui précèdent, le régime des circulaires, en cette matière des casiers judiciaires, s'est révélé encore non moins défectueux, incomplet. Il s'est révélé tel, notamment, par l'absence de toutes peines spéciales édictées. Ce ne sont pas de simples circulaires. en effet, qui pouvaient édicter des peines.

Pour combler cette lacune, la Commission a discuté, dans ses séances des 12 et 20 mars, 15 et 29 mai, et voté, dans sa séance du 29 mai, sur une proposition de M. Brégeault amendée par M. Guillot, un article qui est l'article 13 du projet de loi, ainsi conçu :

« Quiconque, en prenant le nom d'un tiers ou un nom supposé, aura amené l'inscription, au casier, de sa condamnation sous un autre nom que le sien, sera puni de six mois à cinq ans d'emprisonnement, sans préjudice des poursuites à exercer pour le crime de faux, s'il y échet.

« Sera puni de la même peine celui qui, par de faux renseignements relatifs à l'état civil d'un inculpé, aura sciemment été la cause de l'inscription d'une condamnation sur le casier judiciaire d'un individu autre que le véritable condamné.

« Quiconque, en prenant un faux nom ou une fausse qualité, se sera fait délivrer ou aura tenté de se faire délivrer par le greffier le bulletin n° 3 d'un tiers, sera puni d'un mois à un an d'emprisonnement.

« L'article 463 du Code pénal sera dans tous les cas applicable ».

Cet art. 13 du projet de loi de la Commission ne vise, dans ses divers paragraphes, on le voit, que les individus sans caractère officiel qui se rendraient coupables des actes qui y sont spécifiés. Mais si l'auteur d'erreurs plus ou moins volontaires ayant les mêmes conséquences était revêtu d'un caractère officiel, si c'était un juge, un membre du parquet, un greffier, l'article ne s'appliquerait plus.

Et pourtant, à commencer par les greffiers, est-ce qu'il n'arrive pas journellement qu'ils se trompent, eux ou leurs commis dont ils sont responsables ? Or, ce n'est pas bien sûr que la victime de l'erreur d'un greffier — erreur pour ne pas employer une autre expression — fût même seulement admise, afin d'obtenir une réparation, à se prévaloir des articles 1.382 et suivants du Code civil, aux termes

Theureau.   9

desquels « tout fait quelconque de l'homme, qui cause à autrui un dommage, oblige celui par la faute de qui il est arrivé, à le réparer. Chacun est responsable du dommage qu'il a causé non seulement par son fait, mais encore par sa négligence ou par son imprudence. On est responsable non seulement de son fait, mais de celui des personnes dont on doit répondre ».

Ensuite, pour les membres des Parquets, de la part desquels la Commission du casier judiciaire se contente d'une « responsabilité morale et disciplinaire », non seulement on sait qu'ils ont des amis auxquels ils ne refusent pas toujours des « complaisances coupables » [1], mais ils commettent aussi de déplorables inadvertances. Entr'autres faits à mentionner, le journal le *Soleil*, dans son numéro du 20 octobre 1887, a raconté ainsi, d'après les journaux du Cher, une erreur judiciaire dont fut victime un de leurs compatriotes :

« Le 6 février 1882, le tribunal de Melun condamnait à six jours de prison pour vol Pierre Maurice Thévenin, né à Saint-Amand, le 11 décembre 1862.

« Par suite d'une erreur dans la correspondance du parquet de Melun au parquet de Saint-Amand, on inscrivit cette peine au casier judiciaire d'une autre personne, portant le même nom, les mêmes prénoms et née aussi à Saint-Amand, le 1er décembre 1862, M. Pierre Maurice Thévenin.

« Or, il y a quelques jours, ce dernier, actuellement ouvrier tapissier à Paris, voulut se faire inscrire comme électeur. Il lui fut répondu qu'il ne le pouvait pas et on lui exhiba son casier judiciaire.

« Ebahissement du jeune homme, qui aussitôt en référa à son père et au procureur de la République.

« Une enquête fut ouverte et elle aboutit à la constatation des faits que nous venons de relater.

« Maintenant, pour arriver à restituer au jeune tapissier la jouissance de ses droits civils et politiques, il va falloir que le tribunal de Melun casse son premier jugement, et qu'une foule de formalités soient remplies avant de rétablir les choses en leur état. »

Il y a eu, en effet, si bien une foule de formalités à remplir qu'au bout de près de deux ans, pour les élections qui ont eu lieu en 1889, le jeune tapissier n'était pas encore parvenu à se faire inscrire sur les listes électorales.

Et l'erreur avait été commise « dans la correspondance des parquets entr'eux » ! par des magistrats ! Et on proclame que ces magistrats ne sont responsables que « moralement et disciplinaire-

---

[1] Voir p. 106.

ment », c'est-à-dire pas du tout ! Ils en sont quittes, en effet pour un avertissement, la censure simple ou la censure avec réprimande et au plus par une suspension provisoire de leur fonctions, qui équivaut à des vacances pour eux ; et pas d'autres conséquences, si ce n'est une privation momentanée de leur traitement dans les deux derniers cas.

Faut-il parler aussi des juges composant un tribunal ? Voici un fait dont tous les détails sont fournis par les « considérants » d'un arrêt de la Cour d'appel de Dijon du 31 mars 1875, qu'on trouve dans la « Jurisprudence générale » de Dalloz, année 1876, deuxième partie, page 32 :

Un nommé Brajeux, Cyrille, âgé de 40 ans, né à Neuvy, département de l'Yonne, exerçant la profession de marchand colporteur et domicilié à Troyes, rue Porte-Saint-Martin, numéro 21, s'était rendu coupable, à Joinville, du vol d'une brouette : tout cela a été régulièrement constaté le 27 août 1868 par le commissaire de police de Troyes et avoué par l'inculpé. Aucune équivoque n'était possible. Les juges du tribunal correctionnel de Wassy, néanmoins, devant lesquels l'affaire fut portée, quoique ayant tous les documents sous les yeux et les nom et prénom, l'état civil du prévenu à leur barre, rendirent le 14 septembre 1868 un jugement par lequel ils condamnaient à trois mois de prison ce prévenu sous un autre nom que le sien, sous celui de Brajeux Pierre, dit Cyrille, ouvrier ajusteur, né le 5 janvier 1824, à Troyes, y demeurant rue du Bois numéro 91 : c'était le frère, qui eut aussi, à son insu, un casier judiciaire. Et nous dirons plus loin avec combien de difficultés et après combien de temps il parvint à être affranchi de ce casier en faisant rectifier le jugement du 14 septembre 1868 par la Cour d'appel de Dijon le 31 mars 1875, c'est-à-dire après plus de six ans d'attente.

Mais aurait-il eu contre les juges de Wassy, auteurs de cette lourde faute à son égard, une action quelconque ? Pas le moins du monde. Il y a bien sans doute la « prise à partie », par laquelle la loi et notamment divers articles du Code de Procédure civile et du Code d'Instruction criminelle permetttent de « poursuivre la réparation civile du tort causé par des juges ». Mais ce n'est là qu'une procédure exceptionnelle soumise à des formes particulières réglées par les art. 505 à 516 du Code de procédure civile et 479 et suivants et 483 et suivants du Code d'Instruction criminelle. Et, en outre, les juges ne peuvent être « pris à partie » que dans les cas expressément énoncés. Or, les juges du tribunal de Wassy ne se trouvaient pas être dans un de ces cas.

Les juges, les magistrats des Parquets ou de l'Instruction, de même que tous les fonctionnaires sans exception aucune, devraient être, à l'égal des autres citoyens et selon le droit commun, responsables de leurs actes personnellement et pécuniairement.

*
* *

En attendant qu'une mesure de ce genre soit adoptée en France, si jamais elle doit l'être, il y existera du moins, en matière de casier judiciaire, avec l'art. 13 du projet de loi de la Commission, une fois votée par les Chambres, des peines spéciales envers certains coupables, ce qui déjà peut constituer sans doute une importante amélioration apportée à l'institution. Mais ce n'est pas tout, il ne saurait suffire que des peines puissent être infligées à des personnes coupables, par exemple, d'avoir fait inscrire une condamnation au nom et sur le casier judiciaire d'un innocent. Il importe surtout pour celui-ci et pour la société elle-même, pour tout le monde, que l'erreur soit facile à rectifier et que, par conséquent, il y ait, à cette fin, un mode de procédure clair, efficace et à la portée de tous et de chacun.

M. Brégeault, à la suite de sa proposition qui est devenue l'art. 13 du projet de loi établissant les peines que l'on sait, en avait fait une autre en vue de ce mode de procédure à déterminer ; elle était ainsi conçue : « En cas d'inscription d'une condamnation sur le casier judiciaire d'un individu autre que le véritable condamné, la rectification sera ordonnée par le tribunal qui aura prononcé la condamnation, à la requête du procureur de la République, qui fournira tous renseignements et fera entendre tous témoins à l'appui ».

Dans la séance du 12 mars, expliquant à la Commission le but à atteindre, M. Brégeault exposait que, près de certains tribunaux, on n'opère pas, dans l'espèce, par requête, à la différence de ce qui se pratique à Paris ; il pense que la procédure sur requête est la meilleure et qu'il faudrait la généraliser. Sur une remarque de M. Bovier-Lapierre, il a montré, d'ailleurs, que le jugement dont il s'agit n'est pas celui qui mettrait fin à l'instance au cours de laquelle un faux aurait été établi, mais bien une décison particulière provoquée spécialement en vue de la rectification du bulletin du casier judiciaire.

Dans une séance ultérieure, celle du 15 mai, M. Guillot observait, à son tour, et constatait que, quand un individu s'est fait condamner sous le nom d'un autre, s'il est poursuivi pour crime de faux, il passe actuellement devant la cour d'assises qui, ou trop indulgente, l'acquitte ou, trop sévère, le condamne aux travaux forcés : afin d'éviter également ces deux alternatives et de mieux proportionner la peine à la gravité du délit, c'est la juridiction correctionnelle qui, pour ce genre de faux, devrait être toujours la seule compétente.

Le 29 mai, les mêmes discussions se renouvelaient encore à propos de la proposition de M. Brégeault. M. Dumas considéra cette proposition comme inutile : « l'art. 518 du Code d'Instruction criminelle, dit-il, bien que spécial par ses termes au condamné évadé et repris, est, d'après la jurisprudence, applicable à l'individu condamné sous un faux nom. Le jugement qui établit l'identité de ce dernier a pour conséquence d'amener la rectification des bulletins erronés du casier judiciaire ».

La Commission manisfestant son adhésion à cette opinion, M. Brégeault retira sa proposition [1].

Quelle est donc cette jurisprudence qui doit suffire et qui consiste dans l'application des articles 518 et suivants du Code d'Instruction criminelle à l'individu condamné sous un faux nom, dont la constatation de l'identité aura pour conséquence d'amener la rectification de bulletins erronés du casier judiciaire ?

Ces articles sont la reproduction, dans leur sens général, des art. 1 et 2 d'une loi du 22 frimaire an VIII, qui avait été rendue pour régler « la manière dont sera faite la reconnaissance d'un individu condamné, évadé et repris » ; ils disposent :

« Art. 518. La reconnaissance de l'identité d'un individu condamné, évadé et repris, sera faite par la cour qui aura prononcé la condamnation.

« Il en sera de même de l'identité d'un individu condamné à la déportation ou au bannissement qui aura enfreint son ban et sera repris ; et la Cour, en prononçant l'identité, lui appliquera de plus la peine attachée par la loi à son infraction.

« Art. 519. Tous ces jugements seront rendus sans assistance de jurés, après que la Cour aura entendu les témoins, tant à la requête du procureur général qu'à celle de l'individu repris, si ce dernier en fait citer.

« L'audience sera publique et l'individu repris sera présent, à peine de nullité.

« Art. 520. Le procureur général et l'individu repris pourront se pourvoir en cassation, dans la forme et le délai déterminés par le présent Code, contre l'arrêt rendu sur la poursuite en reconnaissance d'identité ».

Il est bien évident que les auteurs du Code d'instruction criminelle de 1808, de même que le législateur de l'an VIII, en établissant ainsi une procédure absolument spéciale pour un cas tout à fait particulier, celui où il s'agit de reconnaître l'identité d'un condamné

« [1] Procès-verbal de la séance du 29 mai 1891 ».

qui s'évade et est repris, ne pouvaient guère songer à des rectifications, même par voie de conséquence, de mentions inscrites sur
les bulletins d'un casier judiciaire qui ne devait être institué que
par des circulaires de la fin de 1850.

Puis, devant les tribunaux, la question ne s'est pas d'abord présentée avec autant d'étendue. Ainsi, une condamnation pour vol
ayant été prononcée par défaut le 15 mai 1863 par le tribunal correctionnel de Marseille, il ne s'est agi postérieurement que de savoir
si le jugement s'appliquait à un nommé Louis Combe Revenant ou à
un nommé Plassé. C'est aussi une simple fixation de l'identité de
l'individu condamné qui a fait l'objet d'un arrêt de la Cour de cassation du 26 juillet 1866.

Est venue plus tard l'affaire de Pierre Brajeux. On a vu tout à
l'heure que ce Pierre Brajeux avait été indûment condamné le
14 septembre 1868, par le tribunal correctionnel de Wassy, à une
peine entraînant le casier judiciaire. Pour se faire décharger de ce
casier, quand l'erreur lui est connue, il s'adresse par requête au tribunal qui avait prononcé la condamnation, celui de Wassy, lequel
se déclare incompétent par le motif « qu'aucun texte de loi ne dispose pour le cas dont il s'agit ».

Mais, sur l'appel interjeté par Brajeux, la Cour de Dijon, Chambre
correctionnelle, dans son audience du 31 mars 1875, sous la présidence de M. Saverot, rend un arrêt aux termes duquel :

« Considérant que, par le jugement du 14 septembre 1868, le
tribunal de Wassy a condamné à trois mois de prison, sous le nom
de Brajeux Pierre, dit Cyrille, né le 5 janvier 1824, à Troyes, de
Jean-Baptiste Brajeux et de Catherine Raoult, un individu ayant
déclaré se nommer Brajeux Cyrille, âgé de 40 ans, né à Neuvy
(Yonne) exerçant la profession de marchand colporteur, domicilié à
Troyes, rue Porte-Saint-Martin, n° 21 ;

« Considérant que ces déclarations, faites par le prévenu le
27 août 1868 devant le commissaire de police de Troyes, étaient
exactes, ainsi qu'il résulte de son acte de naissance et des renseignements soumis à la Cour ; que c'est donc par suite d'une erreur évi-
dente que le jugement du 14 septembre 1867 a attribué au condamné les prénom, âge et lieu de naissance y désignés, lesquels
appartiennent à Pierre Brajeux, son frère, né le 5 janvier 1824, à
Troyes, où il est ouvrier ajusteur, rue du Bois, n° 91 ;

« Considérant que, par l'effet de cette fausse désignation, la condamnation prononcée contre Cyrille Brajeux a pris place dans le
casier judiciaire de Pierre Brajeux, lequel a le plus grand intérêt à
faire réparer une erreur qui affecte d'une manière aussi grave

son état civil; que, dans ce but, il a présenté au tribunal de Wassy une requête tendant à ce qu'il soit dit que le jugement du 14 septembre 1868 ne lui est pas applicable et qu'il sera retiré de son casier judiciaire ;

« Considérant que le tribunal s'est déclaré incompétent et sans qualité pour statuer sur cette requête, et que Brajeux a interjeté appel de son jugement ;

« Considérant que, s'il est vrai que le jugement rendu par le tribunal correctionnel de Wassy le 14 septembre 1868 a acquis l'autorité de la chose jugée par suite du décès du condamné Cyrille Brajeux, qui ne s'est point pourvu contre le dit jugement, il n'en est pas moins certain que la demande de Pierre Brajeux ne tend pas à en infirmer l'autorité ou à remettre en question ce qui a été jugé ; qu'en effet cette demande a uniquement pour but de faire reconnaître que la condamnation ne s'applique pas au requérant ;

« Considérant que, bien qu'aucun texte de loi ne dispose pour le cas dont il s'agit, la compétence du tribunal de Wassy pouvait s'induire de l'article 518 du Code d'Instruction criminelle qui confère, aux juges qui ont prononcé une condamnation, compétence pour reconnaître ultérieurement l'identité du condamné avec la personne contre laquelle l'exécution du jugement est poursuivie ; que la raison d'analogie a fait étendre les dispositions de cet article au cas où il s'agit de rectifier, dans les jugements, des erreurs matérielles affectant les qualités des parties et pouvant jeter de la confusion et de l'incertitude sur leur identité ; que ces rectifications, qui intéressent la sécurité des tiers et qui assurent la sincérité des arrêts de la justice, devaient naturellement être soumises aux juges qui ont rendu les décisions susceptibles de ces rectifications, qu'ainsi le tribunal de Wassy avait compétence et qualité pour statuer sur la requête qui lui était présentée :

« Considérant que, par l'appel de Pierre Brajeux, la Cour se trouve saisie aux fins de la requête et qu'elle peut statuer au fond par voie d'évocation ;

« Considérant qu'il est établi, par les pièces de l'information instruite contre Cyrille Brajeux et du jugement du 14 septembre 1868 qui l'a suivie, que Pierre Brajeux a été entièrement étranger aux dits jugement et instruction ; qu'ainsi il ne peut y avoir aucune hésitation à déclarer que le jugement de condamnation du 14 septembre 1868 n'est pas applicable au dit Pierre Brajeux ;

« Par ces motifs,

« Il est fait droit à l'appel ».

Voilà donc, pour les rectifications aux casiers judiciaires, une application de l'article 518 du Code d'Instruction criminelle. La Cour de cassation — on sait qu'elle fait quelquefois, à tort ou à raison, œuvre de législateur — allait aussi plus tard appliquer à sa manière ce même article 518 ainsi que le suivant, à propos d'une autre affaire, que M. Naquet, procureur général près la Cour d'appel d'Aix, a longuement exposée dans le *Journal des Parquets*, année 1886, p. 1 à 32, et que, mieux que personne, il était en position de faire connaître puisqu'il l'avait lui-même conduite.

« Au commencement de 1886, écrit-il, je demandai par requête, à la Chambre correctionnelle de la Cour d'Aix, de rectifier un arrêt rendu contre un individu de nationalité étrangère disant se nommer Ridolfo Joseph. Je joignis à ma requête un acte de notoriété délivré par les autorités italiennes, établissant que Joseph Ridolfo n'avait jamais quitté l'Italie, et une attestation du directeur de la maison centrale où était détenu le condamné, portant que ce dernier avouait s'appeler Sigismond et non pas Joseph Ridolfo. Mais la Cour d'Aix refusa de rectifier, en disant que les articles 518 et suivants devaient être observés et qu'il fallait faire comparaître le condamné pour voir statuer en sa présence », ce qui n'avait pas eu lieu.

Pourvoi du Procureur général d'Aix devant la Cour de cassation. Et cette Cour, Chambre criminelle, sous la présidence de M. Ronjat, par arrêt du 16 mai 1885 :

« En droit,

« Attendu que les dispositions de l'article 518 du Code d'Instruction criminelle sont applicables, non seulement lorsqu'il est nécessaire de procéder à la reconnaissance d'un condamné repris après évasion, d'un déporté ou d'un banni qui a enfreint son ban, mais encore dans toutes les circonstances analogues et spécialement lorsqu'il s'agit de faire constater l'identité d'un individu condamné sous le nom d'un tiers ; que, dans ce dernier cas, comme dans ceux expressément prévus par l'article 518, le ministère public doit porter son action devant la Cour qui a prononcé la condamnation, en audience publique, et le condamné présent, à peine de nullité, conformément à ce qui est prescrit par l'article 519 ;

« Attendu que, par suite, en refusant de statuer, sur la demande du Procureur général par le motif que le débat devait être contradictoire, et que le condamné n'avait pas été appelé à y prendre part, la Cour d'Aix n'a fait qu'une saine application de la loi ;

« Par ces motifs,

« Rejette le pourvoi ».

Telle est cette jurisprudence considérée comme établie et suffisante par les membres de la Commission du casier judiciaire qui

n'ont pas cru devoir se rallier à la proposition de M. Brégault.
Dans l'arrêt de la Cour de Dijon, malgré l'absence du véritable condamné Cyrille Brajeux, qu'il eût été difficile à faire comparaître,
puisqu'il était mort, la rectification est néanmoins obtenue par Pierre
Brajeux ; il n'a été tenu compte que de l'article 518 du Code d'Instruction criminelle. Les arrêts de la Cour d'Aix et de la Cour de
cassation, au contraire, exigent à peine de nullité, conformément du
reste au texte formel de l'article 519 du même code, la présence du
véritable condamné. Si donc ce condamné véritable, qu'il soit mort,
disparu d'une façon quelconque ou caché, n'est pas découvert et
amené à la barre du tribunal, et si même il est détenu ou en Nouvelle-Calédonie et que l'administration, de qui dépend son transfèrement, refuse de l'ordonner, la rectification, en son absence, encore
bien que tout dans la cause en démontrerait le bien fondé. devient
impossible. Un exemple en a été cité par nous en note de la page 22.
Et l'on prétend que cette jurisprudence est suffisante, qu'elle est à
suivre ! M. Naquet [1] la croit avec raison « injustifiée en théorie et
dangereuse en pratique, en contradiction avec les textes sainement
interprétés d'après leur origine et très imprudente en raison des
embarras qu'elle peut susciter ». Elle a été « malencontreusement
étendue », dit M. Garraud [2] ».

Dans les articles 518, 519 et 520 du Code d'Instruction criminelle,
en effet, de même que dans la loi du 22 frimaire an VIII qu'ils ont
reproduite, il n'est toujours question que d'un individu repris :
étant repris, sa présence à l'audience va de soi. Les autres cas sont
différents et ces articles ne s'y appliquent qu'en ayant leur signification réelle absolument dénaturée.

Pour introduire une demande en rectification d'une inscription au
casier judiciaire, il est même difficile de savoir, en l'absence de toute
règle précise, s'il convient de procéder sur requête ou par assignation : les cours et tribunaux à cet égard, paraît-il, sont en désaccord
entre eux.

Et puis, d'après les exemples que l'on connaît, que de formalités,
que de lenteurs surtout et aussi de dépenses sans doute dans un pays
où la justice est gratuite et expéditive de la façon dont elle est en
France !

Tantôt, d'ailleurs, c'est le ministère public qui agira d'office, dans
un intérêt social ; tantôt ce sera un particulier dans un intérêt per-

---

[1] « Journal des Parquets » année 1886, p. 4 et p. 23.

[2] « Traité théorique et pratique de droit pénal français » 1888, t. 2, n° 229.

sonnel : la distinction serait à établir. Quels moyens de preuves, en outre, seront admis dans l'un ou l'autre cas ?

A tous égards, il était donc du devoir de la Commission du casier judiciaire de rechercher une procédure spéciale et bien appropriée au but à atteindre : elle ne l'a pas fait. Le législateur qui a fait la loi du 24 juillet 1889 a été plus correct : il a soigneusement tracé la procédure à suivre dans le cas d'une poursuite en déchéance de la puissance paternelle et dans celui de la demande en restitution de cette puissance.

*
* *

Une autre question encore, et non moins attenante au fonctionnement du casier judiciaire, demeure sans solution : c'est celle de la réhabilitation.

Même depuis que la du 14 août 1885 en a simplifié les formalités et étendu les effets, la réhabilitation selon la loi ou réhabilitation judiciaire est une faveur, non un droit, et elle présente toujours bien des obstacles et bien des inconvénients. Non seulement, à moins qu'il n'y ait eu remise de la dette, prescription acquise ou que, pour les cas où la contrainte par corps reste maintenue, cette contrainte n'ait été subie, il faut d'abord justifier de paiements que beaucoup ne se trouvent pas à même d'effectuer, voilà pour les obstacles, et ce ne sont pas les seuls ; mais, de plus, et là se révèlent les inconvénients, une enquête, des attestations, une certaine publicité deviennent indispensables : la loi, puisque les magistrats qui prononceront doivent être renseignés, ne pouvait pas faire différemment que d'ordonner ces mesures qui, appliquées, réveillent le souvenir de la faute et en divulguent la honte, car qui dit publicité, enquête et attestations dit indiscrétions et conversations avec des tiers, en sorte que, pour rappeler les paroles de M. Faustin Hélie, le résultat est de « flétrir l'homme dont on veut effacer la flétrissure »[1].

Combien alors, et des plus méritants, préfèrent ne pas demander leur réhabilitation. Il en est même qui, après en avoir introduit la demande, ont dû renoncer à y donner suite, pour mettre un terme aux investigations et recherches compromettantes dont ils étaient l'objet. Des gens aussi, occupant des emplois, les ont perdus lorsque, par leurs démarches à l'effet d'être réhabilités, ils ont fait connaître un passé jusque-là ignoré dans le milieu où ils vivaient. Tel, qui s'est créé une situation élevée, verrait ses amis lui battre froid ; et tel autre, qui a une femme et des enfants, aurait à rougir devant eux. Le remède serait pire que le mal.

---

[1] P. 59.

Or, ces inconvénients et ces obstacles, on les éviterait avec la prescription déclarée une « réhabilitation légale et de droit ». Reconnaître ce caractère à la prescription, ce fut, comme on l'a vu [1], l'opinion de plusieurs membres de la Commission du casier judiciaire et, en particulier, de M. Bérenger, opinion que d'autres membres ont combattue. Et ainsi s'est trouvée posée la question de la réhabilitation à propos de celle de la prescription.

En réalité, au regard de la réhabilitation, qu'est donc la prescription et en quoi consiste-t-elle essentiellement ? Si au civil et au commercial, elle est tantôt acquisitive et tantôt libératoire [2], elle est constamment et uniquement libératoire et extinctive 'en matière pénale [3], c'est-à-dire qu'elle exonère ou de la poursuite ou de la peine. Eh bien ! de même, la réhabilitation est toujours libératoire. Il y a, par conséquent, ce point-là de commun, une ressemblance fondamentale entre la prescription pénale et la réhabilitation. Et la pratique leur reconnaît tellement bien une identité de nature qu'un individu, par exemple, étant poursuivi, s'il justifie ou de sa réhabilitation ou de la presciption acquise, est dans l'une comme dans l'autre cas traité de la même sorte, il est « absous », c'est-à-dire pardonné, exonéré des conséquences d'une infraction autrefois commise, et non pas acquité, parce que l'acquitté est l'homme reconnu n'avoir pas commis d'infraction et qui n'a eu ainsi ni à prescrire ni à se faire réhabiliter.

Mais actuellement la législation, qui admet ainsi comprises la prescription et la réhabilitation, établit toutefois entr'elles, quant à d'autres de leurs effets respectifs, une différence considérable en ce que la réhabilitation fait cesser pour l'avenir toutes les incapacités qui résultaient de la condamnation et efface la condamnation elle-même [4], et que la prescription les laisse subsister. Étant déclarée une « réhabilitation légale et de droit », la prescription aussi effacerait ces incapacités ; et comme elle aurait lieu sans enquête ni formalités d'aucune espèce, par le seul laps d'un temps déterminé, elle serait ce que nous avons appelé [5] « une réhabilitation tacite » ; à côté de laquelle, bien entendu, la réhabilitation judiciaire et formaliste de la loi, avec toute la procédure qu'elle nécessite, tous les procédés d'informations qu'elle met en jeu, continuerait à fonctionner à

---

[1] P. 111.

[2] Code civil, art. 2219 : « La prescription est un moyen d'acquérir ou de se libérer, par un certain laps de temps et sous les conditions déterminées par la loi ».

[3] Code d'Instruction criminelle, art. 2 et 635 et suiv.

[4] Loi du 15 août 1885, art 634 du Code d'instr. crim. modifié.

[5] P. 60.

l'usage de qui voudrait et pourrait y recourir sans avoir à attendre les délais plus longs de la prescription à acquérir. Cette réhabilitation judiciaire resterait une faveur ; la réhabilitation par la prescription serait un droit.

C'est dès la première séance de la Commission du casier judiciaire, celle du 30 juillet 1890, au cours de la discussion générale, que le problème avait apparu, M. Voisin s'étant exprimé ainsi : « Tout se prescrit, en ce monde. Et cependant, il n'en est pas de même des mentions au casier judiciaire. Je sais bien qu'on peut m'opposer la réhabilitation. Mais examinons, en praticiens, comment se passent les choses. Un ancien condamné a pu, par sa persévérance, acquérir une situation honorable. Il a tous les droits à la réhabilitation. Se soumettra-t-il aux nombreuses formalités dont l'accomplissement révélera à chacun l'infamie que la réhabilitation a justement pour but de faire disparaître? Non, à coup sûr. Et la nécessité d'une prescription s'impose ». Cette prescription, toutefois, dans l'esprit de M. Voisin [1], comme aussi de M. Trarieux, « n'empruntera pas le caractère d'une réhabilitation ».

M. Bérenger avait, au contraire, ajouté : « Voilà pourquoi il faut arriver à la réhabilitation de droit par la prescription qui effacerait les incapacités ».

Le même sujet étant discuté dans la séance du 2 août 1890, on sait [2] qu'une divergence profonde se manifesta entre les membres de la Commission, qui les uns admettaient et les autres n'admettaient pas, pour la prescription, ce caractère d'une réhabilitation de droit : c'était, cette fois, la question contradictoirement posée, qui se trouva être encore reprise ensuite.

Le 13 février 1891 [3], notamment, M. Bérenger disait : « La réhabilitation légale et de droit, obtenue par le seul laps du temps, s'impose avec toute la force d'une idée humanitaire, parce que la réhabilitation actuelle, entourée des formalités de la justice, est le plus souvent impraticable. On objecte sans doute que, par la seule expiration du temps, cette réhabilitation de droit, la prescription, restituera les capacités, en sorte que quelqu'un ayant été condamné pourra voter et même être élu et faire partie de nos assemblées communales, départementales et autres. Pourquoi pas? Et pourquoi s'en montrer plus choqué que si ce condamné d'autrefois est redevenu électeur et éligible, pouvant être membre de nos grandes assemblées,

---

[1] Séances des 30 juillet et 2 août 1890 et du 6 février 1891.

[2] P. 110 et 111.

[3] « Procès-verbal de la séance », p. 4. — Voir aussi le Rapport, VI.

à la suite et par l'effet d'une amnistie ou de sa réhabilitation judiciaire? »

Le débat menaçait de continuer. Il sembla cependant à M. Brégeault et à M. Yvernès que la Commission sortait ainsi de son programme. « La réhabilitation ne saurait, selon M. Yvernès, y prendre place ». Et M. Brégeault demanda « que cette question de la réhabilitation fût, pour le moment, écartée ». La Commission s'est prononcée en ce sens [1] : « Il reste entendu néanmoins, fut-il ajouté [2], que le président sera l'interprète de la Commission auprès de M. le Garde des Sceaux. Il fera valoir devant lui l'intérêt qui s'attache à la réhabilitation et le désir de la Commission d'être saisie de cette question, voisine de celle du casier judiciaire ».

La séance suivante, celle du 20 février, s'ouvrit sous la présidence de M. Fallières, Garde des Sceaux, qui, en réponse à la Commission, déclara [3] « qu'il serait heureux qu'elle voulût bien s'occuper de la réhabilitation légale et qu'en conséquence il lui continuait ses pouvoirs ».

En effet, le 6 juin, après avoir approuvé le Rapport et le projet de loi sur le casier judiciaire, qui seraient présentés en son nom à M. le Garde des Sceaux, la Commission, au lieu de déclarer sa mission close et ses travaux terminés, s'ajourna à quinzaine « pour étudier, selon la nouvelle délégation reçue de M. le Garde des Sceaux, est-il dit dans le procès-verbal de la séance, les améliorations que comporte la réhabilitation ».

Ce qui ressort de ces termes mêmes du procès-verbal de la séance du 6 juin, puisqu'il n'est parlé que « des améliorations que comporte la réhabilitation », c'est que le but unique auquel visait la Commission a été de simplifier les formalités de cette réhabilitation telles qu'elles ont été réglées en dernier lieu par la loi du 14 août 1885. Mais M. Bérenger proposait, au lieu de cela, que, la réhabilitation du Code d'Instruction criminelle et de la loi du 14 août 1885 restant ce qu'elle est, il y eût, en outre, la prescription reconnue et fonctionnant comme « réhabilitation légale », comme « réhabilitation de droit », et en produisant tous les effets par le seul laps du temps écoulé sans nouvelle condamnation [4]; car il avait démontré, dans la séance du 6 février, que la réhabilitation, depuis

---

[1] Séance du 13 février 1891. — Voir le Rapport. VI.

[2] « Procès-verbal de la séance du 13 février 1891 »

[3] « Procès-verbal de la séance », p. 1. — Voir aussi le Rapport VI.

[4] Procès-verbal de la séance du 13 février 1891. — Voir aussi le Rapport, VI.

la loi du 14 août 1885, ne comporte plus d'améliorations, que les formalités auxquelles elle est soumise ne peuvent pas être simplifiées davantage et que la loi du 14 août 1885, dont il a été lui-même l'inspirateur[1], est allée, à cet égard, jusqu'aux limites les plus extrêmes, ce que, d'ailleurs, constatent les Exposés des motifs, Rapports et documents y relatifs.

Effectivement, lorsque la Commission, qui s'était ajournée à quinzaine, s'est réunie, et qu'elle eut fouillé, cherché, scruté, elle est demeurée, à son grand désappointement sans doute, bel et bien convaincue que, comme le lui avait dit M. Bérenger, aucune modification utile ni simplification nouvelle des formalités ne pouvaient être apportées au fonctionnement actuel de la réhabilitation.

Pour une Commission qui s'était déjugée à d'autres occasions, c'était le cas, et on ne l'en aurait point blâmée, de revenir sur sa décision première et d'aborder l'étude du projet présenté par M. Bérenger. Elle a préféré clore son mandat par un Rapport négatif, aveu de son impuissance !

Or, la question principale, celle de la réhabilitation, n'étant pas discutée, des questions accessoires qui s'y rattachent étroitement, et qui avaient été expressément réservées, n'ont, en conséquence, pas été discutées non plus, et elles sont laissées, contrairement aux promesses faites, sans avoir reçu de solution.

De ce nombre est celle, par exemple, qui concerne l'individu ayant prescrit sa peine prononcée par défaut : pourra-t-il « être réhabilité » ? On a vu[2] que, par une décision de la Commission, « la solution avait été ajournée jusqu'à la discussion du projet sur la réhabilitation » ; elle l'est donc, à cette heure, aux calendes grecques. Et de quoi se serait-il agi ? De rien moins que d'apporter, aux articles 619 et 641 du Code d'Instruction criminelle tels qu'ils sont encore appliqués[3], des modifications qui, d'ailleurs, n'auraient pu

---

[1] Proposée au Sénat par M. Bérenger le 27 décembre 1882, cette loi y a été prise en considération le 21 avril 1883. Adoptée par le Sénat le 1er avril 1884, et avec des modifications le 18 mai 1885 par la Chambre des députés, revenue au Sénat le 23 mai et modifiée encore, transmise de nouveau à la Chambre, elle a été définitivement votée le 17 juillet 1885.

[2] p. 111. — Et le Rapport, IV.

[3] L'article 619, d'après la loi du 3 juillet 1852, et ainsi conçu : « Tout condamné à une peine afflictive ou infamante, ou à une peine correctionnelle, qui a subi sa peine, ou qui a obtenu des lettres de grâce, peut être réhabilité ». Et l'art. 641, ancien texte conservé, dispose : « En aucun cas, les condamnés par défaut ou par contumace, dont la peine est prescrite, ne

être valablement formulées que dans une loi ; le sujet à traiter était, par conséquent, de première importance.

Une autre question était celle de savoir ce qu'il sera fait des bulletins n° 1, minutes des casiers judiciaires, une fois la prescription acquise, comme à la suite également d'une réhabilitation obtenue ou d'une amnistie, et quand les personnes ont dépassé quatre-vingts ans, quand elles sont mortes. Dans la pratique actuelle, — et M. Yvernès le déclarait encore dans la séance de la Commission du 30 juillet 1890, — ces bulletins n° 1, après la mort des personnes, leur arrivée à l'âge de plus de quatre-vingts ans, une amnistie ou la réhabilitation, ne sont pas détruits. Des circulaires, — nous les avons mentionnées[1], — ont ordonné que, retirés des casiers, « ils soient tous classés aux archives pour y recourir au besoin ».

L'article 2 paragraphe 2 du projet de la loi de la Commission, dispose, de son côté, que « seront retirés du casier judiciaire les bulletins n° 1 relatifs à des condamnations effacées par une amnistie, à des déclarations de faillite, de liquidation judiciaire ou de déchéance de la puissance paternelle ultérieurement rapportées ». Mais le projet ne précise pas si ces bulletins seront détruits ou conservés aux archives ; il est à prévoir qu'ils seront conservés. Rien, en outre, n'est statué, dans le projet de loi ni dans le Rapport, relativement aux bulletins n° 1 des personnes décédées ou âgées de plus de quatre-vingts ans ; et rien, non plus, en ce qui concerne les bulletins n° 1 des gens en faveur desquels il a été prononcé des réhabilitations, si ce n'est que, d'après l'article 2 paragraphe 1 du projet, et conformément d'ailleurs à la pratique actuelle, il est fait, sur les bulletins n° 1, mention « des réhabilitations », de même que « des jugements relevant de la relégation, des grâces, commutations ou réductions de peines, des décisions qui suspendent l'exécution d'une première condamnation, des arrêtés de mise en liberté conditionnelle et de révocation » ; et si ce n'est encore que, selon l'article 8, « les condamnations effacées par les réhabilitations », pas plus que celles qui le sont « par l'application de l'article 4 de la loi du 26 mars 1891 sur l'atténuation et l'aggravation des peines ou que les déchéances de la puissance paternelle, les condamnations pour délits politiques ou de presse et d'autres », ne sont inscrites au bulletin n° 3, ce qui est admettre, par contre, qu'elles le sont aux bulletins n°ˢ 1 et 2.

---

pourront être admis à se présenter pour purger le défaut ou la contumace ».

[1] P. 61 et 64.

Pour ce qui est enfin de la prescription acquise, l'article 10 du projet de loi, en ne décidant textuellement le retrait des inscriptions que du seul bulletin n° 3, les laisse, par contre aussi, subsister aux bulletins n°ˢ 1 et 2, bien que le Rapport cependant ait constaté qu'il avait été adopté en principe par la Commission que les condamnations, après un certain délai, seraient effacées « du casier judiciaire », expression qui, par sa généralité, s'applique manifestement à toutes les catégories de bulletins[1].

Est-ce qu'il ne convenait pas d'être plus logique, plus précis, au sujet de tous ces détails, qui comporteraient certainement bien une mesure générale et uniforme ? Des membres de la Commission, au cours de la séance du 27 février[2], avaient fait une proposition tendant à ce que, dans l'article 2 paragraphe 2 du projet de loi, il fût formulé, pour tous les cas qui s'y trouvent visés, non pas seulement « que les bulletins n° 1 seront retirés du casier judiciaire », mais « qu'ils seront détruits ». Il est regrettable qu'aucun compte n'ait été tenu de cette preposition, qui a été, en quelque sorte, ajournée tacitement à la date où la Commission, comme elle s'y était engagée et n'en a rien fait, discuterait la question principale, celle de la réhabilitation. La proposition alors n'aurait pas manqué d'être reprise, et sans doute avec succès cette fois. Car lorsqu'une amnistie a eu lieu, qu'une réhabilitation vient d'être obtenue, que la prescription est acquise, que des déclarations de faillite, de liquidation judiciaire et de déchéance de la puissance paternelle ont été rapportées ou que les personnes sont âgées de plus de quatre-vingts ans, que surtout elles sont mortes, les bulletins n° 1 des casiers judiciaires, classés et conservés dans les archives des greffes et du ministère de la justice « pour y recourir au besoin » à ce que disent les circulaires, outre qu'ils sont parfaitement inutiles, ne peuvent tout au plus que tenter une curiosité malsaine ou encore, par des « complaisances coupables », si ce n'est peut-être même dans un but politique, favoriser de perfides desseins, par exemple envers une famille, un nom que la haine, la vengeance, des rancunes voudront flétrir.

En Suisse, en Portugal, en Italie, on a vu[3] que les bulletins, dans les cas analogues, sont toujours détruits. Et en ce dernier pays, notamment, le règlement d'administration publique du 6 décembre 1865, qui a organisé le fonctionnement du casellario giudiciale,

---

[1] Voir p. 124 et 125. — Et le Rapport, VI.

[2] « Procès-verbal », p. 4.

[3] P. 65.

dispose que « même les familles des condamnés, si elles craignent de voir leur réputation entachée par l'existence, aux casiers, de bulletins concernant leurs parents, peuvent demander la destruction de ces bulletins en faisant connaître les décès ».

Il n'est pas impossible qu'en France, si la loi sur le casier judiciaire est votée, le règlement d'administration publique prévu par l'article 14 du projet de la Commission résolve cette question de la destruction des bulletins n° 1 devenus sans objet. Mieux eût valu, toutefois, à cet égard, un texte de loi.

Les travaux de la Commission du casier judiciaire instituée en juillet 1890 n'ont donc abouti, en somme, — les commentaires qui précèdent le prouvent surabondamment, — qu'à laisser un projet de loi incomplet et peu correct. Un projet autrement conçu[1] pouvait en être attendu ; mais il sera peut-être l'œuvre des Chambres ou encore d'une nouvelle Commission à laquelle, en même temps que la solution restée en suspens de la question de la réhabilitation, si l'on y revient, serait confiée la tâche d'organiser des « casiers civils ».

------

[1] Voir, à l'appendice, la note II.

UN PROJET

DE CASIERS CIVILS

CHAPITRE XXIII

Nécessité d'un système d'informations en matière civile. — Les personnes, dans le langage du droit. — Éléments qui constituent la situation sociale des personnes.

Depuis plus de quarante ans, les casiers judiciaires fonctionnent en France ; et, par leur moyen, malgré les abus qui ont été faits d'eux, abus qui ne sont pas sans remède, la justice pénale et répressive est utilement renseignée en ce qui concerne les prévenus et accusés. Mais il n'existe rien de semblable pour la justice civile et dans les circonstances variées de la vie sociale, où il n'y aurait certainement pas un intérêt moindre à être édifié sur la situation des parties en cause et de celles avec lesquelles on est appelé à traiter. Au sujet des déclarations de faillite, de liquidation judiciaire, de déchéance de la puissance paternelle à inscrire sur les bulletins n° 1 des casiers judiciaires, un des membres de la Commission, au cours d'une des séances, faisait observer « qu'introduire ainsi des incapacités purement civiles dans les casiers judiciaires c'était s'engager dans une mauvaise voie » ; et cependant ces incapacités, comme d'autres encore et par exemple celles qui résultent des nominations de conseils judiciaires et des interdictions, parce qu'elles sont des incapacités civiles, ne doivent pas être soustraites aux tiers intéressés à les connaître. Les mentions à en faire ne se trouvent point à leur place dans les casiers judiciaires ; mais elles seraient à lcur place, on le sait[1], dans des « casiers civils », qui sont à créer. Une lacune reste ainsi à combler dans les institutions du pays.

C'est que maintenant, avec le mouvement toujours croissant des affaires, la rapidité des communications et les déplacements continuels des individus et des familles, il est certain que les conditions d'existence sont devenues bien différentes de ce qu'elles étaient au commencement du siècle, date à laquelle remonte la législation française encore pour la majeure partie en vigueur. Les relations alors ne s'étendaient pas trop au-delà d'un cercle limité ; et comme chacun vivait presque généralement où il était né, du moins pas loin de là, les familles, les gens se connaissaient mutuellement assez pour que le législateur n'ait guère eu sans doute à se préoccuper d'un bon système d'informations à établir, au-delà tout au moins des limites de l'arrondissement. Et, au contraire, la nécessité aujourd'hui s'impose, en quelque sorte, d'un système tout autre d'informations au moyen duquel, malgré les distances et les déplacements, la situation sociale des personnes puisse être exactement connue.

Par « les personnes », dans le langage de la loi, on entend tout homme, tout individu considéré au point de vue juridique, c'est-à-dire en tant que susceptible d'avoir des droits et des devoirs, la capacité d'exercer les uns et accomplir les autres et de s'obliger envers les tiers, les facultés ou moyens de remplir les engagements contractés[2]. Les trois éléments essentiels qui constituent la situation sociale ou condition des personnes sont donc : l'état civil, qui est la possession des droits sociaux ; la capacité civile, ou aptitude à exercer ces droits et à remplir les devoirs correspondants ; le crédit, qui comprend les sûretés réelles que chacun peut offrir pour garantie de l'exécution de ses engagements.

---

[1] Voir p. 128.

[2] En outre des personnes prises, comme ici, dans le sens propre du mot, il y a ce qu'on appelle « les personnes civiles », êtres moraux et personnalités juridiques, qui sont, sous leurs diverses formes, les associations légalement reconnues. Il leur est accordé aussi des droits et des devoirs, une capacité civile, les moyens de remplir leurs engagements.

CHAPITRE XXIV.

La possession des droits sociaux et les actes de l'État civil. — Insuffisance de ces actes. — La loi du 10 juillet 1850 relative à la publicité
des contrats de mariage. — Contrats de mariage des époux dont l'un
est commerçant. — Le livret de famille. — Multiplicité des domiciles
où les actes ont été reçus, et inconvénients qui en résultent. — Un
jugement du tribunal d'Uzès. — La bigamie.

La possession des droits sociaux, ce premier élément constitutif
de la situation des personnes, s'établit légalement par les actes de
l'état civil, dont les registres, comme le prescrit l'article 43 du Code
civil, sont tenus doubles, l'un pour les archives de chaque commune et l'autre pour le dépôt au greffe du tribunal civil de l'arrondissement. C'est par ces actes que se prouve la qualité d'enfant
légitime ou naturel, de marié, de veuf, de célibataire ; par eux que
se constatent la filiation et les généalogies.

Pour les tiers, qui peuvent toujours, en vertu de l'article 45 du
Code civil, s'en faire délivrer des extraits, ils sont, dans les cas
souvent les plus importants, inutiles à consulter : ainsi l'on n'y
trouve inscrites ni les interdictions ou nominations de conseils judiciaires, ni les émancipations, pas même celles des mineurs commerçants auxquels, pour être réputés majeurs en matière de commerce, il suffit, d'après les articles 487 du Code civil et 2 du Code de
commerce, de l'autorisation des père et mère ou, à leur défaut, du
conseil de famille, ladite autorisation « enregistrée et affichée au
Tribunal du Commerce du domicile » ; les déchéances de la puissance paternelle, comme les déclarations de faillite et de liquidation
judiciaire, n'y figurent pas non plus.

En ce qui concerne les mariages, il y a bien sans doute la loi du
10 juillet 1850 « relative à la publicité des contrats de mariage »
qui, par un texte ajouté au texte ancien des articles 75 et 76 du
Code civil, charge l'officier de l'état civil procédant au mariage de :
1° « interroger les futurs époux, ainsi que les personnes qui autori-
sent le mariage si elles sont présentes, d'avoir à déclarer s'il a été
fait un contrat de mariage et, dans le cas de l'affirmative, la date de
ce contrat, ainsi que les nom et lieu de résidence du notaire qui
l'aura reçu » ; 2° « énoncer, dans l'acte de mariage, la déclaration,

faite sur cette interpellation, qu'il a été ou qu'il n'a pas été fait de contrat de mariage et, autant que possible, la date du contrat, s'il existe, ainsi que les nom et lieu de résidence du notaire qui l'aura reçu ». Mais cette double formalité accomplie est, pour les tiers, sans portée réelle, sans utilité, puisqu'il n'est pas expliqué, par l'officier de l'état civil ni dans l'acte de mariage, si le contrat stipule le régime dotal, celui de la séparation de biens ou la communauté et que le notaire n'est pas tenu, que même l'article 23 de la loi du 25 ventôse an XI « contenant organisation du notariat » lui fait défense, à moins d'une ordonnance du président du tribunal civil, de donner connaissance de ce contrat, comme en général d'aucun de ses actes, « à d'autres qu'aux personnes intéressées en nom direct, héritiers ou ayants droit ». Les tiers ne sont donc nullement renseignés.

Seuls, les contrats de mariage entre des époux dont l'un sera commerçant doivent, aux termes des articles 67 et suivants du Code de commerce et 872 du Code de procédure civile, afin de demeurer exposés pendant un an aux tableaux dans les auditoires des tribunaux et dans les Chambres des avoués et des notaires, être transmis en des extraits qui énonceront « si les époux sont mariés en communauté, s'ils sont séparés de biens ou s'ils ont contracté sous le régime dotal ». Encore a-t-il été jugé par la Cour d'appel de Paris, le 16 mars 1821 et le 10 décembre 1822, que, d'après l'article 872 du Code de procédure civile auquel renvoie l'article 67 du Code de commerce, « l'insertion de ces extraits aux tableaux des Chambres des notaires et des avoués n'est exigée qu'autant qu'il y a de ces chambres au lieu même du domicile du mari », et que, dans le cas contraire, — qui n'est pas le moins fréquent, — « la formalité cesse d'être obligatoire » ; et par la Cour de Colmar, le 10 juin 1834, que « les articles précités n'ont ordonné l'insertion dont il s'agit que dans les localités, — et elles ne sont pas très nombreuses ; — où les Chambres des notaires et des avoués ont un local exclusivement destiné à leurs réunions, local accessible au public et dans lequel il y a un tableau spécialement destiné à recevoir cette insertion ». Une décision du Garde des Sceaux, du 16 juillet 1823, enjoint, il est vrai, aux employés de l'enregistrement de tenir la main, dans ces cas, à ce que « les extraits des contrats de mariage des commerçants soient déposés aux Chambres des notaires et des avoués qui existent aux chefs-lieux des arrondissements ». Mais, outre que ce n'est là qu'un simple règlement des services, qui donc des intéressés saura le dépôt effectué et songera à aller jusque dans ces Chambres de notaires ou d'avoués, que la plupart ne connaissent sans doute pas, consulter ces extraits ? En fait, même pour ce cas, les tiers ne sont pas renseignés, pas toujours du moins, et pas suffisamment.

C'est que, du reste, en principe, les actes de l'état civil n'ont pas été établis et jusqu'à présent ne sont pas tenus en vue d'informer les tiers et dans leur intérêt, mais au profit particulier de chaque individu et de chaque famille que les actes eux-mêmes concernent respectivement, afin d'établir la situation légale de cet individu, de cette famille. Or, à cet égard même, l'institution n'est pas, non plus, toujours suffisante, malgré encore l'utile complément que lui apporte une pratique de date récente, celle du livret de famille, dont les premières applications ont commencé en Belgique.

Ce livret de famille, remis gratuitement aux époux lors de la célébration du mariage, est destiné à recevoir, par extraits, les énonciations principales des actes de l'état civil intéressant la famille ; il est représenté toutes les fois qu'il y a lieu de faire dresser un acte de naissance ou de décès. Le Garde des Sceaux, M. Dufaure, par sa circulaire du 18 novembre 1876, et M. Jules Simon, ministre de l'Intérieur, par la sienne du 18 mars 1877, ont recommandé, en France, l'emploi du livret de famille. [1] « Cette mesure, a dit M. Jules Simon, surtout si elle peut être généralisée, est appelée à rendre d'importants services. Les livrets constitueront, en quelque sorte, un troisième dépôt des actes de l'Etat civil, confié à la garde des intéressés, et seront une source de renseignements précieux pour le cas où les registres viendraient à être détruits. De plus, en se reportant au livret pour la rédaction de chaque acte nouveau intéressant la famille, on évitera les erreurs qui se glissaient fréquemment dans l'indication des prénoms ou l'orthographe des noms et prénoms ». La loi du 5 avril 1884 « Sur l'organisation municipale », par son article 36 n° 4, a déclaré obligatoires en France, pour les communes, en même temps que « les frais des registres de l'état civil », ceux « des livrets de famille » [2]. Ces livrets sont loin encore, cependant, d'être en usage dans toutes les communes.

Ils ne contiennent, après tout, et ne peuvent contenir que les énonciations mêmes des actes de l'état civil. Et les actes de l'état civil, qui ne mentionnent habituellement que les domiciles des parties et des témoins, ont été passés bien souvent, pour une même

---

[1] Voir encore une circulaire du ministère de l'Intérieur du 15 mai 1884.

[2] Frais sans importance, d'ailleurs, 10 à 12 centimes par livret, c'est-à-dire par mariage contracté.

personne, dans des domiciles différents : cette personne, en effet, a son acte de naissance dans une localité, son acte de mariage dans une autre ; c'est dans d'autres encore qu'elle a fait recevoir les actes de naissance de ses enfants, dans une autre enfin que sera dressé son acte de décès. Que de difficultés, si un jour à venir, tous les domiciles n'étant pas connus, il faut réunir ces pièces, par exemple à propos d'une succession litigieuse ou pour constater une parenté, établir une généalogie[1] ?

Par suite aussi de cette diversité des domiciles, il est arrivé même, comme dans un cas jugé par le tribunal d'Uzès le 12 septembre 1859, qu'une femme, qui avait dissimulé son état de veuvage, a pu faire inscrire un enfant au nom de son mari mort depuis six ans.

Et s'il y a en France, malgré la sévérité de la peine édictée[2], des cas de bigamie toujours trop fréquents, cette même diversité des domiciles est bien certainement une cause qui doit contribuer à les rendre possibles.

L'état civil des personnes ou possession des droits sociaux appelle donc, à bien des égards, l'attention.

---

[1] La difficulté d'établir les généalogies, dans l'état actuel des choses, a fait qu'il s'est créé, à Paris, une profession spéciale de « généalogistes », à la recherche des successions.

[2] En France, l'art. 147 du Code civil dispose que « l'on ne peut contracter un second mariage avant la dissolution du premier »; et l'art. 340 du Code pénal est ainsi conçu : « Quiconque, étant engagé dans les liens du mariage, en aura contracté un autre avant la dissolution du précédent, sera puni de la peine des travaux forcés à temps. — L'officier public, qui aura prêté son ministère à ce mariage, connaissant l'existence du précédent, sera condamné à la même peine ».

CHAPITRE XXV.

Aptitude à exercer les droits sociaux. — La capacité est la règle. —
Exceptions formulées par l'article 1124 du Code civil. — Les interdits. — Les individus pourvus de conseils judiciaires. — Nullité des
actes de ces incapables. — Un tableau qui doit être affiché dans les
études de notaires et dans les auditoires des tribunaux. — Comment
les notaires de Paris se dispensent de ce tableau. — Le tarif du 16 février 1807 ; divers arrêts. — Les tiers ne peuvent pas exciper de leur
bonne foi. — Le régime dotal ; la séparation de biens. — Publicité à
donner à la séparation de biens. — Insuffisance de cette publicité. —
Les déchéances de la puissance paternelle, en conformité de la loi du
24 juillet 1889.

Après cette possession des droits sociaux, l'aptitude à les exercer,
et à remplir les devoirs correspondants, c'est-à-dire la capacité civile, est aussi, on le sait, un élément et, au point de vue pratique,
l'élément même le plus apparent de la situation des personnes, n'ap-
pelant pas moins l'attention.

L'article 8 du Code civil avait dit que « tout français jouira de
ses droits civils », et l'art. 1123 du même Code dispose que « toute
personne peut contracter, si elle n'en a pas été déclarée incapable
par la loi [1] ». Il résulte ainsi, des termes de ces articles, que la capacité est la règle et qu'il n'y a d'incapables que ceux que désigne la
loi. L'article suivant, article 1124, déclare incapables de contracter
les mineurs [2], les femmes mariées, dans les cas déterminés par la
loi, généralement tous ceux à qui la loi prohibe certains contrats et,
en outre, pour la totalité des actes, les majeurs qui ont été interdits.

Voici, en effet, une personne devenue majeure [3] qui est « dans un

---

[1] « Toutes personnes, est-il dit aussi dans l'article 902 du même Code,
peuvent disposer et recevoir, soit par donation entre vifs, soit par testa-
ment, excepté celles que la loi en déclare incapables. »

[2] Art. 388 du Code civil : « Le mineur est l'individu de l'un et de l'autre
sexe qui n'a point encore l'âge de 21 ans accomplis ».

[3] C'est-à-dire parvenue à 21 ans accomplis, âge auquel l'article 488 du Code
civil reconnaît que « l'on est capable de tous les actes de la vie civile. » A
21 ans donc s'acquiert la majorité civile pour les deux sexes. En ce qui concerne le mariage, pour que le consentement des parents cesse d'être indispensable, sauf les actes respectueux exigés par les articles 151 et suivants,
les filles sont majeures à 21 ans, mais les fils à 25 ans seulement, d'après

état habituel d'imbécilité, de démence ou de fureur : elle doit être interdite, ordonne l'article 489 du Code civil, même lorsque cet état présente des intervalles lucides ». Elle est inapte à exercer ses droits et à remplir ses devoirs[1]. L'article 509 du Code civil déclare « l'interdit assimilé au mineur pour sa personne et pour ses biens ». Et les articles 499 et 513 de ce Code veulent que, lors même qu'il n'y a pas lieu à l'interdiction, le tribunal, « si les circonstances l'exigent », puisse décider que l'individu, le prodigue, « ne pourra désormais plaider, transiger, emprunter, recevoir un capital mobilier ni en donner décharge, aliéner ni grever ses biens d'hypothèques,

---

l'article 148 du Code civil. L'adoption, articles 343 et suivants du même Code, n'est permise qu'aux personnes de l'un et l'autre sexe âgées de plus de 50 ans ; l'adopté devra être majeur civilement, ce qui signifie qu'il aura ses 21 ans révolus. Quant à la majorité pénale, elle est fixée à 16 ans : c'est l'âge à partir duquel, l'immunité des articles 66 et suivants du Code pénal ne s'appliquant plus, toute personne est considérée comme véritablement responsable de ses actes et, en conséquence, passible des condamnations édictées par la loi, en cas d'infractions.

[1] Il y a, en outre, « l'interdiction légale », celle de l'art. 29 du Code pénal ainsi conçu : « Quiconque aura été condamné à la peine des travaux forcés à temps, ou à la réclusion, sera, de plus, pendant la durée de sa peine, en état d'interdiction légale ; il lui sera nommé un curateur, pour gérer et administrer ses biens, dans les formes prescrites pour la nomination des tuteurs aux interdits ». L'article 30 ajoute que « les biens du condamné lui seront remis après qu'il aura subi sa peine, et que le curateur lui rendra compte de son administration » ; et l'art. 31 « que, pendant la durée de la peine, il ne pourra lui être remis aucune somme, aucune provision, aucune portion de ses revenus ». Cette interdiction légale n'est pas, à proprement parler, une peine, mais l'accessoire d'une peine, accessoire nécessaire parce que évidemment un condamné, pendant qu'il subit sa peine loin de chez lui, ne peut ni veiller à ses intérêts ni à exercer aucun de ses droits. La dégradation civique, qui est au contraire une peine tantôt principale et tantôt accessoire, art. 28, 34 et 35 du Code pénal, a pour résultat aussi de constituer une interdiction, puisque l'individu qu'elle frappe reste privé de droits nombreux et divers, tels que droits civils et politiques en général, droit d'occuper des emplois publics, d'entrer dans l'armée ou dans l'enseignement, droit de servir de témoins pour les actes, droit de faire partie d'un conseil de famille et d'être tuteur, curateur, subrogé-tuteur ou conseil judiciaire, si ce n'est de ses propres enfants et sur l'avis conforme de la famille. De même les tribunaux correctionnels, en vertu des art. 9, 42 et 43 du Code pénal, peuvent prononcer une interdiction, celle, en tout ou en partie, de certains droits civiques, civils et de famille que l'art. 42 énumère. Il y avait autrefois la mort civile, abolie en 1854.

sans l'assistance d'un conseil qui lui sera nommé par le même jugement ». Ensuite l'article 502 statue que « tous actes passés par l'interdit ou sans l'assistance du conseil seront nuls de droit ». Une loi
postérieure au Code civil, celle du 30 juin 1838 « sur les aliénés »,
veut, article 39, que même « les actes faits par une personne placée
dans un établissement d'aliénés, pendant qu'elle y aura été retenue
sans que son interdiction ait été prononcée ni provoquée, puissent
être attaqués pour cause de démence ».

Sans doute ces prescriptions du Code ne sont point isolées.

La loi organique du notariat, du 25 ventôse an XI, commande,
par son article 18, que les notaires « tiennent exposés dans leurs
études un tableau sur lequel ils inscriront les noms, prénons, qualités et demeures des personnes qui, dans l'étendue du ressort où ils
peuvent exercer, sont interdites ou assistées d'un conseil judiciaire,
ainsi que la mention des jugements y relatifs ». Et, aux termes des
articles 501 du Code civil et 897 du Code de procédure civile, « tout
arrêt ou jugement portant interdiction ou nomination de conseil judiciaire sera levé, signifié à parties et inscrit, dans les dix
jours, sur les tableaux qui doivent être affichés dans la salle de l'auditoire et dans les études des notaires de l'arrondissement ». Le vœu
du législateur est ainsi que les tiers soient renseignés, afin qu'ils
évitent de conclure, avec un incapable, des actes qui seraient nuls.

Mais, en fait, ces affiches dans l'auditoire des tribunaux et dans
les études de notaires sont, comme moyens d'informations, absolu-
lument illusoires. Souvent même la loi n'est pas observée, c'est-à-
dire que les affiches ne sont point apposées ; et à Paris, notamment,
elles ne le sont habituellement point dans les études de notaires où,
en place du tableau, on voit le plus souvent un simple avis ainsi
conçu : « Le nombre des interdictions et des nominations de conseils
étant trop considérable pour être rédigé en placard, le tableau en a
été fait sur un registre, qui est à la disposition de ceux qui désirent
y prendre des renseignements ».

Ce registre existe ou n'existe pas. Dans le décret du 16 février
1807 portant « tarif des frais et dépens » en matière civile, il est dit,
en effet, article 92 paragraphe 29 et article 175 : « le jugement d'interdiction ou de nomination d'un conseil ne sera point signifié aux
notaires [1] ; l'extrait en sera remis au secrétaire de leur Chambre, qui
en donnera récépissé et qui le communiquera à ses collègues qui seront tenus d'en prendre note et de l'afficher dans leurs études ». Et
il a été jugé, tantôt par la Cour d'appel de Turin, le 14 janvier 1812,

---

[1] Il ne l'est qu'aux parties en cause, d'après l'article 501 du Code civil.

« qu'il suffit que le jugement de nomination du Conseil judiciaire soit inscrit par extrait à la Chambre des notaires de l'arrondissement et non dans chaque étude, pour remplir le vœu de l'article 501 » ; tantôt par une autre cour, celle de Toulouse, le 3 janvier 1820, « que la formalité de l'article 501 du code civil est réputée remplie par cela seul qu'un extrait du jugement a été remis, dans les dix jours, au secrétaire de la Chambre des notaires, lequel en a donné récipissé, lors même que l'inscription n'aurait pas eu lieu dans les études ».

D'ailleurs, un prodigue, par exemple, à qui il a été imposé un Conseil judiciaire, ne peut-il pas, pour traiter sans les autorisations requises, se transporter dans un autre arrondissement que celui où sont les tableaux sur lesquels figurerait son nom, dans un arrondissement par conséquent où son incapacité ne sera pas connue ? Ne peut-il pas changer, non pas seulement de demeure simplement et de résidence, mais de domicile ? Car il résulte d'un arrêt de la Cour de Cassation du 14 décembre 1840 que, vu le silence de l'article 108 du Code civil à l'égard du prodigue [1], ce prodigue pourvu d'un conseil judiciaire a son domicile à lui et reste maître d'en changer à son gré, en se conformant aux prescriptions ordinaires, qui sont celles des articles 103, 104 et 105 du Code Civil, ainsi conçus : « Le changement de domicile s'opérera par le fait d'une habitation réelle dans un autre lieu, joint à l'intention d'y fixer son principal établissement. — La preuve de l'intention résultera d'une déclaration expresse, faite tant à la municipalité du lieu que l'on quittera qu'à celle du lieu où l'on aura transféré son domicile. — A défaut de déclaration expresse, la preuve de l'intention dépendra des circonstances ». Et la même Cour de Cassation a jugé, le 29 juin 1819 et le 1er août 1860, que ce n'est pas dans tous les arrondissements où un incapable peut se transporter, habiter, avoir résidence ou domicile et contracter des obligations que les affiches seront apposées, mais, pour se conformer à la lettre des articles 501 et suivants du Code civil, dans l'arrondissement seulement de son domicile actuel.

Une autre formalité aussi résulterait du paragraphe 29 de l'article 92 du décret du 16 février 1807 portant « tarif des frais et dépens », à savoir que l'insertion du jugement par extrait soit faite dans un journal judiciaire de l'arrondissement. Mais la sanction ici fait défaut puisque l'omission qui aurait lieu de l'insertion n'engendre, aux

---

[1] Article ainsi conçu : « La femme mariée n'a point d'autre domicile que celui de son mari. Le mineur non émancipé aura son domicile chez ses père et mère ou tuteur ; le majeur interdit aura le sien chez son tuteur ».

termes d'un arrêt de la cour d'appel de Nancy du 17 février 1820, aucune nullité, « le décret de 1807 n'étant, selon cet arrêt, qu'un tarif de frais qui ne peut exiger un mode de publicité non prescrit par la loi ».

L'état d'incapacité des prodigues assujettis à l'assistance d'un conseil judiciaire et des interdits est, en conséquence, assez généralement ignoré ; on sait qu'il n'en est pas inscrit la mention sur les registres de l'état civil. Et néanmoins les tiers ne peuvent pas se prévaloir de l'erreur commune où l'on est de la situation légale de ces individus, encore bien que même les formalités prescrites, ces formalités étant dans l'intérêt des incapables, n'auraient pas été remplies. La nullité qui en résulterait est purement relative. Elle pourra être invoquée par les incapables ou en leur faveur, mais non point par les tiers : ceux-ci, quoique ayant contracté de bonne foi, ne sont point admis à exciper de cet inaccomplissement des formalités pour en conclure qu'ils avaient cru traiter avec des personnes qui n'avaient pas légalement perdu leur capacité. C'est ce qui ressort du texte des articles 1125 paragraphe 2 [1] et 1307 [2] du Code civil ; et c'est ce qui a été décidé par un arrêt de la Cour d'appel de Rennes du 16 décembre 1833, un arrêt de celle de Poitiers du 15 mai 1882 et des arrêts de la Cour de cassation du 29 juin 1819, du 27 avril 1842 et du 28 juin 1884.

« L'omission des formalités imposées par l'article 501 du Code civil ne saurait, disent ces arrêts et notamment celui de la Cour de Poitiers du 15 mai 1882, préjudicier au prodigue ou à l'interdit. En conséquence, la nullité des actes que cet interdit ou ce prodigue a passés postérieurement au jugement n'est point subordonnée à l'accomplissement de ces formalités » ; et cela, « attendu que les termes des articles 502 et suivants du Code civil sont précis et formels, qu'ils ne peuvent donner lieu à aucune équivoque, qu'ils édictent expressément que l'interdiction ou la nomination d'un conseil judiciaire produit ses effets à partir du jour du jugement et que les actes passés postérieurement sont nuls de droit ; que cette nullité n'a pas été soumise à l'accomplissement de certaines formalités, qu'elle ne pouvait même pas l'être puisque le législateur avait en vue l'intérêt du prodigue ou de l'interdit et non celui des tiers ; qu'étant in-

---

[1] Paragraphe ainsi conçu : « Les personnes capables de s'engager ne peuvent opposer l'incapacité du mineur, de l'interdit ou de la femme mariée, avec qui elles ont traité ».

[2] Article ainsi conçu : « La simple déclaration de majorité, faite par le mineur, ne fait point obstacle à la restitution ».

discutable que la nullité des actes postérieurs au jugement a été établie pour l'incapable et dans son intérêt, on ne peut lui reprocher de
n'avoir pas accompli des formalités qui doivent être remplies par
ceux qui ont provoqué la nomination du Conseil judiciaire ou l'interdiction, ni le rendre responsable d'une faute qui n'est pas la sienne ;
attendu, au surplus, que le rapprochement des articles 501 et et 502
du Code civil démontre que la loi n'a pas subordonné la nullité des
engagements à l'accomplissement des formalités de l'affiche, puisque la nullité des actes passés postérieurement a lieu à partir du
jour du jugement ».

Même pour des actes antérieurs au jugement, la nullité aussi, dans
certains cas, a été prononcée, l'art. 503 du Code civil ayant disposé
que « les actes antérieurs à l'interdiction pourront être annulés si
la cause de l'interdiction existait notoirement à l'époque où ces actes ont été faits ». C'est aux tribunaux à apprécier.

Et, à l'égard du prodigue, en combinant cet article 503 du Code
civil, qui ne vise textuellement que les interdits, et l'article 502,
il a été admis, par des arrêts de la cour d'appel de Paris du
10 mars 1854, du 29 décembre 1877, du 5 avril 1877, de la Cour
de Bordeaux du 29 décembre 1884, de la Cour de Cassation du 30
juin 1868, du 14 juillet 1875, du 15 décembre 1879, du 13 janvier
1886, des 25 et 26 juin 1888, et tout récemment par un jugement
du tribunal civil de la Seine du 2 juillet 1891 [1], que « si, en principe, la nomination du Conseil judiciaire n'a pas d'effet rétroactif
sur les actes passés antérieurement par le prodigue, il en est autrement lorsque ces mêmes actes n'ont eu pour but que de faire fraude
à la loi et d'éluder par avance les garanties que la présence du conseil judiaire était destinée à donner au prodigue contre ses propres
entraînements ».

C'est en conformité de toute cette jurisprudence qu'il a pu être jugé
par le tribunal civil de Lyon, le 13 mars 1869, « que le tiers qui a
actionné un prodigue en justice sans mettre en cause le conseil judiciaire ne peut pas prétendre n'avoir pas eu connaissance du jugement portant dation de ce conseil, alors que le dit jugement a été
régulièrement publié », et que, « par suite, il doit supporter seul
tous les frais de la portion de la Procédure faite jusqu'à l'appel en
cause ou l'intervention du Conseil judiciaire ».

Il arrive aussi qu'un tiers se sera trouvé, sans le savoir, en relation d'affaires avec un incapable quelconque qui, en se se présentant
comme maître de ses droits, lui a vendu, par exemple, un immeu-

---

[1] *Gazette des tribunaux*, numéro du 24 septembre 1891.

ble. La vente ne sera pas valable ; elle est entaché d'un vice. Après avoir touché le prix, en tout ou en partie, et l'avoir dissipé, cet incapable, ce prodigue pourra, en invoquant l'article 1307 du Code civil, demander la nullité du contrat passé sans les autorisations requises et obtenir par conséquent la restitution de l'immeuble, quand, d'autre part, le tiers sera empêché par l'article 1125, paragraphe 2, d'exciper de l'ignorance où il était de la situation légale de l'incapable.

Ce sont ainsi de graves préjudices qui peuvent résulter, pour les tiers, de l'ignorance, où ils ne se trouvent que trop souvent, de l'incapacité civile des prodigues auxquels il a été imposé un conseil judiciaire et des interdits, incapacité que l'article 1124 du Code civil a posée en principe. Et on a vu que ce même article établit également, outre l'incapacité du mineur soumis à l'autorité de ses père et mère ou de son tuteur, celle de la femme mariée. Aux termes des articles 215 et 217 du Code civil, la femme mariée, en effet, est soumise à l'autorité du mari. Mais cette autorité du mari est susceptible d'être limitée : elle l'est, soit par contrat de mariage dans le cas du régime dotal, « les immeubles constitués en dot ne pouvant alors, d'après l'article 1554 du Code civil, être ni aliénés ni hypothéqués », et dans le cas de la séparation de biens convenue entre les époux; soit postérieurement au mariage, par la séparation de biens, tantôt conséquence de la séparation de corps [1] et tantôt judiciairement prononcée lorsqu'il y a péril pour la dot de la femme [2]. Séparée de biens, « la femme conserve, en conformité de l'article 1536 du Code civil, l'entière administration de ses biens meubles et immeubles et la jouissance libre de ses revenus ». C'est, en un mot, le régime sous lequel vivent deux époux qui disposent séparément de leur avoir respectif, tout en ayant le même domicile. Les tiers auraient, en conséquence, le plus grand intérêt à ne pas ignorer cette situation.

Il est vrai, sans doute, que, d'après l'article 1445 du Code civil, « toute séparation de biens doit, avant son exécution, être rendue publique », et que, dans les articles 866, 867, 868 et 872 du Code de Procédure civile, il est dit : « Le greffier du tribunal inscrira sans délai, dans un tableau placé à cet effet dans l'auditoire, un extrait de la demande en séparation, lequel contiendra la date de la demande, les noms, prénoms, profession et demeure des époux. — Pareil extrait sera inséré dans les tableaux placés à cet effet dans

---

[1] Article 311 du Code civil, maintenu par la loi du 27 juillet 1884: « La séparation de corps emportera toujours la séparation de biens ».

[2] Code civil, art. 1443.

l'auditoire du tribunal de commerce, dans les chambres d'avoués de première instance et dans celles des notaires. — Le même extrait sera inséré, à la poursuite de la femme, dans l'un des journaux qui s'impriment dans le lieu où siège le tribunal. - - Le jugement de séparation sera lu publiquement, l'audience tenante, au tribunal de Commerce, s'il y a lieu : extrait de ce jugement, contenant la date, la désignation du tribunal où il a été rendu, les noms, prénoms, profession et demeure des époux, sera inséré dans un tableau à ce destiné et exposé pendant un an dans l'auditoire des tribunaux de première instance et de commerce du domicile du mari, même lorsqu'il ne sera pas commerçant ; et, s'il n'y a pas de tribunal de commerce, dans la principale salle de la maison commune du domicile du mari. Pareil extrait sera inséré au tableau exposé en la Chambre des avoués et en celle des notaires, s'il y en a » [1].

Mais toute cette publicité, outre qu'elle ne dépasse point les limites de l'arrondissement, ne fait pas même qu'il y ait des centres quelconques où, au moment opportun, il sera possible de se renseigner utilement. Les époux, qui sont par exemple séparés de biens, ne révèlent pas leur situation, et le public, les fournisseurs sont trompés. Il y aurait à en citer de nombreux exemples.

Un épicier avait fait à une femme, dans ces conditions, pour 600 francs de fournitures. Il assigne en paiement le mari et la femme, qui tous deux font défaut. Le tribunal, qui n'a pas été à même de savoir qu'ils sont séparés de biens, met hors de cause la femme en tant que mariée et condamne le mari comme chef d'un ménage qui lui paraît être, ainsi qu'au demandeur, dans les conditions ordinaires, à payer la somme due. Le mari seul, bien entendu, puisqu'il est seul condamné, forme opposition et il prouve au tribunal que, depuis longtemps, il est séparé de biens ; il ne saurait donc être tenu de solder les fournitures faites personnellement à sa femme. L'épicier alors veut se retourner contre celle-ci ; mais, pour ce qui la

---

[1] Pour la séparation de corps, le Code de procédure civile, article 880, statue : « Extrait du jugement qui la prononcera sera inséré aux tableaux exposés tant dans l'auditoire des tribunaux que dans les Chambres d'avoués et de notaires, ainsi qu'il est dit à l'art. 872 ». — Et pour le divorce, aux termes de la disposition par laquelle la loi du 18 avril 1886 a remplacé l'art. 250 du Code civil, il est décidé : « Extrait du jugement ou de l'arrêt qui le prononcera sera inséré aux tableaux exposés tant dans l'auditoire des tribunaux civils que dans les Chambres des avoués et des notaires ; pareil extrait, en outre, est inséré dans l'un des journaux qui se publient dans le lieu où siège le tribunal, ou, s'il n'y en a pas, dans l'un de ceux publiés dans le département ».

concerne, il y a la chose jugée [1]. Et, d'autre part, le mari, régulièrement séparé de biens, ne peut pas être condamné à payer une dette qui n'est pas la sienne.

L'épicier, qui avait cependant pour lui tous les droits, qui était un créancier de bonne foi, a perdu son procès. Il l'aurait gagné si, mieux renseigné, il avait dès l'origine poursuivi uniquement la femme, sa vraie et seule débitrice, que le tribunal, instruit de la situation, n'aurait pas mise hors de cause et qu'il eût certainement condamnée puisque, étant séparée de biens, elle avait la libre jouissance de sa fortune et se devait à ses engagements. La justice n'est-elle donc souvent qu'une pure affaire de forme ?

Il y a maintenant aussi la loi du 24 juillet 1889 « sur la protection des enfants maltraités ou moralement abandonnés », en vertu de laquelle un père, une mère, des ascendants, à l'égard de leurs enfants et descendants, sont de plein droit, pour certaines condamnations, et peuvent être déclarés, pour d'autres condamnations ou en dehors même de toutes condamnations pour ivrognerie, inconduite ou mauvais traitements, « déchus de la puissance paternelle, ensemble de tous les droits qui s'y rattachent ». Ils ne possèdent donc plus, dès lors, et ne posséderaient de nouveau qu'en étant admis plus tard à se faire réintégrer dans la puissance paternelle, selon les formes tracées, ces droits que les lois et, entre autres, les articles 371 et suivants du Code civil, accordent aux père, mère ou ascendants, à savoir, notamment : que le mineur n'ait pas d'autre domicile que le leur et ne le quitte pas sans leur permission ; que, leur fournissant des sujets graves de mécontentement, ils soient reçus à demander sa mise en correction ; que lorsqu'il a des biens

---

[1] L'autorité de la chose jugée exige quatre conditions, que l'art. 1351 du Code civil énumère ainsi : « Il faut que la chose demandée soit la même, que la demande soit fondée sur la même cause, que la demande soit entre les mêmes parties et formées par elles et contre elles en la même qualité ». Ces quatre conditions se rencontrent bien ici. La chose jugée n'a lieu sans doute, d'après le même article, « qu'à l'égard de ce qui fait l'objet du jugement » et, comme l'a établi encore un arrêt de la Cour de cassation du 8 juillet 1891, elle « s'attache seulement au dispositif d'une décision judiciaire, sans qu'il y ait à recourir à ses motifs pour faire sortir d'un dispositif clair et précis une solution qui ne s'y trouve pas comprise ». Mais la chose jugée est alors, aux termes des art. 1350 et 1352 du Code civil, « une présomption légale » qui « dispense de toute preuve celui au profit duquel elle existe », et contre laquelle, en principe, « nulle preuve n'est admise », présomption dont les conséquences aboutissent souvent de la sorte à consacrer même une iniquité.

Theureau.   11

personnels, l'administration et la jouissance, avec les charges correspondantes, leur en appartiennent jusqu'à ce qu'il arrive à l'âge de dix-huit ans accomplis ou à l'émancipation avant cet âge ; qu'il ne puisse se marier ou être émancipé qu'avec leur consentement. Ce consentement à donner au mariage, à l'émancipation, ainsi qu'à l'adoption et à la tutelle officieuse, passe, par la déchéance, « aux mêmes personnes que si le père et la mère étaient décédés, sauf le cas où il aura été décidé autrement en vertu de la loi ».Quant aux autres droits, ils sont dévolus à un tuteur nommé à l'enfant, conformément aux articles 10 et suivants de la loi.

« Tout individu déchu de la puissance paternelle, ajoute l'article 8 de cette loi du 24 juillet 1889, est incapable d'être tuteur, curateur ou membre du conseil de famille ».

Est-ce qu'il existe un moyen d'informations pour les tiers qui pourraient avoir un intérêt à connaître toutes ces incapacités civiles d'une personne? Aucun. Et la place pour les mentions à en faire on l'a dit [1], n'est pas dans les casiers judiciaires de même que ce n'est pas dans les casiers judiciaires qu'auraient dû être jamais inscrites les déclarations de faillite ou de liquidation judiciaire qui n'entraînent que des incapacités civiles.

---

[1] P. 128.

CHAPITRE XXVI.

Le crédit. — Absence d'organisation du crédit en vue de la fortune
mobilière. — Insuffisance et défectuosité de l'organisation du crédit
en vue de la fortune immobilière. — Le stellionat. — La contrainte
par corps ne lui est plus appliquée. — Il n'est qu'un délit civil, qui
n'entraîne pas l'inscription au casier judiciaire.

Ces deux premiers éléments de la situation des personnes, possession des droits sociaux et exercice de ces droits, un troisième
élément les complète. Il consiste en ce que l'individu qui jouit de
ses droits et les exerce sera à même de remplir les engagements
qu'il aura pris : c'est l'ensemble des sûretés réelles que cet individu
peut offrir aux tiers qui contracteront avec lui ; c'est, on l'a vu résumé d'un mot, le crédit.

Le crédit en vue de la fortune mobilière, par la raison que ce
genre de fortune n'existait presque pas encore [1], est à peine entre-
vu et n'est nullement organisé dans les codes français. Ces mêmes
Codes ont organisé, par les privilèges et hypothèques, le crédit en
vue de la fortune immobilière [2]. Mais le régime auquel ils s'arrêtent
en cette matière est à la fois défectueux et insuffisant. Il est défectueux : ainsi, notamment, les registres des conservateurs des hypo-

---

[1] En France, au commencement du siècle, de 1800 à 1810, la fortune ou
richesse mobilière, c'est-à-dire celle qui consiste en des titres mobiles et
transmissibles, actions, obligations, parts d'intérêt, ne dépassait pas, en tout,
300 millions de francs ; 7 ou 8 valeurs seulement étaient cotées à la Bourse.
Actuellement, à Paris, plus de 900 titres ou coupures de titres sont inscrits
au Bulletin officiel des agents de change et 200 autres titres au moins se
négocient sur le marché libre ; il faudrait y joindre beaucoup de valeurs
qui sont particulières à des Bourses des départements, bourses de Lyon, de
Marseille, de Bordeaux, de Lille. Cette fortune mobilière, que possède la
France, est évaluée, par les uns, à 60 milliards de francs, et, par d'autres, à
plus de 100 milliards : le chiffre qui paraît se rapprocher le plus de la vérité
serait celui de 80 milliards, dont 60 milliards en valeurs et titres français et
20 en valeurs et titres étrangers.

[2] La fortune immobilière de la France, d'après les évaluations généralement admises, s'élèverait actuellement, en propriétés bâties et non bâties,
à un chiffre total d'environ 120 milliards de francs.

thèques ne groupent pas les renseignements de manière à présenter dans leur ensemble les diverses propriétés d'une même personne et par conséquent tout son crédit ; ils ne font connaître le crédit de cette personne que par rapport à tel ou tel immeuble. Et le régime est insuffisant, incomplet, en ce que la publicité n'est obligatoire ni pour certaines hypothèques légales, comme celles qui existent en faveur de la femme mariée, du mineur, de l'interdit, lesquelles même non inscrites n'en produisent pas moins leur plein effet, ni pour les mutations par succession ou legs, qui restent occultes. La publicité pour les transmissions immobilières entre-vifs à titre onéreux, qu'avait pareillement omise le Code civil, ne date que de la loi du 23 mars 1855 « sur la transcription en matière hypothécaire ».

Cet élément de la situation sociale des personnes, le crédit, échappe donc souvent aussi à la connaissance des tiers, qui, par conséquent, peuvent être et fréquemment, en effet, sont victimes de leur bonne foi.

Ainsi il y a, entre autres, un genre de dol que l'imperfection du régime hypothécaire surtout rend possible : c'est le stellionat. Il consiste, selon la définition qu'en donnait l'article 2059 du Code civil, « à vendre ou hypothéquer des biens dont on sait n'être pas propriétaire, à présenter comme libres des biens hypothéqués, à déclarer des hypothèques moindres que celles dont ces biens sont chargés » et aussi, de la part des maris et tuteurs, art. 2136 du même Code, « à dissimuler des hypothèques légales qui existent par elles-mêmes sans qu'il en ait été pris inscription »[1]. La contrainte par corps en matière civile atteignait le stellionat ; on sait[2] qu'une loi du 22 juillet 1867 l'a supprimée en cette matière comme en matière de commerce et contre les étrangers, ne la maintenant, de même qu'une loi postérieure en date du 19 décembre 1871, que pour le recouvrement des amendes, restitutions, dommages-intérêts et frais de justice en matière criminelle, correctionnelle ou de police.

Le stellionat sans doute, à condition qu'il soit constaté par un jugement, outre qu'il enlève aux débiteurs le bénéfice du terme[3], reste toujours un obstacle à celui de la cession de biens, art. 905

---

[1] Il a été jugé, le 29 mai 1860, par le tribunal civil de Marseille, que l'exception de bonne foi n'est même pas admise pour les maris et tuteurs, comme elle peut l'être dans des cas prévus par l'art. 2059.

[2] Voir p. 119.

[3] Art. 1188 du Code civil, et arrêt de la Cour d'appel de Bordeaux du 13 février 1851.

du Code de procédure civile ; à l'excusabilité des faillis, art. 540 du Code de commerce ; à la réhabilitation, art. 612 du même Code de Commerce, à propos duquel le paragraphe 2 de l'art. 634 du Code d'Instruction criminelle, paragraphe conservé dans la loi du 14 août 1885, dispose que « les interdictions prononcées par l'art. 612 du Code de Commerce sont maintenues, nonobstant la réhabilitation obtenue », lequel art. 612 est conçu en ces termes : « Ne seront point admis à la réhabilitation les banque-routiers frauduleux, les personnes condamnées pour vol, escroque-rie ou abus de confiance, les stellionataires, ni les tuteurs, admi-nistrateurs ou autres comptables qui n'auront pas rendu ou soldé leurs comptes ». Le stellionat entraîne ainsi des incapacités, mais qui sont purement civiles. Et quoiqu'il soit un dol commis avec l'in-tention de nuire et qui porte préjudice à autrui, il n'est cependant, de même que d'autres faits similaires, dans le système de nos lois actuelles, qu'un délit de droit civil, non un délit qu'incrimine la loi pénale [1] ; il ne donne donc pas lieu à des poursuites criminelles ou correctionnelles et il ne saurait, en conséquence, être mentionné dans le casier judiciaire. Aucun moyen d'informations, en ce qui le concerne, n'existe pour les tiers.

---

[1] Il en était autrement d'après l'ancienne jurisprudence française, avant 1789, qui frappait le stellionat de peines sévères, l'amende, le bannissement, le fouet ; et autrement aussi dans le droit romain, où le mot de stellionat avait, d'ailleurs, une signification bien plus étendue qu'aujourd'hui, s'appli-quant à toutes les espèces de fraudes commises dans les conventions et qui ne tombaient pas en crime ou délit caractérisé par un texte de loi: n'étant pas puni par un texte précis, il l'était arbitrairement par les juges, qui condamnaient le coupable aux mines, s'il était plébéien, et à la relégation à temps, s'il était patricien, condamnation toujours infamante dans l'un comme dans l'autre cas.

CHAPITRE XXVII.

Ainsi, pour aucun des éléments qui constituent la situation sociale des personnes, il n'y a, en France, une publicité qui soit appropriée aux conditions actuelles de l'existence et du mouvement des
affaires, à l'instabilité constante des populations facilitée par le développement et le perfectionnement des moyens de transport. Ce
qui manque et dont le besoin se fait sentir, lacune dans l'ensemble
des institutions comme il a été dit[1], c'est un système organisé de
façon que, étant donné un individu, tous les renseignements le concernant aux divers points de vue civils et permettant que sa situation sociale, malgré les distances, les migrations et les déplacements,
soit véritablement et facilement connue, se trouvent réunis en un
centre commun où les tiers intéressés puissent en avoir communication.

Ce centre commun sera-t-il le domicile de la personne ? « Le domicile de tout Français, quant à l'exercice de ses droits civils, est au
lieu où il a son principal établissement », dit l'article 102 du Code
civil[2]. Et c'est ce domicile, ou même quelquefois la simple résidence, qu'il a été généralement prescrit par la loi d'indiquer dans
les actes authentiques, ceux tout d'abord de l'état civil.

L'article 34 du Code civil, en effet, veut que les actes de l'état civil mentionnent « le domicile de tous ceux qui y seront dénommés » :

---

[1] P. 148.

[2] Il y a, en outre, dans certains cas, « le domicile élu » ou « domicile d'élection », choisi en vue d'affaires spéciales ; on peut en avoir autant qu'on le
juge convenable. Le domicile de l'article 102, ou « domicile réel », est seul le
domicile général de la personne, quand même celle-ci aurait encore une résidence ailleurs.

conséquemment, il est ordonné, par l'article 57, que l'acte de naissance énoncera « le domicile des père et mère de l'enfant et ceux des témoins » ; par l'article 63, que les publications ou bans de mariage feront connaître « les domiciles des futurs époux et ceux des père et mère » ; par l'article 66, que les actes d'opposition au mariage seront signifiés « au domicile des parties »; par l'article 73, que l'acte authentique du consentement au mariage contiendra « les domiciles du futur époux et de tous ceux qui auront concouru à l'acte »; par l'article 76, que, dans l'acte de mariage, seront indiqués « le domicile des époux, celui des père et mère, celui des témoins » ; par l'article 79, que l'acte de décès désignera « le domicile de la personne décédée, les domiciles des déclarants et celui des père et mère du décédé ».

Pour le divorce, qu'une loi du 8 mai 1816 avait abrogé, la loi du 27 juillet 1884, qui l'a rétabli, ayant fait revivre les anciens articles 258, 264 et 266 du Code civil, l'époux qui obtenait gain de cause devait, aux termes de ces articles, avec l'autre partie ou elle dûment appelée, se présenter, avant l'expiration d'un délai de deux mois, sous peine de se voir déchu du bénéfice du jugement, devant l'officier de l'état civil « qui prononçait le divorce ». Mais quel officier de l'état civil ? « J'estime, a écrit à ce sujet le Garde des Sceaux, M. Martin Feuillée, dans une circulaire du 3 octobre 1884, que c'est celui du domicile du mari au moment où la décision a été rendue; car le mariage subsistant jusqu'à la prononciation du divorce, le domicile des deux époux est jusqu'à ce moment le domicile du mari ». Cette opinion est conforme à l'article 108 du Code civil par lequel il est disposé que « la femme mariée n'a point d'autre domicile que celui de son mari ».

Dans la loi du 18 avril 1886 réglant « la procédure en matière de divorce et de séparation de corps », une grave modification a été apportée, en ce sens que les époux n'ont plus à se présenter devant l'officier de l'état civil pour faire prononcer le divorce. Les articles 250, 251 et 252 du Code civil, que la loi du 27 juillet 1884 avait conservés, sont, en effet, aux termes de cette loi du 18 avril 1886, remplacés par les dispositions suivantes :

« Art. 250. Extrait du jugement ou de l'arrêt qui prononce le divorce est inséré aux tableaux exposés tant dans l'auditoire des tribunaux civils que dans les chambres des avoués et des notaires. — Pareil extrait est inséré dans l'un des journaux qui se publient dans le lieu où siège le tribunal, ou, s'il n'y en a pas, dans l'un de ceux publiés dans le département.

« Art. 251. Le dispositif du jugement ou de l'arrêt est transcrit sur les registres de l'état civil du lieu où le mariage a été célébré. — Mention est faite de ce jugement ou arrêt en marge de l'acte de mariage, conformément à l'art. 49 du Code civil. Si le mariage a été célébré à l'étranger, la transcription en est faite sur les registres de l'état civil du lieu où les époux avaient leur dernier domicile, et mention est faite en marge de l'acte de mariage s'il a été transcrit en France.

« Art. 252. La transcription est faite à la diligence de la partie qui a obtenu le divorce; à cet effet, la décision est signifiée, dans un délai de deux mois à partir du jour où elle est devenue définitive, à l'officier de l'état civil compétent, pour être transcrite sur les registres. — Cette transcription est faite, par les soins de l'officier de l'état civil, le cinquième jour de la réquisition, non compris les jours fériés, sous les peines portées à l'art. 50 du Code civil. — A défaut, par la partie qui a obtenu le divorce, de faire la signification dans le mois, l'autre partie a le droit, concurremment avec elle, de faire cette signification dans le mois suivant. — A défaut par les parties d'avoir requis la transcription dans le délai de deux mois, le divorce est considéré comme nul et non avenu. — Le jugement dûment transcrit remonte, quant à ses effets entre époux, au jour de la demande ».

Ainsi, au lieu que le juge se contente, comme sous l'ancien Code civil et sous la loi du 27 juillet 1884, « d'autoriser » le demandeur en divorce qui a obtenu gain de cause à se présenter, l'autre partie dûment appelée, devant l'officier de l'état civil « pour faire prononcer le divorce », qui seulement alors existait définitivement, c'est désormais ce juge lui-même qui prononce le divorce; et le rôle de l'officier de l'état civil se borne à opérer la transcription du jugement ou de l'arrêt en marge de l'acte de mariage. En d'autres termes, cette simple transcription du jugement ou de l'arrêt remplace la formalité de la comparution des époux devant l'officier de l'état civil, comparution qui, au dire de l'Exposé des Motifs de la loi du 18 avril 1886, avait « des inconvénients » [1].

---

[1] Le système actuel n'a-t-il pas des inconvénients aussi ? M. G. Denos, chef du bureau de l'état civil de la mairie de Chartres, dans une brochure du mois de juillet 1891 intitulée : « *La Bigamie, Etablissement du casier civil* », qu'il adresse à MM. les sénateurs et députés du département d'Eure-et-Loir, regrette, pour son compte, — et il parle en homme pratique, — que l'acte de l'état civil ne soit pas soumis à la publicité, au lieu du jugement. « Sous la législation qui avait remis en vigueur l'article 264, écrit-il, le tribunal *admettait* le divorce, mais ne le prononçait pas; il *autorisait* les époux à le faire *prononcer* par l'officier de l'état civil, à la requête de l'un d'eux, l'autre étant appelé. Le retour à cette procédure, qui exigeait en quelque sorte le concours effectif des deux époux, laisserait peu de place au malentendu, et la publi-

Mais « il est indispensable, ajoute ce même Exposé des Motifs, que les registres de l'état civil, qui constatent le mariage, constatent aussi le divorce ; les tiers n'ont aucun autre moyen de se renseigner sur la situation des parties ». Eh bien ! il faut convenir que ce moyen de se renseigner est fort insuffisant; et les insertions et publications prescrites par l'article 250 ne suffisent pas davantage.

Tous les documents ne font donc toujours connaître que les domiciles. Ainsi, dans les cas du divorce, jusqu'à ce qu'il soit devenu définitif, la femme, encore bien qu'autorisée à habiter séparément [1],

---

cation de l'acte dressé par l'officier de l'état civil, au lieu d'être susceptible d'induire en erreur, compléterait utilement la mesure, en fixant d'une manière certaine et définitive l'état des gens. Il existe une autre raison de désirer cette réforme : c'est qu'avec la procédure actuelle, le divorce involontaire est possible. En voici la preuve : très récemment, un mari, qui avait obtenu l'assistance judiciaire, à cet effet, introduit une instance en divorce contre sa femme. Celle-ci fait défaut; le jugement est rendu, puis les époux, qui ont changé de résidence, se réconcilient et reprennent la vie en commun. Mais l'avoué demandeur, qui n'a pas été avisé de cette réconciliation, n'en poursuit pas moins l'accomplissement de son mandat jusqu'à l'obtention de la transcription du jugement sur les registres de l'état civil ». Voilà des divorcés malgré eux, et sans le savoir.

M. Denos, à l'égard du « casier civil » qu'il demande, s'exprime ainsi : « Il est institué, sous la dénomination de *casier civil*, un registre, qui sera tenu en double, dans toutes les communes, et soumis aux mêmes formes et aux mêmes conditions d'ouverture, de clôture et de conservation que les registres de l'état civil. Ce registre est destiné à recevoir les énonciations essentielles de tous les actes de l'état civil postérieurs à celui de la naissance ou autres se rattachant à ceux-ci, pour tout individu né dans la commune ou dont l'acte de naissance y aurait été transcrit, son acte de décès et les actes de naissance de ses enfants compris ». On voit que ce ne serait pas là un casier, dans le sens du mot, puisqu'un casier est un ensemble de cases ou de compartiments; ce serait un registre ou des registres que compléteraient ceux de l'état civil et suppléeraient à leur insuffisance bien reconnue. Sans doute ils rendraient, pour l'homme et pour la femme, la bigamie à peu près impossible; ils faciliteraient la constatation des parentés, l'établissement des généalogies : leur utilité, sous ces divers rapports, est incontestable. Mais ils ne renseigneraient pas les tiers sur les incapacités que ceux-ci ont le plus grand intérêt à connaître, telles que les incapacités qui résultent de l'interdiction, de la nomination d'un conseil judiciaire, du régime dotal ou de la séparation de biens : et c'est là précisément à quoi surtout doivent servir des «casiers civils » à créer sur le modèle des casiers judiciaires. La brochure de M. Denos n'en est pas moins un travail précieux à consulter.

[1] Code civil, art. 259. — Loi du 18 avril 1886, art. 236 et 246.

n'a point d'autre domicile que celui de son mari ; les domiciles ne
cessent d'être les mêmes qu'après le divorce. Dans les cas de la
séparation de corps et « avant du moins, dit un arrêt de la cour de
cassation du 17 août 1883, «qu'elle n'ait été obtenue » c'est aussi le
domicile du mari qui reste le domicile conjugal, bien que la femme
ait eu, en conformité de l'article 878 du Code de procédure civile,
l'autorisation, donnée par le président du tribunal, d'avoir, pendant
l'instance, de même que pendant l'instance en divorce, une habitation distincte.

Cette séparation enfin est prononcée. Elle n'a point pour effet de
rompre complètement les liens du mariage. En conséquence, l'art. 108
du Code civil disposant en termes absolus que « la femme mariée n'a point d'autre domicile que celui de son mari », et aucun
texte contraire ne se trouvant dans la loi, le tribunal de Gien, par
un jugement du 9 août 1848, décidait « qu'il n'y a pas d'exception
à faire en faveur de la femme séparée soit de biens soit de corps, et
que, si dans ce dernier cas, il y a nécessité d'une résidence différente, le domicile légal n'en reste pas moins le domicile du mari ».

Mais, en appel, la cour d'Orléans, le 25 novembre 1848, « considérant que, par la séparation de corps, la femme a été déliée de
l'obligation à elle imposée par l'art. 214 du Code civil d'habiter
avec son mari, et qu'elle recouvre ainsi le droit de se choisir un
domicile où elle puisse transporter son établissement et le siège de
ses affaires », infirmait le jugement du tribunal de Gien et admettait
que la femme séparée de corps eût son domicile propre. Le 24 janvier 1872, la cour d'appel de Dijon, en audience solennelle, a statué
aussi dans le même sens que la cour d'Orléans. La question, toutefois, que la cour de cassation n'a pas eu encore occasion de trancher,
reste controversée entre les jurisconsultes.

Quant à la femme séparée seulement de biens, par contrat de
mariage ou judiciairement, le doute n'existe pas à son égard : elle ne
saurait toujours avoir pour domicile légal que celui de son mari,
ainsi que l'ont jugé la cour d'appel de Colmar, le 12 juillet 1806, et
celle de Bourges, le 21 juillet 1854 ; à moins que cette femme ne
fasse, avec les autorisations voulues [1], un commerce personnel,
pour lequel elle ait une résidence habituelle hors du domicile conjugal, cas auquel, selon un arrêt de la cour de cassation du 20 mai

---

[1] C'est-à-dire avec le consentement de son mari, art. 4 du Code de commerce. En cas d'impossibilité du mari de donner son consentement, des arrêts
ont jugé que la femme pouvait être autorisée par justice ; d'autres jugements
et arrêts ont décidé en sens contraire.

1806, elle sera valablement assignée devant le tribunal de cette résidence, et y sera valablement déclarée en faillite, aux termes d'un autre arrêt de la même cour du 12 juin 1883.

C'est le domicile qui règle les compétences, conformément à l'art. 59 du Code de procédure civile ainsi conçu : « En matière personnelle, le défendeur sera assigné devant le tribunal de son domicile ; et s'il n'a pas de domicile, devant le tribunal de sa résidence ; — s'il y a plusieurs défendeurs, devant le tribunal du domicile de l'un d'eux, au choix du demandeur ; — en matière réelle, devant le tribunal de la situation de l'objet litigieux ; — en matière mixte, devant le juge de la situation, ou devant le juge du domicile du défendeur ; — en matière de société, tant qu'elle existe, devant le juge du lieu où elle est établie ; — en matière de succession, 1° sur les demandes entre héritiers, jusqu'au partage inclusivement; 2° sur les demandes qui seraient intentées par des créanciers du défunt, avant le partage ; 3° sur les demandes relatives à l'exécution des dispositions à cause de mort, jusqu'au jugement définitif, devant le tribunal du lieu où la succession est ouverte [1] ; — en matière de faillite, devant le juge du domicile du failli ; — en matière de garantie, devant le juge où la demande originaire sera pendante ; — enfin, en cas d'élection de domicile pour l'exécution d'un acte, devant le tribunal du domicile élu, ou devant le tribunal du domicile réel du défendeur, conformément à l'art. 111 du Code civil [2] ». Et que contiendra l'exploit d'assignation? « Les noms, profession et domicile du demandeur », dit l'article 61 du même Code de procédure civile. Les jugements, les arrêts, ainsi que les actes des notaires, mentionnent les domiciles des parties ; à ces domiciles, pareillement, les assignations, exploits et actes de procédure, jugements, arrêts, sont signifiés aussi valablement que s'ils l'étaient à la personne elle-même.

Le domicile, dont on trouve ainsi la mention partout, a donc légalement, quant aux droits civils, une importance considérable, prédominante. Mais qui donc ne serait pas trompé par tant de domiciles ? Et le domicile, d'ailleurs, est, aujourd'hui surtout, extrêmement variable. Pour en changer, en se conformant aux art. 103 et 104 du Code civil, il suffit, en effet, comme on sait, du fait d'une habitation

---

[1] « Le lieu où la succession s'ouvrira, avait-il été statué en l'art. 110 du Code civil, sera déterminé par le domicile. »

[2] La détermination du domicile avait encore bien plus d'importance autrefois, sous l'ancien régime, lorsque, beaucoup de coutumes différentes se partageant la France, la législation se diversifiait pour chaque individu selon qu'il était domicilié dans le ressort de telle ou telle coutume.

réelle dans un autre lieu, joint à l'intention d'y fixer son principal établissement. Et la preuve de cette intention résultera d'une déclaration expresse faite tant à la municipalité du lieu que l'on quittera qu'à celle du lieu où l'on va s'établir. Même « à défaut de déclaration expresse », — et, en fait, le plus souvent il n'y a pas de déclaration, — l'art. 105 accorde que « la preuve de l'intention dépendra des circonstances ». On change donc de domicile aisément ; on en change selon ses convenances ou son intérêt, quelquefois même peut-être par caprice.

N'ayant ainsi aucune fixité, le domicile, évidemment, si prépondérante que soit la place qui lui a toujours été attribuée par les textes de loi, ne saurait être choisi pour devenir le centre où l'on prétendrait faire converger les renseignements destinés à établir, à la connaissance des tiers, la situation sociale des personnes ; car un centre de renseignements, si l'on veut qu'il soit utile, ne doit avoir rien d'incertain. Mais, cette fixité nécessaire et cette unité, le lieu de la naissance les présente, au contraire, de la manière la plus absolue, la plus immuable ; il n'est ni vague, ni mobile, ni multiple, et nul ne peut changer le sien pas plus que celui des autres. C'est donc ce lieu de la naissance qu'il conviendra de préférer. Ne l'a-t-on pas fait, avec grand avantage, pour les casiers judiciaires ? L'exemple est concluant. Et les « casiers civils », établis de même, seraient les centres d'informations que chacun, y ayant intérêt, consulterait comme le juge, en matière pénale, pour connaître les antécédents d'un inculpé dont il a le degré de moralité à apprécier, consulte les casiers judiciaires.

Ces casiers judiciaires, depuis qu'ils fonctionnent, centralisent donc leurs renseignements dans les lieux de naissance des individus auxquels ces renseignements s'appliquent. Ils reposent, en effet, en même temps que sur le système des bulletins, sur le système aussi de la localisation de ces bulletins « aux lieux de naissance », c'est-à-dire dans les greffes des arrondissements des lieux de naissance des individus. C'est sur les deux mêmes bases que peuvent facilement et utilement être établis les casiers civils, chacun de ces casiers consistant en un ensemble de cases où compartiments destinés à recevoir et à conserver des bulletins qui constateraient, à l'égard des personnes, les changements apportés par suite de mariage sous tel ou tel régime, jugement de séparation de corps ou de biens, divorce, déchéance de la puissance paternelle, émancipation, tutelle, adoption, interdiction ou nomination de conseil judiciaire, faillite, liquidation judiciaire et autres circonstances quelconques de nature à modifier la situation individuelle dans l'un de ses trois éléments essentiels, possession des droits sociaux, capacité de les exercer, crédit.

Ces bulletins, classés dans les compartiments des casiers selon l'ordre alphabétique des noms de famille des personnes qu'ils concernent, — procédé le plus propre à faciliter les recherches, — seraient, pour les casiers civils comme ils sont pour les casiers judiciaires, les bulletins n° 1 formant les casiers mêmes et ne devant pas être produits au dehors ; on donnerait aux extraits qui pourraient en être délivrés, comme on donne à ceux qui sont délivrés des casiers judiciaires, la dénomination de bulletins n° 2.

C'est ainsi dans les greffes des tribunaux d'arrondissement de la France et de l'Algérie qu'il conviendrait d'organiser les casiers civils, là, par conséquent où déjà se trouvent les casiers judiciaires, qui sont établis en vue de la garantie du corps social, et les dépôts des actes de l'état civil, qui servent surtout l'intérêt de l'individu ; les casiers civils fonctionneraient pour l'utilité des tiers.

A l'égard des personnes d'origine étrangère et des colonies autres que l'Algérie ou d'origine restée inconnue, les lieux de naissance ne pouvant pas être choisis, c'est au ministère de la Justice que les casiers civils auraient leur place, attenante à celle du casier judiciaire central.

Des textes de loi ont fondé l'institution des actes de l'état civil, et une loi est préparée au sujet des casiers judiciaires, dont le service jusqu'à présent n'a été réglé que dans des circulaires. Pour les casiers civils aussi il faudrait une loi, étudiée par une Commission, discutée et votée par les Chambres, et qui modifierait sans doute quelques articles de nos codes [1]. En des matières pareilles, où de graves intérêts sont engagés, il convient que le législateur intervienne.

---

[1] Voir, à l'appendice, la note i.

CHAPITRE XXVIII.

A la mention du domicile, dans les actes, serait jointe celle du lieu de
la naissance. — Articles de loi qui, en conséquence, devraient être
modifiés. — Envois des bulletins aux casiers civils et demandes
d'extraits de ces bulletins. — Avantages à attendre de l'Institution, en
ce qui concerne : 1° les actes de l'état civil établissant la possession
des droits sociaux ; 2° la capacité d'exercer ces mêmes droits ; 3° le
crédit.

Mais comment se fera, dans ces casiers civils installés aux greffes
d'arrondissement des lieux de naissance, la concentration des renseignements, les textes actuels de loi n'imposant, comme on sait,
par exemple pour les actes de l'état civil, que la mention du domicile et non pas toujours celle des lieux de naissance ? Il ne saurait
venir à la pensée que cette mention du domicile soit effacée des
textes pour y être remplacée par celle des lieux de naissance,
puisque le domicile est le lieu où tout Français a « l'exercice de ses
droits civils », siège juridique pour la personne en même temps que
siège du principal établissement. Mais à cette mention du domicile,
qui suffisait peut-être à une époque où le domicile variait moins,
tandis qu'elle ne suffit plus maintenant, il ne faudrait simplement
qu'ajouter celle du lieu de naissance. C'est là une modification qui,
sans rien bouleverser, sans toucher à aucun principe, serait à apporter, d'après la loi à faire sur les casiers civils, à quelques textes
existants [1] : elle serait une modification à apporter notamment

---

[1] En Suisse, le canton de Genève, qui avait conservé comme base de sa
législation tous les Codes français, les a successivement modifiés plus ou
moins. Une loi du 24 décembre 1874, exécutoire à partir du 1er janvier 1876,
entr'autres, y a établi, art. 1 à 13, que tout officier de l'état civil qui a reçu
un acte concernant un individu non domicilié dans sa circonscription, acte
de mariage, de décès ou acte de naissance de ses enfants, doit, dans le délai
de huitaine, le communiquer d'office à ses collègues du domicile et aussi
« du lieu d'origine de cet individu », lesquels, à leur tour, sont tenus d'inscrire l'acte sur leurs registres. L'utilité de cette loi est aujourd'hui ample-
ment démontrée par l'expérience, tandis qu'en France on sait toutes les difficultés pratiques qu'il y a souvent à se procurer les actes les plus indispensables concernant les familles qui, pour des raisons quelconques, n'ont pas
toujours gardé leur même domicile.

au texte de l'article 57 du Code civil, de manière que l'acte de naissance, qui n'énonce maintenant que le domicile des père et mère, énoncerait en plus leur lieu de naissance, facilitant ainsi la constatation des généalogies ; au texte de l'article 63, pour signaler, dans les publications ou bans de mariage, outre les domiciles des époux et ceux des père et mère, les lieux de naissance des uns et des autres; à celui de l'art. 73 concernant l'acte authentique du consentement au mariage qui, avec les domiciles, mentionnerait les lieux de naissance ; à celui de l'art. 76 numéro 3, de façon que, dans l'acte de mariage, où l'indication est faite du domicile des père et mère, il fût inséré l'indication aussi des lieux de leur naissance ; à celui de l'art. 79 relatif à l'acte de décès, pour faire connaître non seulement, comme aujourd'hui, le domicile du décédé, mais de plus son lieu de naissance, que l'on peut avoir, d'un jour à l'autre, un intérêt majeur à ne pas ignorer. Dans les actes judiciaires, jugements des tribunaux et arrêts des cours, et dans les actes authentiques, ceux des notaires et des officiers publics en général, la mention du lieu de naissance des personnes devrait pareillement venir toujours à la suite de celle du domicile.

De cette sorte, de même que le domicile des personnes n'est presque jamais inconnu, de même les lieux de naissance ne le seraient, non plus, que dans des cas extrêmement rares ; et la ressource, d'ailleurs, se présenterait alors des casiers civils du ministère de la Justice. Il y aurait donc toute facilité donnée de savoir quels sont les centres où, d'une part, il serait envoyé des bulletins à l'occasion des changements survenus dans les situations sociales et où, d'autre part, les intéressés adresseraient leurs demandes de renseignements à obtenir.

Et d'abord l'obligation de l'envoi de ces bulletins relatifs aux changements de situation, à classer dans les casiers civils, à qui incomberait-elle ? Elle incomberait, pour ce qui peut concerner les actes de l'état civil, aux officiers de l'état civil et, pour les contrats de mariage, aux notaires les ayant reçus, qui spécifieraient le régime des époux ; pour les émancipations de mineurs, aux greffiers des justices de paix, les art. 477 et 478 du Code civil ayant décidé que c'est devant les justices de paix que toutes les émancipations s'opèrent ; de même, pour la tutelle officieuse, qui est un contrat attribué aux justices de paix par les art. 361 et suivants du Code civil ; pour les interdictions, les nominations de conseils judiciaires, les divorces, séparations de corps, séparations de biens, adoptions, déchéances de la puissance paternelle, aux greffiers des tribunaux ou des cours qui auraient prononcé en dernier ressort ; pour les faillites et liquidations judiciaires, aux greffiers des tribunaux de commerce ; pour le stellionat, au greffier du tribunal d'où émanerait la condamnation [1]. Dans les cas aussi où une hypothèque légale résulte, par exemple, de l'établissement d'une tutelle, l'inscription n'en étant pas une condition de validité, ou si encore un homme est appelé à des fonctions entraînant une hypothèque sur ses biens, des bulletins également le constateraient.

Et ensuite, quant aux demandes de renseignements, outre qu'il aurait été établi le meilleur moyen d'y satisfaire, il serait laissé encore la plus grande latitude de les produire : c'est pour les casiers civils qu'une large publicité devrait être « la règle », à la différence de ce qui convient au bon fonctionnement des casiers judiciaires, dont le but ne doit être que d'éclairer la justice, tandis que les casiers civils auraient pour objet surtout de fournir des informations aux particuliers.

Les avantages à attendre de l'institution nouvelle, dans ces conditions, ne sont pas douteux.

Pour commencer, voici les actes de l'état civil. Leur insuffisance, en bien des cas, est surabondamment constatée [2], insuffisance aux regards non seulement des tiers mais des parties elles-mêmes, dont l'intérêt cependant est visé spécialement dans ces actes. C'est par le moyen des casiers civils qu'il y serait suppléé. Et les questions, entr'autres, de successions, de parenté, de généalogies, qui sont fréquemment rendues embarrassantes à présent par la multiplicité des domiciles successifs où les actes ont été reçus, ces domiciles pouvant même demeurer inconnus, n'offriraient plus de difficultés avec le lieu de naissance pour centre des renseignements nécessaires réunis dans les casiers civils.

Il ne se glisserait pas, non plus, dans les actes, des fraudes comme celle de la femme veuve qui, à Uzès, faisait inscrire un enfant au nom de son mari mort depuis six ans. Et on ne verrait point des pa-

---

[1] Le stellionat, étant un genre de fraude, aurait pu, à la rigueur, bien plus légitimement que la faillite, avoir sa place dans les casiers judiciaires. Il l'aura dans les casiers civils, de même que la faillite, la liquidation judiciaire, les déchéances de la puissance paternelle.

[2] Et il faut dire aussi que la tenue des registres de l'état civil, dans les communes, est remise très souvent, par le hasard des élections, en des mains ignorantes, indifférentes ou incapables. Le travail en tous cas, est si mal fait, même dans les grandes villes, même à Paris, que les tribunaux, chaque année, sont saisis d'un nombre presque incroyable de demandes en rectification d'actes de l'état civil pour des erreurs les plus grossières qui se puissent imaginer.

rents, faute d'avoir pu se renseigner, donner leur fille en mariage à un prodigue ou autre incapable dont ils n'apprendraient, à leur grand désespoir, que bien après coup l'état d'incapacité.

Il est un crime même, à la fois destructif de l'ordre social et de l'harmonie des familles, profondément antipathique à nos mœurs occidentales, le crime de bigamie [1], qui pourrait presque être effacé de la loi française, tant d'obstacles s'opposeraient à ce qu'il fût commis du moment que, malgré la diversité des domiciles, les renseignements concernant la situation sociale se grouperaient en un centre unique, le lieu de naissance de la personne, dans les casiers civils. Que cette personne, en effet, femme ou homme, veuille se marier devant n'importe quelle municipalité de France ; les casiers civils existants, il lui serait demandé de produire un extrait du sien, où se trouverait, s'il y a eu un mariage antérieur, la mention du fait, et elle aurait alors à fournir la preuve authentique du décès du conjoint. L'officier de l'état civil ne pourrait pas être trompé, tandis qu'aujourd'hui il peut l'être constamment. Il est, en effet, « complètement désarmé en présence des tentatives de bigamie », comme le fait très bien remarquer M. Denos [2], qui poursuit ainsi :

« Quant aux pièces dont la production est imposée à ceux qui veulent contracter mariage, aucune ne comporte en soi la preuve du célibat ; la copie de l'acte de naissance, qui est toujours exigible, ne renferme elle-même jamais aucune mention relative à cet état, pas plus qu'à celui de divorce ou de veuvage. Or, l'officier de l'état civil ne doit exiger que les justifications prescrites ; s'il n'a eu l'occasion de l'apprendre autrement, il lui est donc impossible de connaître l'existence d'un mariage antérieur, lorsque l'intéressé est muet à cet égard. — La preuve du célibat n'est pas exigée ; mais le fût-elle qu'il serait aussi rarement possible aux futurs de se la procurer aujourd'hui qu'à l'officier de l'état civil d'opposer celle d'un état contraire. Il serait aussi difficile aux futurs de rencontrer une autorité qui pût valablement attester le célibat qu'à l'officier de l'état civil, appelé à célébrer une union, de confondre les futurs qui lui cacheraient l'existence d'un mariage dont il ignorerait le lieu de célébration. — Reste la publicité des projets de mariages, qui a pour but de provoquer les oppositions. Mais, là encore, la loi est en défaut, car il est absolument indéniable que les publications ne sont, d'une manière générale ou plus exactement toujours, qu'une vaine et stérile formalité propre tout au plus à satisfaire la curiosité de quelques oisifs ou indiscrets, et dont l'effet est encore amoindri par

---

[1] Voir p. 152.

[2] « La bigamie, établissement du casier civil » : Chartres, imprimerie Durand, 1891.

Theureau.   12

la manière dont elle se pratique et par la diversité des interpréta-
tions des articles du Code civil qui s'y rapportent. — Il n'existe
donc, à proprement parler, dans l'état actuel de notre législation,
aucun moyen de prévenir la bigamie ».

Un moyen sûr de la prévenir, les casiers civils le fourniraient.

Dans des cas aussi, toujours possibles, toujours à prévoir, de la
destruction des actes de l'état civil d'une ville, d'un pays, la
reconstitution en serait facilitée par les casiers civils autant que par
les livrets de famille.

C'est, en ce qui concerne l'exercice même des droits sociaux, non
moins qu'en ce qui concerne leur possession, que l'utilité de ces
casiers civils est pareillement à envisager.

Il y a des incapables à qui cet exercice des droits sociaux a été
retiré ou chez qui il est limité ; il y a des commerçants déclarés en
faillite ou en liquidation judiciaire, des gens frappés de dégradation
civique, privés de certains droits civiques, civils ou de famille ; il y
a des père, mère et ascendants déchus de la puissance paternelle et
qui ne peuvent être ni tuteurs, curateurs ou subrogés-tuteurs, ni
membres d'un conseil de famille ; il y a des interdits et des prodigues pourvus de conseils judiciaires ; il y a des époux qui sont
séparés de corps, qui sont séparés de biens, de sorte que le mari
n'a pas l'administration des biens de la femme. On sait aussi que,
sous le régime dotal, aux termes de l'article 1554 du Code civil,
« les immeubles constitués en dot ne peuvent être aliénés ou hypothéqués, pendant le mariage, ni par le mari, ni par la femme, ni par
les deux conjointement », sauf dans des circonstances exception-
nelles spécifiées aux articles qui suivent.

De ces situations, parce qu'elles sont fréquemment ignorées, il
résulte pour les tiers de très graves et très nombreux mécomptes,
dont il a pu être signalé bien des exemples. Les tiers échapperaient,
au contraire, à ces mécomptes lorsqu'ils auraient, avec les casiers
civils, en s'en faisant des extraits ou bulletins n° 2, toute possibilité
et toute facilité de se renseigner avant de stipuler des engagements,
d'ouvrir des crédits ou de livrer des marchandises à terme, avant,
en un mot, de consentir des conventions quelconques. Car ce qu'il
faut, pour les tiers, c'est qu'ils soient mis à même d'éviter de contracter de bonne foi et par ignorance avec des incapables sans que
ceux-ci apportent les autorisations nécessaires, c'est que ces incapables soient connus comme tels.

Les fournisseurs ordinaires peut-être ne songeraient pas à prendre
tout d'abord cette précaution de se renseigner à l'égard du client
qui ne devient que petit à petit et à la longue leur débiteur pour des
sommes quelquefois assez fortes ; soit. Mais du moins, si ces four-

nisseurs ont ensuite à poursuivre devant un tribunal le paiement de ce qui leur est dû, la procédure ne manquera pas d'être régulière, des extraits des casiers civils des personnes en cause étant joints, quand ce serait nécessaire, aux dossiers des affaires civiles et commerciales, ainsi que sont joints des extraits des casiers judiciaires aux dossiers criminels et correctionnels. Et on ne verrait plus se produire le scandale de décisions rendues qui ressemblent absolument à des dénis de justice, qui consacrent même de véritables iniquités : comme lorsqu'un tribunal condamne aux frais un plaideur de bonne foi qui n'avait aucunement pu savoir que son adversaire était interdit, pourvu d'un conseil judiciaire, incapable à un titre quelconque ; comme aussi lorsque le fournisseur d'une femme, qu'il voyait bien être mariée et menant même en toute apparence la vie commune avec le mari, le domicile légal de l'un étant celui de l'autre, perd un procès parce que, tout mode d'informations faisant défaut, il a ignoré que cette femme fût séparée de biens ; comme enfin lorsque beaucoup d'autres cas encore se présentent.

Cette production des bulletins n° 2 des casiers civils joints aux dossiers des procédures faciliterait, d'ailleurs, singulièrement l'œuvre de la justice ; elle aurait, notamment, l'avantage de permettre aux juges de se conformer plus strictement à l'art. 38 du décret du 6 juillet 1810 « sur l'organisation des cours et tribunaux » en ne donnant aux parties, dans les qualités et le prononcé du jugement, comme le veut cet article, que « les noms et prénoms exprimés dans les actes de naissance ». Il ne se produirait plus de faux états civils, plus de suppositions de noms.

Enfin, en matière de crédit, c'est le stellionat, ce sont le dol et les fraudes sous des formes très diverses qui, rendus possibles aujourd'hui par les imperfections de la publicité légale, cesseraient de l'être avec le complément d'une publicité plus effective qu'apporterait la pratique des casiers civils. Dans ces casiers civils seraient insérées les condamnations pour stellionat ; la mention des faillites et liquidations judiciaires révélerait les hypothèques de l'art. 490 du Code de commerce ; par celle des mariages et des tutelles on connaîtrait les hypothèques même non inscrites frappant les biens des maris et des tuteurs ; on ne connaîtrait pas moins les hypothèques qui, en conformité des art. 2098 et 2121 du Code civil et d'une loi du 5 septembre 1807, pour la garantie de l'État, des communes et des établissements publics, portent sur les biens des receveurs et administrateurs comptables. Il ne se trouverait plus alors, pour ainsi dire, de situations absolument impénétrables.

CHAPITRE XXIX

Le côté financier de la question. — Ce que coûterait l'organisation des
casiers civils. — Rémunérations diverses accordées à des officiers
publics. — Les bénéfices de l'État par les droits de timbre et d'enregistrement. — Évaluation probable de ces bénéfices annuels. — C'est
par les casiers civils que peuvent être utilement complétés les actes
de l'état civil et les casiers judiciaires.

Il est un autre côté encore que présente la question des casiers
civils, son côté financier. C'est l'État qui commencerait par faire
tous les frais d'établissement de l'institution nouvelle. Pour organiser les casiers judiciaires de la France et de l'Algérie, on a vu [1] qu'il
a fallu 200.000 francs environ ; une dépense de 200.000 francs suffi-
rait aussi à organiser les casiers civils, dépense qui, d'ailleurs,
deviendrait productive comme il est arrivé en ce qui concerne les
casiers judiciaires.

D'une part, voici des officiers publics qui reçoivent une rémunération à l'occasion des bulletins de ces casiers judiciaires ; ils la
toucheraient calculée aux mêmes chiffres pour les bulletins des
casiers civils : ainsi les greffiers chargés de la tenue des casiers
judiciaires en droit jusqu'ici, sur les bulletins n° 2 demandés par
des particuliers et en vue d'un intérêt privé, à 25 centimes de
rédaction, 50 centimes de recherches et 25 centimes de répertoire,
total 1 franc ; tels seraient leurs émoluments au sujet des bulletins
n° 2 ou extraits des casiers civils.

D'autre part, l'État bénéficie de l'enregistrement et du timbre.

Pour ce qui est de l'enregistrement, les bulletins n° 2 des casiers
judiciaires sont soumis à un droit comme étant des actes extrajudi-
ciaires émanés d'officiers publics et ministériels et auxquels, en tant
qu'actes non dénommés, s'applique le n° 51 du § 1er de l'art. 68 de
la loi du 22 frimaire an VII. Ce droit d'enregistrement, par suite
de lois subséquentes, est élevé actuellement à 1 fr. 90, décimes
compris. C'est ce droit que supporteraient pareillement, en conformité des mêmes lois, les bulletins n° 2 des casiers civils, qui
seraient identiques, en effet, aux extraits ou bulletins n° 2 des
casiers judiciaires.

[1] P. 30.

Quant à la formalité du timbre, formalité qui consiste dans l'emploi d'un papier marqué d'une empreinte particulière au nom de l'État et payé à un prix déterminé, ce qui est un impôt, les lois l'exigent pour beaucoup d'actes et écrits : elles l'exigent pour les actes, entr'autres, des greffiers, qui sont des officiers publics et ministériels, et conséquemment pour les extraits ou bulletins n° 2 des casiers judiciaires que ces greffiers délivrent à des particuliers ; elles l'exigeraient pareillement pour ceux qu'ils leur délivreraient des casiers civils une fois établis. Le papier timbré prescrit afin que les extraits des casiers judiciaires y soient rédigés est la demi-feuille, actuellement du prix de 60 centimes ; c'est de même sur cette demi-feuille de 60 centimes de timbre que seraient transcrits les extraits ou bulletins n° 2 des casiers civils.

Il a bien, en outre, été ordonné, par la circulaire de la Chancellerie du 8 janvier 1890, que toute demande à l'effet d'obtenir, dans un intérêt privé, les bulletins n° 2 des casiers judiciaires soit adressée, non plus comme auparavant au greffier, mais au procureur de la République, chef du Parquet, et, en conséquence, rédigée sur timbre aussi à 60 centimes. Mais le but visé par cette circulaire a été, en faisant appel à la surveillance directe et à la responsabilité du Parquet, de prévenir, autant que possible, des abus, en rendant moins facile au public l'accès des casiers judiciaires, qui ont pour objet véritable de renseigner la justice répressive. Et, au contraire, les casiers civils, dont les membres du Parquet n'auraient que la vérification, comme l'art. 53 du Code civil et l'ordonnance du 26 novembre 1823 leur confient celle des actes de l'état civil [1], seraient destinés spécialement à renseigner le public ; ce public devrait donc en avoir, comme on l'a dit [2], l'accès rendu le plus facile possible, le moins astreint à des formalités. Et, à cette fin, c'est au greffier directement que la demande des extraits ou bulletins n° 2 serait envoyée, demande qui n'aurait pas alors à être formulée sur

---

[1] Article 53 du Code civil : « Le procureur de la République au tribunal de première instance sera tenu de vérifier l'état des registres lors du dépôt qui en sera fait au greffe ; il dressera un procès-verbal sommaire de la vérification, dénoncera les contraventions ou délits commis par les officiers de l'état civil et requerra contre eux la condamnation aux amendes ».

Ordonnance du 26 novembre 1823 « portant règlement pour la vérification des registres de l'état civil », art. 1er : « La vérification prescrite par l'article 53 du Code civil sera faite par les procureurs au tribunal de première instance dans les quatre premiers mois de chaque année ».

[2] P. 176.

papier timbré, comme il faut, d'après la loi du 13 brumaire an VII art. 2, et une circulaire du 20 avril 1886, qu'elle le soit étant adres-sée au procureur de la République.

L'État, qui perçoit ainsi deux fois 60 centimes de timbre et 1 fr. 90 d'enregistrement, ensemble 3 fr. 10 [1] pour tout bulletin n° 2 des casiers judiciaires délivrés à des particuliers, ne percevrait donc, par bulletin n° 2 des casiers civils, qu'une fois 60 centimes de timbre et 1 fr. 90 d'enregistrement, en tout 2 fr. 50 [2].

Cette institution des casiers civils ne serait cependant pas sans donner des recettes à l'État. Quel chiffre ces recettes atteindraient-elles ? Un chiffre certainement assez important. Il est constaté, pour les casiers judiciaires, que 170.000 demandes de bulletins n° 2 sont formées annuellement dans un but privé. Or les casiers civils serviraient des intérêts incomparablement plus multipliés. Chaque année, le nombre des procès nouveaux introduits est, en moyenne, de 148.000 devant les tribunaux civils et de 212.000 devant les juridictions commerciales [3], ensemble 360.000 affaires dans lesquelles, sans compter les 315.000 causes moindres du ressort des justices de paix, il y aurait utilité majeure à joindre des extraits ou bulletins n° 2 des casiers civils aux dossiers de la pro-cédure ; ce sont 360.000 au moins de ces bulletins que les greffiers auraient à délivrer annuellement de ce chef. Pour les mariages, en outre, dont la totalité est par année, en France, d'environ 227.000 [4], étant admis qu'un cinquième, soit plus de 45.000, se célèbrent dans des communes qui ne sont pas les lieux de naissance des futurs ou qui, si elles le sont de l'un d'eux, ne le sont pas de l'autre [5], 45.000 bulletins n° 2 encore des casiers civils ne manqueraient pas

---

[1] Avec la rémunération du greffier, 1 franc, et deux fois 15 centimes pour l'envoi de la demande et la réception de la réponse par la poste, c'est 4 fr. 40 de dépense.

[2] Ajoutant à cette somme 1 franc pour la rémunération du greffier et deux fois 15 centimes pour les frais de poste, on a un chiffre de dépense de 3 fr. 80.

[3] « Comptes généraux de l'administration de la justice civile et commer-ciale ».

[4] « Annuaire de l'Économie politique et de la statistique ».

[5] Aucune statistique, aucune démographie ne donne la proportion des mariages dont les conjoints sont nés hors de la commune où ils se marient. On sait seulement par les derniers recensements effectués en France, ceux de 1886 et de 1891, que 60 0/0 des individus recensés l'ont été dans la com-mune où ils étaient nés. Donc 40 0/0 ont quitté leur commune natale. Et il est vraisemblable d'admettre que, de ces 40 0/0, la moitié au moins, soit 20 0/0, l'ont quittée avant de se marier et plusieurs même pour se marier. Ces 20 0/0 présenteraient bien le cinquième de la totalité des mariages.

d'être exigés par les officiers de l'état civil en fonctions. Et les fournisseurs de tout genre, avant d'ouvrir des crédits, les contractants à un titre quelconque, avant de conclure des engagements et en accepter d'autrui, combien de bulletins n° 2 des casiers civils prendraient-ils la précaution d'obtenir? En évaluer le nombre à 600.000 par an, c'est rester au-dessous de la vérité, toutes proportions gardées, quand on voit qu'il est fait annuellement par les particuliers 170.000 demandes de bulletins n° 2 des casiers judiciaires. Au lieu de ces 170.000 demandes de bulletins n° 2 pour les casiers judiciaires, en voilà donc, pour les casiers civils, 600.000, d'une part, et, d'autre part. 360.000 et 45.000, soit plus d'un million en totalité. Et comme, à propos de chacune de ces demandes de bulletins n° 2 des casiers civils, 2 fr. 50 seraient versés pour le timbre et l'enregistrement, c'est à 2,500.000 francs que pourraient s'élever, au profit du Trésor, les recettes d'une année pour une institution qui n'aurait coûté que la dépense d'établissement une fois faite de 200.000 francs.

Le gouvernement et les hommes de finance sont sans cesse à la recherche de nouveaux impôts. En voilà un que tout le monde, pour sûr, accueillerait avec faveur, parce qu'il serait l'équivalent de services rendus. Mais une recette de 2 millions 1/2, qu'est-ce que cela dans un budget de 3.200 millions de dépenses ordinaires [1] ?

Aussi bien c'est comme mesure surtout d'un autre ordre que les casiers civils fonctionneraient et qu'ils se recommandent. Leur raison d'être, en effet, est que le public puisse trouver en ces casiers des centres assurés d'informations, qui font défaut aujourd'hui, et des garanties au point de vue des affaires et des intérêts de toutes sortes. L'institution se placerait utilement aux côtés de celle des casiers judiciaires, modifiée comme elle va l'être, on l'espère, par une loi, et aux côtés de celle des actes de l'état civil, qui recevra bien aussi les développements et les améliorations qu'elle comporte, Ces trois institutions, actes de l'état civil, casiers judiciaires, casiers civils, se compléteraient mutuellement.

---

[1] Le projet du budget ordinaire pour 1892 évalue les recettes à 3.288 millions de francs et les dépenses à 3.207 millions, recettes et dépenses extraordinaires, annexes, spéciales et autres, non comprises.

APPENDICE [1].

Note A *(renvoi de la page 3)* : **La relégation et la transportation.**

C'est un règlement d'administration publique, en date du 26 novembre 1885, qui a mis en application la loi du 27 mai de la même année sur la relégation.

La Chambre des députés, dans sa séance du 28 novembre 1890, discutait le budget des colonies pour l'exercice 1891. A propos de la transportation et de la relégation, un orateur, M. Couturier, s'est exprimé ainsi :

« Le rapporteur, M. Le Myre de Villers, réunissant toutes les dépenses relatives aux transportés et relégués, les a totalisées à la somme de 1.031 fr. par tête pour la première catégorie et de 1.030 fr. pour la seconde ; il a, en outre, eu le soin de constater que les dépenses occasionnées par les condamnés qui subissent leur peine en France n'était que de 90 centimes par jour, soit 328 fr. par an, frais de transfèrement compris.

« Mais je ne m'abuse pas jusqu'à croire, cependant, que ces 1.030 fr. sont consacrés tout entiers au bien-être des condamnés ; je sais que, semblables à la majorité patronale qui garde à son profit tout le bénéfice de la production, nos administrations, que l'Europe, je crois, ne nous envie plus, en absorbent la plus grande partie.

« Il ressort également du rapport que si la loi de 1885 était exécutée, l'effectif des relégués s'éleverait à 10.000, donnant lieu à une dépense de 11.300.000 fr. qui, ajoutée à celle de la transportation, soit 10.309.000 fr., nécessiterait un crédit de 21.609.000 fr. La dépense, au contraire, ne serait que de 6.560.000 fr. s'ils subissaient leur peine dans les maisons centrales, soit une différence de 15.049.000 fr.

« Avec les effectifs actuels de 10.000 transportés et de 3.000 relégués, la dépense serait de 4.264.000 fr. au lieu de 13.101.000 fr. ; ce serait donc une économie de près de 9 millions de francs. Je demande pourquoi

---

[1] Dans la première partie de cet ouvrage, de la page 1 à la page 80, se trouve conservé le texte des articles qui ont paru dans le *Journal des Économistes* de novembre et de décembre 1890. Des additions et compléments à ce texte étaient nécessaires : c'est ce qui a donné lieu aux présentes notes de A à G.

on négligerait de la faire dans la mesure du possible, puisque la loi ne reçoit son application que dans la proportion des trois dixièmes : pourquoi ne pas réduire cette proportion, en attendant la suppression complète de cette application si onéreuse pour le budget ?

« On va m'objecter qu'il existe un nombreux personnel qui a des droits acquis, des droits respectables. Mais je répondrai que les contribuables, les petits surtout, ont aussi des intérêts respectables. Et de ce qu'on se trouve en présence d'un personnel qui date de quatre ans, il n'est pas dit qu'il soit impossible de le remercier, en l'indemnisant quelque peu, je le comprends ».

M. Jules Delafosse prenait ensuite la parole :

« J'ignore, a-t-il dit, si l'on a bien fait de supprimer les bagnes ; mais j'affirme que l'on a eu tort de les remplacer par une villégiature ».

M. le comte de Kergariou : « Et la preuve, c'est que tous les condamnés demandent à être transportés ».

M. Jules Delafosse : « Oui, Messieurs, il nous vient du régime de la Nouvelle-Calédonie des récits qui font véritablement rêver. Il y a là un ramassis de malfaiteurs. Ils ne travaillent pas, ils dorment, ils rêvent, ils se promènent, ils vivent sous un climat merveilleux, à ne rien faire. Le régime des condamnés à la Nouvelle-Calédonie est tellement envié qu'on a dû prendre des précautions contre les désirs homicides qu'il provoque. Cela est nettement constaté dans le rapport de M. Le Myre de Villers, dont je reproduis le texte :

« Notre régime pénitentiaire est caractérisé par ce fait qu'il a fallu « rendre une loi aux termes de laquelle les condamnations prononcées « contre les réclusionnaires doivent être subies dans la maison centrale « où le nouveau crime a été commis ».

« Voici, en effet, ce qui se passait il y a quelques années :

« Un détenu d'une maison centrale, ennuyé de la vie cependant très douce qu'il menait, voulait se faire expédier à la Nouvelle-Calédonie. Le délit qu'il avait commis ne lui donnait aucun droit à cette jouissance ; alors il cherchait le moyen de se le procurer, et ce moyen était sous sa main. Il assassinait un gardien. Le jury le condamnait à mort. Généralement aussi M. Grévy, alors président de la République, le graciait, et quelques semaines après un navire de l'État le conduisait à la résidence qu'il avait choisie.

« Ne protestez pas, Messieurs. L'attrait de la Nouvelle-Calédonie pour les condamnés est si bien établi que M. Le Myre de Villers nous a dit, dans son rapport, que c'est le « paradis terrestre des repris de justice ».

« Il y a deux catégories de condamnés : les transportés qui sont les condamnés aux travaux forcés à temps ou à perpétuité ; puis les relégués, qui sont les récidivistes ayant acquitté leur dette corporelle, c'est-à-dire ayant fait leur temps de prison, mais qui, jugés incorrigibles par les tribunaux, ont été bannis du sol national.

En ce qui concerne la première catégorie, celle des transportés, il me paraît logique, conforme à la justice, puisqu'ils ont été condamnés au travail forcé, qu'on les contraigne à travailler. Et je ne connais pas de travail qui leur pût mieux convenir que d'approprier nos colonies inexploitées et de préparer les voies à la colonisation future.Nous avons aujourd'hui un domaine colonial qui est l'un des plus vastes du monde, qui pourrait devenir le plus riche si nous savions ou si nous voulions en tirer parti. Il y a, par exemple, à la Guyane, une terre d'une merveilleuse fertilité qui est inculte, presque inexploitée, parce que l'insalubrité du climat arrête les colons. Mais, ce qu'on ne saurait assez dire, c'est que cette insalubrité tient à des causes dont il est possible d'avoir raison. Qu'on ouvre des routes, qu'on défriche les forêts, qu'on rase les massifs malsains, qu'on assèche les terres, et vous aurez fait en quelques années, de ce sol empoisonné, la colonie la plus saine et la plus fertile qu'il y ait au monde. Eh bien! c'est là le travail que je voudrais voir imposer aux transportés.

« Quant aux relégués, comme ils sont moins coupables, il serait injuste et par conséquent impossible de leur appliquer le même traitement ; mais ce qui est possible, c'est de tirer un meilleur parti de la relégation.

« Ah! cette loi sur la récidive, nous l'avons votée d'enthousiasme. Je parle de la majorité. Nous avions fondé sur elle les plus grandes espérances. Il nous semblait,nous l'espérions du moins,qu'elle allait promptement purger la société de toute cette écume qui la salit et la trouble. Cinq années se sont écoulées, et la loi sur la récidive n'est plus qu'une déception ».

A son tour, M. Bovier-Lapierre n'a pas craint d'affirmer à la Chambre que « les résultats nouveaux de la loi de la relégation sur la criminalité générale ont été mauvais, absolument détestables : le total des délits spécialement visés par la loi de 1885 sur la relégation, au lieu d'avoir diminué, a augmenté, notamment les délits de vol ».

Selon lui, « il faut entrer résolument dans l'étude et dans l'application d'un régime pénal préventif de la récidive ; il faut que le gouvernement fasse une application plus large de la loi sur la libération conditionnelle ; il faut surtout voter d'urgence cette loi de pardon de la première faute qui vient du Sénat, cette loi qui permettra au juge de faire crédit à une première faute. Car la deuxième faute est bien souvent la conséquence du séjour dans l'atmosphère viciée de nos prisons, elle a trop souvent pour cause la désespérance des condamnés ».

Cette loi de pardon, que réclamait M. Bovier-Lapierre, discutée en

1890 par le Sénat sous le nom de « projet de loi relatif à l'aggravation des peines en cas de récidive et à leur atténuation en cas d'un premier délit », a été définitivement votée par les deux Chambres et promulguée [1], sous l'intitulé plus simple de « Loi sur l'atténuation et l'aggravation des peines » : c'est la loi du 26 mars 1891. Il en est parlé plus loin, note G.

*
* *

Au point de vue de la jurisprudence, la loi du 27 mai 1885 « sur la récidive et la relégation » devient aussi une source de nombreuses difficultés. Cette loi, presque aussitôt après que le règlement d'administration publique du 26 novembre 1885, publié dans le *Journal officiel* du 27, l'eût rendue exécutoire, a été pour la première fois appliquée, le 2 décembre de cette année 1885 [2], par la cour de Bordeaux, chambre des appels correctionnels, à un vagabond endurci coupable en outre d'outrages à la cour. Et, depuis lors, beaucoup de jugements et arrêts, souvent en sens contraire, ont été rendus, des arrêts de la cour de cassation, notamment [3], dont la jurisprudence ne serait même pas définitivement fixée. Aussi cette cour suprême, encore en 1889, par un arrêt du 6 février, toutes chambres réunies, « revenait sur ses décisions antérieures touchant une des conditions nécessaires pour que la peine de la relégation pût être régulièrement prononcée » [4].

Les jurisconsultes qui ont commenté cette loi sur la relégation l'apprécient, du reste, très sévèrement, parce que, selon eux, elle trouble profondément la hiérarchie des peines, car elle supprime leur gradation établie par le Code pénal. « Un récidiviste, font-ils observer, coupable de vagabondage ou de quelques vols, est soumis à une peine analogue à celle qui frappe les criminels les plus redoutables, sa situation est même, à quelques points de vue, inférieure à celle des transportés : la durée de la peine de ces derniers est souvent limitée ; elle est toujours illimitée pour les relégués, » M. R. Garraud conclut [5] : « Je ne connais pas de loi plus mal faite que la loi sur les récidivistes ; je n'en connais pas qui tienne aussi peu de compte des principes généraux qui prési-

---

[1] *Journal officiel* du 27 mars 1891.

[2] *Gazette des tribunaux*, numéro du 5 décembre 1885.

[3] Voir p. 21 et 22.

[4] « Rapport sur l'application de la loi de la relégation », dans le *Journal officiel* du 1er septembre 1891. — Voir aussi la « circulaire du garde des sceaux » du 8 janvier 1890.

[5] « Traité théorique et pratique du droit pénal français », t. 2, n° 183.

dent, dans tous les pays civilisés, à l'exercice de la juridiction pénale ».

C'est une loi qui, établissant une peine nouvelle, a été pourtant rendue dans une excellente intention, celle de frapper, dans les récidivistes, les malfaiteurs incorrigibles qui se font du crime une profession : en les éliminant de la France continentale, on la débarrasserait d'un fléau ; et, d'autre part, ces individus pourraient être utilisés au plus grand profit de son expansion coloniale. « La loi du 27 mai 1885 a fait entrer pour la première fois dans le droit positif français la distinction fondamentale, mise en lumière par la science moderne, entre les « malfaiteurs d'occasion », les condamnés primaires et les « malfaiteurs d'habitude », les condamnés secondaires. C'est sous la pression de l'opinion publique qu'elle a été votée [1] ».

* *
*

Du moins cette loi, à laquelle le blâme arrive ainsi de tous les côtés, donne-t-elle des résultats ? C'est, paraît-il, ce qu'on ne saurait dire encore. Dans son plus récent rapport [2] au ministre de l'intérieur, M. Jacquin, président de la commission de classement [3], prétend que « l'effet produit, tant au point de vue préventif qu'au point de vue répressif, par la loi sur les récidivistes, ne se jugera bien que quand nous posséderons des renseignements complets sur la criminalité en France pendant les années qui vont suivre ». Et par conséquent, selon lui, « il convient d'attendre les documents de la chancellerie sur les années 1889 et 1890 et sur la période quinquennale ultérieure ».

Mais on a ces documents pour 1888. Et ils constatent, au contraire, une augmentation de la récidive [4]. « Pour 1888, la statistique criminelle accuse 6.700 récidivistes de plus que pour 1884 » : tel est l'aveu formel de la commission de classement, et assurément il ne concorde guère avec les prévisions qu'elle émet.

A la fin de son rapport, M. Jacquin résume ainsi la situation :

« Du 27 novembre 1885 au 31 décembre 1890, les diverses juridictions répressives de France, d'Algérie et de Tunisie ont prononcé 7,467 fois la relégation [5].

---

[1] R. Garraud, « Traité théorique et pratique du droit pénal français, t. 2, n° 195.

[2] « Rapport sur l'application de la loi de la relégation », dans le *Journal officiel* du 1er septembre 1891.

[3] Cette commission, composée de 7 membres, a été constituée par un decret du 6 mars 1886.

[4] Voir p. 71.

[5] On a vu, page 3, que la totalité des condamnations à la relégation était,

3. 997 condamnés ont été dirigés sur les lieux de relégation

343 condamnés sont en expectative de départ ;

870 condamnés à la relégation à la suite d'une peine de travaux forcés ont été transférés sur les colonies pénitentiaires de la transportation ;

1. 526 condamnés sont en cours de peine ; il ne pourra être statué à leur égard, et ils ne pourront être transférés, aux termes de la loi, que quand ils auront purgé la condamnation prononcée contre eux en même temps que la relégation ;

344 condamnés ont été l'objet de mesures gracieuses ou sont proposés pour la grâce ;

37 condamnés ont bénéficié, avec la libération conditionnelle, d'un sursis à la relégation ;

60 condamnés, vu leur état de santé, ont obtenu une dispense provisoire de départ ou sont proposés pour la dispense définitive ;

Soit 7.177 condamnés à la relégation.

« La différence entre ce chiffre et le nombre de condamnations prononcées, soit 398, représente les récidivistes décédés et ceux qui ont été l'objet de plusieurs condamnations à la relégation.

« Ces chiffres sont loin de répondre aux prévisions qui avaient été indiquées lors de la discussion de la loi, ni même à celles que nous avions cru pouvoir émettre précédemment, en nous basant sur les résultats de la première année. »

Note B (renvoi de la page 30) : Actes à rédiger à l'aide des casiers judiciaires et droits alloués aux greffiers.

On lit dans la circulaire du Garde des Sceaux du 8 janvier 1890 :

Les actes à rédiger par les greffiers, à l'aide des casiers judiciaires, sont assez nombreux pour qu'il soit nécessaire d'en donner ici la nomenclature, avec indication des droits alloués à ces officiers ministériels et des circulaires qui les fixent :

---

au 1er janvier 1890, de 6.532. Il a donc été prononcé 1.085 de ces condamnation pendant l'année 1890. Ce nombre des condamnations annuelles avait été de 1.231 en 1889, de 1.628 en 1888, de 1.934 en 1887, de 1.610 en 1886 et de 129 en décembre 1885. Depuis l'année 1887, la diminution par conséquent a été constante. Cependant la récidive augmente.

Bulletins nᵒ 1

Destinés à être classés aux casiers judiciaires (circulaire du 6 novembre 1850).. 0 25

Dressés en duplicata (circulaire du 6 décembre 1876, § 19)... 0 15

Bulletins nᵒ 2

Délivrés au ministère public (circulaire du 6 novembre 1850, § 5) 0 25

Délivrés aux tribunaux de commerce (circulaire du 2 décembre 1882).. 0 25

Délivrés aux Administrations publiques,	GUERRE	Élèves des écoles préparatoires (circulaire du 6 décembre 1876, § 28)......	0 25
		Gendarmerie : candidats (circulaire du 15 novembre 1850, § 20)............	0 25
		Société de protection des engagés volontaires dans les maisons d'éducation correctionnelle (circulaire du 25 février 1884).....................	0 25
		Jeunes soldats des classes (états nominatifs par bulletin)........ ,........	0 15
		Pour le mot « néant » (circulaire du 17 avril 1885)........................	0 05
		Personnel civil employé dans les établissements militaires (circulaire du 1er août 1887, § 2)...................	0 25
	MARINE	Employés des établissements maritimes (circulaire du 28 avril 1875, § 2).....	0 25
		Elèves des écoles préparatoires (circulaire du 6 décembre 1876, § 28)......	0 25
		Marins inscrits et levés pour le service de l'Etat (circulaire du 14 octobre 1885)...................................	0 15
	LYCÉES	Gens de service (circulaire du 20 février 1878).................................	0 25
	ADMINISTRATIONS PUBLIQUES DIVERSES.	A titre de renseignements administratifs (circulaire du 4 juin 1851)	0 25
		Sociétés de secours mutuels (circulaire du 6 décembre 1876, § 27)..........	0 25
		Manufactures de l'Etat (présente circulaire, § 2)......................	0 25
		Révision des listes électorales (présente circulaire, § 3) : Par bulletin affirmatif............	0 25
		Par bulletin négatif...............	0 15
Délivrés aux particuliers		Dans un intérêt privé (circulaires du 30 décembre 1873, § 16, et du 1er août 1887, § 1).....................	3 50
		Pour service militaire (circulaire du 30 novembre 1878, § 10)..,.............	1 00

Note C (*renvoi du chapitre XI, page 47 et page 50*) : **1° Incapacité d'être juré ; 2° Incapacité des faillis.**

1° Pour la page 47 : Incapacité d'être juré.

L'article 381 du Code d'instruction criminelle et la loi du 4 juin 1853 « sur le jury » avaient disposé : « Nul ne peut remplir les fonctions de juré, s'il n'a trente ans accomplis et s'il ne jouit de ses droits politiques et civils, à peine de nullité ».

Il est dit dans le même sens par l'article premier de la loi spéciale « sur le jury » du 21 novembre 1872 : « Nul ne peut remplir les fonctions de juré, à peine de nullité des déclarations de culpabilité auxquelles il aurait concouru, s'il n'est âgé de trente ans accomplis, s'il ne jouit de ses droits politiques, civils et de famille ou s'il est dans un des cas d'incapacité ou d'incompatibilité établis par les articles suivants ».

L'article 2 énumère très longuement les nombreux cas d'incapacité qui résultent de condamnations ou de poursuites judiciaires.

Il ressort de ces textes qu'un individu qui est sous le coup de l'une des peines qui y sont énumérées, et qui, par conséqnent, a son casier judiciaire, s'il prend part à un verdict de Cour d'assises, est cause que ce verdict est nul et qu'après la cassation inévitable de l'arrêt tout sera à recommencer devant une autre Cour d'assises.

Pour qu'il en soit ainsi, les termes de la loi sont précis, il faut que le juré ait pris part au verdict. Si ce juré incapable avait simplement siégé pendant les débats et que, remplacé assez à temps par un des jurés supplémentaires que, pour se conformer à l'article 394 du Code d'instruction criminelle, il est d'usage d'adjoindre dans les affaires qui doivent occuper plusieurs séances, il n'eût point pris part au verdict, ce verdict serait valable. Ainsi dans l'affaire de l'huissier Gouffé, en 1890, l'un des douze membres titulaires du jury chargé de juger Michel Eyraud et Gabrielle Bompard, après quatre longues audiences, au moment où l'instruction orale venait d'être terminée et où le procureur général allait prononcer son réquisitoire, s'est retiré ; on a dit que c'était un ancien failli non réhabilité et n'ayant pas non plus bénéficié des dispositions de la loi du 4 mars 1889 [1]. Il n'a point pris part au verdict, ayant été remplacé assez tôt par un des deux jurés supplémentaires. L'arrêt par conséquent, est demeuré parfaitement valable, il n'a pas été cassé.

---

[1] On verra, aux deux pages suivantes, que, d'après cette loi du 4 mars 1889, article 21, le commerçant déclaré en état de liquidation judiciaire peut valablement être juré, de même qu'il reste électeur, et que l'ancien failli peut également, en se conformant à l'art. 25, bénéficier de cette disposition de l'art. 21

Mais les recueils d'arrêts font connaître d'autres cas où les choses ne se sont point passées de la sorte et où des jurés incapables ont siégé jusqu'à la fin et participé au verdict. Ainsi, sans remonter à des dates bien anciennes, on peut citer une décision de la Chambre criminelle de la Cour de cassation du 13 septembre 1877 qui, dans une affaire Dupont, a cassé un arrêt de la cour d'assises de la Seine du 27 août précédent, pour le double motif qu'un des douze jurés titulaires avait été déclaré en faillite et de plus condamné à trois mois de prison pour escroquerie. Une autre décision semblable a été prise quelques jours après, le 20 septembre. Par une troisième décision analogue, la même Chambre criminelle de la dite Cour de cassation, le 11 octobre 1877, cassait, pour le même motif aussi de la faillite d'un juré, un arrêt de la Cour d'assises de la Seine du 17 août, dans une affaire Lavergne et Touvenot. Ces affaires furent renvoyées devant la Cour d'assises de Seine-et-Oise. Et encore, le 9 juillet 1885, la Chambre criminelle de la Cour de cassation cassait un arrêt de la Cour d'assises de la Seine, en date du 14 juin 1885, dans l'affaire de l'empoisonneur Pel, parce que l'un des jurés avait siégé et concouru au verdict alors qu'il était en état de faillite. C'est devant la Cour d'assises de Seine-et-Marne que cette affaire a été portée de nouveau.

*
* *

2° Pour la page 50 : incapacité des faillis.

Un décret du 18 avril 1848 avait disposé que « les faillis déclarés excusables aux termes des articles 538 et 539 du Code de commerce sont admis à exercer les droits électoraux ». Ce décret a été abrogé par un décret rendu à une date néfaste de notre histoire, le 3 juillet 1852 ; et les anciennes prescriptions légales se sont donc trouvées rétablies dans toute leur rigueur. Mais il a été permis de voir un retour, timide encore peut-être, au décret du 18 avril 1848 et une imitation, si l'on veut, de la loi fédérale suisse du 28 mars 1877 [1] dans la loi récente du 4 mars 1889 « portant modification à la législation des faillites », loi qui a institué en France la « liquidation judiciaire ». Si, en effet, cette loi entend, par son article 21, « qu'à partir du jugement d'ouverture de la liquidation judiciaire le débiteur ne puisse être nommé à une fonction élective et que, s'il exerce une fonction de cette nature, il soit réputé démissionnaire », c'est là tout : le débiteur reste électeur et il pourra être juré, siéger comme tel par conséquent et concourir valablement à un verdict de Cour d'assises. Ce n'est, toutefois, comme pour le failli d'après le Code de commerce et la loi du 28 mai 1838 « sur les faillites et banque-

---

[1] Voir page 34 et page 49.

routes », que la réhabilitation qui restitue au débiteur, sous la loi du 4 mars 1889, la plénitude de ses droits en le rendant éligible [1].

Dans cette même loi du 4 mars 1889, en outre, il a été inséré, comme dispositions transitoires, un article 25 où il est dit : « Le commerçant en état de cessation de paiements, dont la faillite n'aura pas été déclarée ou dont le jugement déclaratif de faillite ne sera pas devenu définitif à la date de la promulgation de la présente loi, pourra obtenir le bénéfice de la liquidation judiciaire. Les faillites déclarées antérieurement à cette promulgation continueront à être régies par les dispositions du Code de commerce. — Mais le jugement qui homologuera le concordat obtenu par le débiteur dont la faillite aura été déclarée antérieurement à la promulgation de la présente loi ou qui déclarera celui-ci excusable pourra décider que le failli ne sera soumis qu'aux incapacités édictées par l'article 21, comme les débiteurs admis à la liquidation judiciaire. — Cette disposition sera applicable à tout ancien failli qui aura obtenu son concordat ou qui aura été déclaré excusable. Il devra saisir, par requête, le tribunal de commerce qui a déclaré la faillite et produire son casier judiciaire [2]. Cette requête sera affichée pendant quinze jours dans l'auditoire. Le tribunal statuera en la Chambre du Conseil. Sa décision n'est susceptible d'aucun appel. — L'inscription sur les listes électorales pourra être faite, à la suite de ces formalités, jusqu'au 31 mars, date de la clôture des listes ».

Cette loi du 4 mars 1889, comme il a été expliqué au cours de la discussion de la Chambre des députés, non seulement a ainsi « un effet rétroactif » à l'égard des faillites antérieures à sa promulgation, mais de plus « constitue une véritable réforme en ce sens qu'elle établit une démarcation juste et nécessaire entre le débiteur malheureux et le débiteur malhonnête ». Désormais, en effet, avec la possibilité d'obtenir la liquidation judiciaire, il ne sera sans doute guère prononcé de faillite, que dans les cas où le commerçant en état de cessation de paiements aura commis des fautes.

Dans son projet de loi, art. 8, la Commission du casier judiciaire propose que les déclarations de faillite et de liquidation judiciaire ne figurent point sur les bulletins délivrés à la demande des particuliers. Elles ne devraient même figurer sur aucun des bulletins du casier judi-

---

[1] La réhabilitation par la prescription, dont il a été parlé ci-dessus p. 138 et 139, aurait aussi ce résultat de rendre la plénitude des droits dans tous les cas.

[2] Voir p. 18 les autres lois où le casier judiciaire s'est trouvé déjà mentionné incidemment.

ciaire : leur véritable place, comme il a été précédemment expliqué, serait dans les casiers civils qui sont à créer.

Mais il se présente, dans les affaires de faillites, de bien étranges anomalies parfois. Un exemple, entre'autres, est à citer à propos de M. Mary-Raynaud, qui fut élu député de Saint-Flour le 31 août 1890 et qui a été invalidé, très justement sans doute, par un vote unanime de la Chambre le 1er décembre de la même année. Le rapport sur son élection, rapport publié dans le *Journal officiel* du 11 novembre 1890, n'en est pas moins curieux et particulièrement édifiant dans un des détails qu'il contient. Voici comment il s'exprime :

« Un jugement du tribunal de commerce de la Seine, du 14 novembre 1878, déclarant M. Mary-Raynaud en faillite, fut rendu à la requête de M. L..., dont la créance avait été antérieurement reconnue par deux jugements du même tribunal des 18 décembre 1877 et 24 avril 1878. M. Mary-Raynaud fit appel de ces deux jugements ; mais comme, émanant de la juridiction commerciale, ils étaient exécutoires par provision, M. L... obtint le jugement déclaratif de faillite et la confirmation par les juges du degré supérieur, nonobstant l'appel des deux jugements qui avaient constaté l'existence de la créance et avant que cet appel ne fût vidé. Il ne le fut que par arrêt de la Cour de Paris du 12 août 1879, qui refuse à M. L... la qualité de créancier de M. Mary-Raynaud ; de telle sorte que, postérieurement à la déclaration de faillite, l'inexistence de la créance en vertu de laquelle cette déclaration a été obtenue a été proclamée par la juridiction même qui avait prononcé la faillite ».

Et le rapport ajoute qu' « en présence d'une situation juridique aussi étrange et de cet entre croisement de décisions judiciaires se contrariant entr'elles, le bureau fût sans doute demeuré perplexe s'il n'eût eu d'autres éléments de décision ». Et, en effet, M. Mary-Raynaud n'était pas débiteur ; il a été injustement déclaré en faillite. Néanmoins la faillite, alors même qu'elle est enfin reconnue sans cause, produit toujours ses conséquences et entraîne les mêmes incapacités que si elle était fondée. M. L..., au contraire, qui est, dans l'affaire, l'homme de mauvaise foi, ne se trouve atteint par aucun jugement. On avouera que la justice française est parfois une bien singulière justice. Heureux celui qui n'a jamais besoin de recourir à elle !

Note D *(renvoi de la page* 68) : **Les livrets d'ouvriers.**

C'est à l'ancien régime que remontait l'institution des livrets. En 1749, le 2 janvier, un « arrêt du Conseil et lettres patentes portant règlement pour les compagnons et ouvriers qui travaillent dans les fabriques et manufactures du royaume » avaient imposé « aux garçons et compagnons » l'obligation de prendre de leur maître « un congé par écrit », défense étant faite à tout chef d'établissement de recevoir et occuper quiconque d'entre eux n'en serait pas pourvu. Et comme de simples feuilles volantes étaient trop sujettes à être égarées, de nouvelles lettres patentes du 12 septembre 1781, réglées en parlement le 8 janvier 1782, donnèrent à cette obligation une forme pratique dans les termes que voici : «Voulons que les dits ouvriers aient un livret ou cahier sur lequel seront portés successivement les différents certificats qui leur seront délivrés par les maîtres chez lesquels ils auront travaillé ou par le juge de police ».

Lorsque l'Assemblée constituante, par un décret du 2 mars 1791, eut aboli les corporations, maîtrises et jurandes[1], tous les règlements que comportait cette organisation disparurent et, avec eux, l'usage des livrets.

Mais, avec Bonaparte, le Consulat et l'Empire, on revenait au passé. Une loi « relative aux manufactures, fabriques et ateliers », du 22 germinal an XI, art. 12, disposa : « Nul ne pourra recevoir un ouvrier s'il n'est porteur d'un livret portant le certificat d'acquit de ses engagements délivré par celui de chez qui il sort ». Dans un arrêté consulaire du 9 frimaire an XII, art. 1, 2 et 3, il fut ajouté : « Tout ouvrier travaillant en qualité de compagnon ou garçon devra se pourvoir d'un livret. — Ce livret sera sur papier libre et paraphé sans frais. — Indépendamment de l'exécution de la loi sur les passeports, l'ouvrier sera tenu de faire viser son dernier congé par le maire ou son adjoint et de faire indiquer le lieu où il se propose de se rendre. Tout ouvrier qui voyagerait sans être muni d'un livret ainsi visé sera réputé vagabond et pourra être arrêté et puni comme tel ».

Cet arrêté de l'an XII est rappelé, avec quelques modifications, dans une loi du 14 mai 1851. Et l'art. 12 du décret du 13 février 1852, — décret rendu à une date qui en fait assez soupçonner l'esprit, — a été ainsi conçu : « Tout individu travaillant pour autrui, soit à la tâche, soit à la journée, soit en vertu d'un engagement de moins d'une année, tout individu attaché à la domesticité, doit être muni d'un livret ». Par une loi du 22 juin 1854, art. 1 et 2, il fut ordonné : « Les ouvriers de l'un et de l'autre sexe attachés aux manufactures, fabriques, mines, minières, carrières, chantiers et autres ateliers industriels ou travaillant chez eux pour un ou plusieurs patrons seront tenus de se munir d'un livret. — Les livrets seront délivrés par les maires. Il n'est perçu que le prix de

---

[1] Abolition confirmée par la Constitution du 3 septembre 1791, préambule, et par celle du 5 fructidor an III, art. 355.

confection, 25 centimes ». Enfin le décret du 30 avril 1855 « portant règlement sur les livrets ». contient un art. 6, aux termes duquel « l'ouvrier est tenu de représenter son livret à toute réquisition de l'autorité ». Et à Paris, en outre, une ordonnance de police obligeait même aussi tout patron qui recevait un ouvrier à faire viser par le commissaire de police, dans les vingt-quatre heures, la mention de l'entrée inscrite sur le livret.

Comme on le voit, le gouvernement impérial, aux deux époques où il s'est imposé à la France, avait fait du livret des ouvriers et domestiques un véritable instrument de servitude. Les mécontentements qui en résultaient finirent bien par amener une enquête en 1869, mais elle ne devait pas aboutir.

Il appartenait à la République de briser enfin la chaîne. Une loi du 2 juillet 1890, en effet, est venue décider, art. 1er, que « sont abrogés la loi du 22 juin 1854, le décret du 30 avril 1855, la loi du 14 mai 1851, l'art. 12 du décret du 13 février 1852 sur les obligations des travailleurs aux colonies et toutes les autres dispositions des lois et décrets relatifs aux livrets d'ouvriers ». L'art. 2 ajoute : « Le contrat de louage d'ouvrage entre les chefs ou directeurs des établissements industriels et leurs ouvriers est soumis aux règles de droit commun et peut être constaté dans les formes qu'il convient aux parties contractantes d'adopter. — Cette nature de contrat est exempte de timbre et d'enregistrement ». Et voici comment est conçu l'art. 3 : « Toute personne qui engage ses services peut, à l'expiration du contrat, exiger de celui à qui elle les a loués, sous peine de dommages-intérêts, un certificat contenant exclusivement la date de son entrée, celle de sa sortie, l'espèce de travail auquel elle est employée. — Ce certificat est exempt de timbre et d'enregistrement ».

Ainsi l'ouvrier conserve la faculté, précieuse pour lui, de pouvoir faire constater la durée et la nature de ses services ; et il traite selon les règles du droit commun avec les patrons. Ceux-ci n'ont plus, pour l'admettre dans leurs ateliers, à lui demander son livret.

Or, par suite du plus abusif des usages, ils lui demandent, ce qui est pour lui bien plus dur et plus coûteux, la production de son casier judiciaire. Il faut désormais qu'il n'en soit plus ainsi. Le livret n'est plus demandé, et il était cependant une institution légale ; le casier judiciaire, qui n'est pas même, jusqu'à maintenant du moins, une institution légale, ne doit pas, non plus, être demandé.

Note E (*renvoi de la page* 73) : **La loi du 13 mai 1863 ;
la correctionnalisation.**

Après les lois, entr'autres, du 25 juin 1824 et du 28 avril 1832, qui
déjà avaient apporté des modifications et des adoucissements au Code
pénal de 1810, est venue la loi du 13 mai 1863 rendue, on peut le dire,
en dépit des tendances du pouvoir de l'époque et sous la seule pression
de l'opinion publique se manifestant par le jury. Le Garde des Sceaux,
en effet, dans son compte général de l'administration de la Justice
criminelle en France pour 1860, écrivait : « Les statistiques démon-
trent jusqu'à l'évidence que le jury fait preuve systématiquement d'une
grande indulgence envers les accusés de certains crimes qui, lorsqu'ils
sont reconnus coupables, sont presque toujours punis de peines correctionnelles. Ces résultats devaient appeler mon attention toute spéciale ; ils
prouvent qu'aux yeux du jury ces faits délictueux auraient perdu le caractère de crimes et mériteraient d'être classés parmi les simples délits.
Pour répondre à ces indications, dont l'importance ne pouvait être plus
longtemps méconnue, j'ai fait préparer un projet de loi en vertu duquel
la juridiction correctionnelle est substituée, pour la connaissance de ces
crimes, à celle des cours d'assises ». C'est ce projet qui, voté par les
chambres, est devenu la loi du 13 mai 1863.

L'Exposé des motifs s'exprimait ainsi : « Quand une peine dépasse la
mesure, le législateur en est bientôt averti par les résistances pacifiques
mais irrégulières que l'application de cette peine rencontre. Ce sont des
verdicts d'acquittement rendus contre l'évidence, les circonstances aggravantes niées arbitrairement ou des circonstances atténuantes systématiquement déclarées dans le but avoué de réduire l'accusation et la
peine [1]. Les résistances du jury portent principalement sur des infractions qualifiées crimes mais dont la nature les rapproche beaucoup des
simples délits. Il a paru que leur déclassement, juste en soi, tourne-
rait aussi à l'avantage de la répression ».

La Commission du corps législatif, de son côté, disait que le but de la
loi nouvelle, « en élevant ou en abaissant les pénalités, selon qu'elles
ont paru trop douces ou trop sévères, n'est autre que de rechercher et
d'atteindre la mesure exacte du châtiment qu'il convient d'infliger, dans
l'état actuel de notre civilisation, afin d'obtenir une répression à la fois
juste et efficace ».

Par cette loi du 13 mai 1863, il a été rectifié ou modifié de nombreux
articles du code pénal pouvant se diviser en plusieurs séries : 11 ont

---

[1] Aujourd'hui le jury ne montre-t-il pas les mêmes tendances lorsqu'il est
appelé à se prononcer sur des crimes passionnels ?

reçu des incriminations nouvelles ; les incriminations de 14 autres, déjà admises, ont été seulement rectifiées ; 10, prononçant des peines correctionnelles, ont eu ces peines aggravées ; dans 4, la qualification de crimes a été substituée à celle de délits, et, au contraire, dans 22, la qualification de délits a remplacé celle de crimes ; pour 12 articles enfin, le changement n'a été que de pure forme à l'effet de les mettre en harmonie avec les dispositions réellement rectifiées ou modifiées.

Ainsi la transformation de 22 faits, qualifiés de crimes par le Code et qui étaient du ressort des cours d'assises, en autant de délits de la compétence des tribunaux correctionnels, c'est-à-dire la « correctionnalisation » de ces faits, tel a été le résultat principal de la loi du 13 mai, qui n'a posé, d'ailleurs, aucun principe nouveau. Et la classification générale des infractions reste toujours, en France, celle de l'art. 1er du Code pénal de 1810, aux termes duquel « l'infraction que les lois punissent des peines de simple police est une contravention, l'infraction que les lois punissent des peines correctionnelles est un délit, l'infraction que les lois punissent d'une peine afflictive ou infamante est un crime » [1].

Cette division des actes punissables, « tirée du fait matériel et abstrait de la peine, révèle à elle seule, disait M. Rossi [2], l'esprit du Code et du législateur. C'est dire au public : ne vous embarrassez pas d'examiner la nature intrinsèque des actions humaines ; regardez le pouvoir ; fait-il couper la tête à un homme, concluez-en que cet homme est un grand scélérat. Il y a là un tel mépris de l'espèce humaine, une telle prétention au despotisme en tout, même en morale, qu'on pourrait, sans trop hasarder, juger de l'esprit du Code entier par la lecture de l'art. 1er ».

MM. Chauveau Adolphe et Faustin Hélie [3], quoiqu'ils déclarent qu'il leur est « impossible de ne pas trouver quelque exagération dans ces réflexions », ne craignent pas d'ajouter : « cependant la division tracée par l'art. 1er n'est pas à l'abri de toute critique. Parmi les actions punissables, il n'existe qu'une seule division qui soit vraie, parce qu'elle est puisée dans leur nature. En effet, les unes prennent leur criminalité dans la moralité du fait, dans l'intention de l'agent, on les appelle crimes ou délits ; les autres ne sont que des infractions matérielles à des prohibi-

---

[1] L'infraction, dans son sens général, n'a été définie que par le « Code des délits et des peines » du 3 brumaire an IV, et elle l'a été ainsi : « faire ce que défendent, ne pas faire ce qu'ordonnent les lois qui ont pour objet le maintien de l'ordre social et la tranquillité publique ». Ce n'est ni complet ni bien clair.

[2] « Traité de droit pénal », 3e édition, 1863, tome I, p. 46, Considérations générales.

[3] « Théorie du Code pénal », 6e édition, annotée par M. Edmond Villey, 1887, tome I, no 19 et 20.

tions ou à des prescriptions de la loi, elles existent par le seul fait de la perpétration ou de l'omission et indépendamment de l'intention de l'agent, ce sont les contraventions. Voilà la division la plus naturelle des actions punissables ; elle est à l'abri de l'arbitraire et du caprice des législateurs, car les législateurs ne sauraient modifier le caractère des faits ». Il n'y a réellemment, explique à son tour M. R. Garraud [1], « que deux groupes d'infractions, les crimes et les délits, d'une part, faits de même nature, et les contraventions, d'autre part ».

Aussi les Codes récents de l'Europe, au niveau du progrès de la science juridique, ceux notamment de la Hongrie, de l'Espagne, de la Hollande, de l'Italie, n'admettent-ils plus, en général, que cette classification des infractions, la seule rationnelle, en deux catégories, dont l'une est pour les crimes et délits et l'autre pour les contraventions, classification déterminée, non plus par l'espèce des peines, mais par l'essence même des faits [2].

*
* *

Mais la pratique de la correctionnalisation, comme elle a lieu en France maintenant [3], en dehors de la loi et selon les appréciations particulières des juges d'instruction et des parquets, présente de graves inconvénients. Est-ce que, si le devoir strict des juges est de ne prononcer des peines que pour des faits déclarés constants et non par induction, celui des juges d'instruction et des parquets n'est pas de constater exactement les faits tels qu'ils résultent de l'information, sans chercher jamais à dénaturer le caractère de ces faits ?

Il arrive journellement, par exemple, les appréciations différant entre elles, que, pour un même fait, auquel on reconnaît les mêmes circonstances, il y a correctionnalisation là et ici cour d'assises. Les journaux parisiens du 15 et du 16 octobre 1891 [4] ont rapporté, entre autres, deux affaires qui, par une singulière coïncidence, se jugeaient en même temps. Devant la cour d'assises, c'était une femme Cotard qui, trompée par son mari l'avait vitriolé, ce qui fut pour lui la cause d'une incapacité de travail de vingt jours ; la femme avouait tout, même la préméditation,

---

[1] « Traité théorique et pratique du droit pénal français », t. II, n° 190.

[2] « Dans un système bien ordonné, le législateur doit fixer les peines d'après la nature des infractions. Ces peines, les juges les appliquent, au degré mérité ; et, comme on l'a vu p. 127, c'est ce degré ou quotité des peines prononcées qui, lorsqu'il existe un casier judiciaire, servira de règle pour l'inscription de la condamnation sur ce casier.

[3] Voir, p. 72 et 73.

[4] Voir, notamment, le *Soleil* du 16 octobre.

elle a été acquittée. En police correctionnelle, l'inculpé était un nommé
Draquemart. Sa femme l'ayant abandonné et déserté le domicile conjugal « pour faire l'école buissonnière », il était allé à sa recherche, il
lui proposait de reprendre la vie commune; sur son refus, il la frappa
d'un coup de couteau : elle a dû garder la chambre pendant quinze
jours. Le mari a été condamné à un mois de prison. De ces deux affaires
présentant les mêmes circonstances et, au fond, absolument identiques,
car le coup de couteau et le vitriol se valent, pourquoi l'une a-t-elle été cor-
rectionnalisée et pas l'autre ? Pourquoi l'homme au coup de couteau est-
il condamné et la femme au coup de vitriol acquittée ? Serait-ce pour
que le public apprenne, ce qu'il sait bien déjà, que la justice, en France
du moins, a deux poids et deux mesures à mettre dans les plateaux de
sa balance ?

Le Sénat, dans sa séance du 23 octobre 1890, avait pris en considération une proposition ayant pour objet de modifier l'art. 231 du Code
d'Instruction criminelle [1], dans le but d'obvier à ces inconvénients de la
correctionnalisation arbitraire. La Commission qui fut nommé se déclara contraire, et la proposition a été retirée. Il y a bien cependant, à
ce sujet, quelque chose à faire, et quelque chose de mieux surtout que
de se borner simplement à modifier l'art. 231 ; de même qu'il y avait
certainement à faire lorsque la loi du 13 mai 1863 a correctionnalisé le
nombre de crimes que l'on sait. L'Exposé des motifs de cette loi, après
avoir constaté que « l'on écarte à dessein les circonstances aggravantes pour saisir les tribunaux correctionnels avec une apparence de
régularité », ajoutait : « Ce mal en a produit un autre, le plus grand de
tous quand il se produit dans le domaine de la justice, l'arbitraire,
Pour éviter des acquittements regrettables, les magistrats ont été in-
sensiblement conduits à rechercher les moyens de soustraire à la compétence des cours d'assises les crimes que le jury regarde comme au-dessous d'une juridiction aussi solennelle, et c'est ainsi que l'on a vu se
glisser et grandir un abus juridique qui consiste à dissimuler quelques-
unes des circonstances aggravantes constitutives du crime ».

---

[1] Cet article, déjà modifié dans son texte primitif, est ainsi conçu depuis
la loi du 17 juillet 1856 : « Si le fait est qualifié crime par la loi, et que la
cour trouve des charges suffisantes pour motiver la mise en accusation, elle
ordonnera le renvoi des prévenus aux assises. — Dans tous les cas, et quelle que
soit l'ordonnance du juge d'instruction, la cour sera tenue, sur les réquisitions du procureur général, de statuer, à l'égard de chacun des prévenus
renvoyés devant elle, sur tous les chefs de crimes, de délits ou de contraventions résultant de la procédure ».

Note F (*renvoi des p. 2 et 74*) : **La récidive**.

Dans son « Commentaire sur le Code pénal »[1], M. Joseph Carnot écrivait : « Les individus qui se rendent coupables, par récidive, de crimes ou délits, ne peuvent inspirer sans doute aucune pitié. Mais il faut être juste même envers ceux qui ne sont dignes d'aucune faveur ; et peut-on dire qu'il soit dans les principes d'une exacte justice de leur appliquer une peine plus sévère que celle qu'ils ont encourue par le genre de crime dont ils se sont rendus coupables ? S'ils ont commis un premier crime, ils en ont été punis ; leur infliger une nouvelle peine à raison de ce crime, n'est-ce pas ouvertement violer le *non bis in idem* qui fait l'une des bases fondamentales de toute notre législation en matière criminelle ? D'une autre part, la peine du crime ne peut être aggravée qu'à raison des circonstances qui s'y rattachent, qui lui sont concomitantes et qui en font un tout indivisible. Que les tribunaux fussent tenus, dans le cas de récidive, d'appliquer au maximum la peine du crime qui aurait été commis, ce serait faire tout ce que l'on pourrait, en respectant les principes, dont il est toujours dangereux de s'écarter ».

Au dire d'un auteur plus moderne, M. J. Tissot[2], « si la plupart des législateurs ont puni plus sévèrement la récidive que la première chute, c'est qu'ils ont cédé ou à un sentiment qui tenait de l'irritation et de la vengeance, ou à l'effroi d'un plus grand danger pour la société en face de l'habitude du mal, ou à la persuasion de l'insuffisance de la peine pour un coupable qu'elle n'arrêtait pas, quoiqu'il l'eût endurée déjà, ou à la supposition d'une plus grande perversité dans celui qu'un châtiment éprouvé est incapable de contenir ».

Et M. Tissot ajoute : « Toutes ces raisons sont insuffisantes pour motiver l'application d'une peine supérieure ou d'une autre espèce ; elles suffisent difficilement, même dans les cas les plus graves, pour motiver le maximum de la peine affectée au délit non répété. L'aggravation de la peine en cas de récidive nous semble généralement motivée, en fait, sur la présomption d'un plus haut degré de perversité, c'est-à-dire sur une considération morale qui aurait dû être étrangère au législateur, d'autant plus que cette présomption pourrait bien n'être qu'une fausse apparence, soit que l'habitude du mal, et du même mal surtout, tienne à une sorte de manie, soit que la passion, qui en est le mobile, porte une atteinte d'autant plus profonde à la liberté qu'elle est elle-même plus forte et plus

---

[1] Tome Ier, p. 196 de la 2e édition, 1836.

[2] « Le droit pénal étudié dans ses principes », 1re part., liv. 1er, chap. 8, t. 1er, p. 117, édit. 1859-1860.

habituelle ; en sorte que le coupable, loin de l'être davantage moralement avec le temps, le deviendrait de moins en moins à mesure qu'il perdrait de plus en plus de sa liberté par l'habitude du même crime. Si ce n'était pas là une raison de traiter l'habitude de la récidive comme une monomanie, à moins que cette monomanie ne fût clairement établie, ce ne serait pas, non plus, une raison pour la traiter plus sévèrement que le simple et unique délit de son espèce ».

Quelle que soit la valeur de pareilles considérations, ce qu'il faut voir surtout, c'est le fait. Or, en fait, dans l'antiquité comme de nos jours, les législations, en général, ont consacré l'application du principe que la récidive entraîne une peine plus sévère. Et au nombre des résolutions du congrès pénitentiaire de St-Pétersbourg tenu en 1890, se trouve la suivante : « Sans admettre qu'au point de vue pénal et pénitentiaire, il y ait des criminels ou délinquants absolument incorrigibles, comme cependant l'expérience démontre qu'en fait il y a des individus qui se montrent rebelles à cette double action pénale et pénitentiaire et reviennent, par habitude et comme par profession, à enfreindre les lois de la société, la section émet le vœu qu'il faudrait prendre des mesures spéciales contre ces individus ».

Il n'est pas douteux que les causes de la récidive sont les mêmes que celles qui déterminent la criminalité : les instincts naturels qui poussent certains hommes à faire le mal les accompagnent toute leur vie. Il y a, en outre, la promiscuité des prisons : la cour de Bourges, dans une enquête sur la question, déclarait, en 1873, que « la récidive a bien plus sa cause dans la prison qu'au dehors ». Il y a principalement aussi toute institution dont on abusera comme on abuse, en France, de celle des casiers judiciaires.

La statistique, qu'il n'est jamais hors de propos de consulter, constate que la récidive est beaucoup plus fréquente chez les hommes que chez les femmes, parmi les célibataires que parmi les gens mariés et dans les grandes villes que dans les localités moindres : en France, c'est Paris d'abord et ensuite Lyon, Marseille, Rouen, qui fournissent le plus grand nombre de récidivistes.

Et maintenant, au point de vue non plus des personnes mais des faits punissables, comme ces faits, ainsi qu'on l'a vu, se rangent, d'après leur nature, tous en deux catégories, les uns, crimes et délits, prenant leur culpabilité dans l'intention de l'agent, et les autres, simples contraventions, ne dépendant pas de cette intention, la récidive aussi se divise en : récidive pour les crimes et les délits se combinant ensemble, d'une part, et, d'autre part, récidive pour les contraventions. La distinction est nettement établie, car il n'y a pas de récidive de crime et de délit à contravention ni de contravention à crime et à délit. En France même, le Code pénal, — et c'est ce qui montre bien son erreur d'avoir admis trois classes d'infractions, — ne présente également que ces deux récidives.

En matière de contraventions, l'article 483 de ce Code dispose « qu'il y a récidive lorsqu'il a été rendu contre le contrevenant, dans les douze mois précédents, un jugement pour contravention de police commise dans le ressort du tribunal ». Les deux conditions nécessaires sont ainsi une condition de temps, douze mois au plus, et une condition de lieu, le ressort du même tribunal de police. Aucune condition de ce genre n'existe dans le Code pénal quand il s'agit des crimes et des délits. A leur égard, la récidive a été réglée par les art. 56, 57 et 58 du Code de 1810, ces deux derniers modifiés par la loi du 13 mai 1863 : c'est la récidive légale, à côté de laquelle, depuis la loi du 27 mai 1885, on a la récidive des relégables. Puis est venue, en 1891, la loi dont il sera parlé plus loin dans la note G, « loi sur l'atténuation et l'aggravation des peines », qui a fait encore subir des modifications aux art. 57 et 58. Ces réformes partielles enlèvent tout caractère d'unité à une législation ; la législation pénale, en France, devrait être révisée dans son ensemble.

Note G (*renvoi de la page 41 et de la page 76*)*: **Loi sur l'atténuation et l'aggravation des peines, du 26 mars 1891.**

La loi que le Sénat discutait en mai et juin 1890 « sur l'aggravation des peines en cas de récidive et leur atténuation en cas d'un premier délit » n'est plus, comme il a été dit dans notre article du *Journal des Économistes* du mois de décembre et ci-dessus pages 41 et 76, une loi à venir. Intitulée plus simplement « loi sur l'atténuation et l'aggravation des peines » et ayant subi des modifications dans son ensemble, elle a été définitivement votée par les deux Chambres : c'est la loi du 26 mars 1891 [1], insérée au *Journal Officiel* du 27. Voici cette loi :

Article premier. — En cas de condamnation à l'emprisonnement ou à l'amende, si l'inculpé n'a pas subi de condamnation antérieure à la prison pour crime et délit de droit commun, les cours ou tribunaux peuvent ordonner, par le même jugement et par décision motivée, qu'il sera sursis à l'exécution de la peine.

Si, pendant le délai de cinq ans, à dater du jugement ou de l'arrêt, le condamné n'a encouru aucune poursuite suivie de condamnation à l'em-

---

[1] « Elle est d'une grande importance, a dit le rapporteur à la Chambre des députés, M. Barthou, dans la séance du 21 mars 1891 ; non seulement elle réalise un progrès considérable dans le droit pénal, mais elle présente un véritable intérêt social ».

prisonnement ou à une peine plus grave pour crime ou délit de droit commun, la condamnation sera comme non avenue.

Dans le cas contraire, la première peine sera d'abord exécutée sans qu'elle puisse se confondre avec la seconde.

Art. 2. — La suspension de la peine ne comprend pas le paiement des frais du procès et des dommages-intérêts.

Elle ne comprend pas, non plus, les peines accessoires et les incapacités résultant de la condamnation.

Toutefois, ces peines accessoires et ces incapacités cesseront d'avoir effet du jour où, par application des dispositions de l'article précédent, la condamnation aura été réputée non avenue.

Art. 3. — Le président de la cour ou du tribunal doit, après avoir prononcé la suspension, avertir le condamné qu'en cas de nouvelle condamnation dans les conditions de l'article 1er, la première peine sera exécutée sans confusion possible avec la seconde et que les peines de la récidive seront encourues dans les termes des articles 57 et 58 du Code pénal.

Art. 4. — La condamnation est inscrite au casier judiciaire, mais avec la mention expresse de la suspension accordée.

Si aucune poursuite suivie de condamnation dans les termes de l'article 1er, paragraphe 2, n'est intervenue dans le délai de cinq ans, elle ne doit plus être inscrite dans les extraits délivrés aux parties.

Art. 5. — Les articles 57 et 58 du Code pénal sont modifiés comme suit:

« Art. 57. — Quiconque, ayant été condamné pour crime à une peine supérieure à une année d'emprisonnement, aura, dans un délai de cinq années après l'expiration de cette peine ou sa prescription, commis un délit ou un crime qui devra être puni de la peine de l'emprisonnement, sera condamné au maximum de la peine portée par la loi, et cette peine pourra être élevée jusqu'au double.

« Défense pourra être faite, en outre, au condamné, de paraître, pendant cinq ans au moins et dix au plus, dans les lieux dont l'interdiction lui sera signifiée par le gouvernement avant sa libération.

« Art. 58. — Il en sera de même pour les condamnés à un emprisonnement de plus d'une année, pour délit, qui, dans le même délai, seraient reconnus coupables du même délit ou d'un crime devant être puni de l'emprisonnement.

« Ceux qui, ayant été antérieurement condamnés à une peine d'emprisonnement de moindre durée, commettraient le même délit dans les mêmes conditions de temps seront condamnés a la peine d'emprisonnement qui ne pourra être inférieure au double de celle précédemment prononcée, sans toutefois qu'elle puisse dépasser le double du maximum de la peine encourue.

« Les délits de vol, escroquerie et abus de confiance seront considérés comme étant, au point de vue de récidive, un même délit.

« Il en sera de même des délits de vagabondage et de mendicité ».

Art. 6. — La présente loi est applicable aux colonies où le Code pénal métropolitain a été déclaré exécutoire en vertu de la loi du 8 anvier 1877.

Des décrets statueront sur l'application qui pourra en être faite aux autres colonies.

Art. 7. — La présente loi n'est applicable aux condamnations prononcées par les tribunaux militaires qu'en ce qui concerne les modifications apportées par l'article ci-dessus aux articles 57 et 58 du Code pénal.

*
* *

Ainsi, dans cette loi du 26 mars 1891 qui, plus distinctement encore que celle du 27 mai 1885, marque la différence entre le malfaiteur d'occasion et le malfaiteur d'habitude [1], les deux situations sont envisagées de la personne qui s'est rendue coupable une première fois dans des conditions qui permettent de croire à la sincérité et à l'immédiate efficacité de son repentir, le malfaiteur d'occasion, et de l'individu qui, condamné déjà, n'a pas été corrigé par la peine subie, le malfaiteur par habitude.

Les articles relatifs à la première de ces deux situations, en autorisant le sursis de l'exécution de la peine, constituent ce que l'on appelle « la loi de pardon », loi dont l'idée fondamentale a été définie ainsi par l'éminent criminaliste qui en a été l'inspirateur : « l'avertissement, disait M. Bérenger dans un de ses rapports au Sénat [2], n'est-il pas le préliminaire indispensable de toute répression raisonnée ? Pourquoi la Société dédaignerait-elle d'employer à sa propre préservation l'arme qui réussit si bien dans la famille, dans l'école, dans l'atelier ? »

Il y a eu des précédents, du reste. Ces précédents sont [3] : dans le droit canonique, la monitio ; dans l'ancien droit français, le blâme ; en Italie, l'ammonizione ou avertissement préventif, dont on constate des applications aussi en Angleterre d'après la loi du 8 août 1887, aux États-Unis, en Portugal, en Espagne, en Russie, en Bavière, dans des cantons de la Suisse, en Belgique.

Dans ce dernier pays, la loi est du 10 juin 1888. Sur un total de 284.219

---

[1] La loi du 27 mai 1885 a établi la relégation pour le malfaiteur d'habitude, et pour le malfaiteur d'occasion elle a supprimé la surveillance de la haute police.

[2] Séance du 6 mars 1890 : voir le *Journal Officiel* du 29 mai 1890, Documents du Sénat, annexe 27.

[3] Ci-dessus, p. 33 et 39.

individus qui, de cette date du 10 juin 1888 au 31 décembre 1889, y ont été condamnés par les divers tribunaux, 13.195 ont bénéficié du sursis qui n'a dû être révoqué ensuite que pour 246 seulement d'entr'eux.

En France, la loi du 26 mars 1891 était à peine promulguée que les cours et tribunaux ont de suite usé très largement de la faculté du sursis. Mais la mesure est récente ; il faut attendre encore avant de pouvoir juger si les résultats en seront plus ou moins satisfaisants qu'en Belgique.

La loi, dans ses autres dispositions, qui sont celles qui soulèvent jusqu'à présent le plus de difficultés pratiques, — dispositions par lesquelles, en faisant une application du système anglais des peines accumulées ou progressives [1], elle vise l'individu qui condamné déjà n'a pas été corrigé, c'est-à-dire le récidiviste, — a modifié le texte antérieur des articles 57 et 58 du Code pénal. Ce texte antérieur, en effet, soit dans le Code même de 1810, soit d'après la loi du 13 mai 1863 [2], ne tenait compte que du fait et nullement du temps écoulé ; et, au contraire, avec le texte nouveau, art. 5 de la loi du 6 mars 1891, il n'y a de récidive légale, ainsi que l'ont décidé deux arrêts de la cour d'appel de Paris des 6 et 21 avril 1891 [3], un jugement du tribunal correctionnel de Château-Thierry du 29 mai [4] et deux arrêts de la Cour de Besançon rendus le 24 juin [5], qu'autant que le condamné pour crime ou pour délit à une peine d'emprisonnement aura, dans un délai de moins de cinq ans à partir de l'expiration de cette peine ou de sa prescription, commis un crime ou délit qui devra être puni de l'emprisonnement. On a vu [6]

---

[1] Ci-dessus p. 41.

[2] Voici le texte de la loi du 13 mai 1863 :

Art. 57. — Quiconque, ayant été condamné à une peine supérieure à une année d'emprisonnement, aura commis un délit ou un crime qui devra n'être puni que de peines correctionnelles, sera condamné au maximum de la peine portée par la loi, et cette peine pourra être élevée jusqu'au double. — Le condamné sera, de plus, mis sous la surveillance spéciale de la haute police pendant cinq ans au moins et dix ans au plus.

Art. 58. — Les coupables, condamnés correctionnellement à un emprisonnement de plus d'une année, seront aussi, en cas de nouveau délit ou de crime qui devra n'être puni que de peines correctionnelles, condamnés au maximum de la peine portée par la loi, et cette peine pourra être élevée jusqu'au double ; ils seront, de plus, mis sous la surveillance spéciale du gouvernement pendant au moins cinq années et dix ans au plus.

[3] *Gazette des tribunaux* 7 mai 1891.

[4] *Gazette des tribunaux*, 15 octobre 1891.

[5] *Gazette des tribunaux*, 27 août 1891.

[6] P. 74.

que déjà des Codes modernes avaient admis aussi l'effet des délais en pareil cas, délais de cinq ans en Hollande, de huit ans en Portugal, de dix ans en Danemarck. Le Code pénal de Genève, du 29 octobre 1874, distinguant entre les transgressions, fixé le délai à cinq ans pour les délits et dix ans pour les crimes.

En ce qui concerne, d'ailleurs, non plus cette récidive légale mais la récidive spéciale entraînant la relégation, la loi du 26 mars 1891, comme il ressort d'un arrêt de la Cour d'appel de Paris, Chambre correctionnelle, du 9 avril[1], n'a rien changé à la loi du 27 mai 1885, aux termes de laquelle, art. 4, les récidivistes ne sont sous le coup de la relégation que si, « dans un intervalle de dix ans », ils ont encouru une nouvelle condamnation, ce qui est, avons-nous dit[2], une consécration de la prescription de dix ans en cette matière.

Note H (*renvoi de la page* 145) : **Proposition de loi sur le casier judiciaire, modifiant le projet de la Commission.**

Article premier. — Le casier judiciaire, établi au greffe de chaque tribunal de première instance, reçoit, en ce qui concerne les personnes nées dans la circonscription du tribunal et après vérification de leur identité aux registres de l'état civil, des bulletins, dits bulletins n° 1, constatant :

1° Les condamnations contradictoires ou par contumace et les condamnations par défaut non frappées d'opposition prononcées, pour crime ou délit, par toute juridiction répressive ;

2° Les décisions prononcées par application de l'art. 66 du Code pénal ;

3° Les décisions disciplinaires lorsqu'elles entraînent une peine et des incapacités ;

4° Les arrêtés d'expulsion pris contre les étrangers.

Art. 2. — Le casier judiciaire central, institué au ministère de la justice, reçoit les bulletins n° 1 concernant les personnes nées à l'étranger, dans les colonies autres que l'Algérie, ou dont l'acte de naissance ne se trouve pas sur les registres de l'état civi' ;

Art. 3. — Le bulletin n° 1 doit présenter le signalement anthropométrique du condamné dans tous les cas où il a été relevé.

Art. 4. — Il est fait mention, sur les bulletins n° 1, des grâces, commutations ou réductions de peines, des décisions qui suspendent l'exé-

---

[1] *Gazette des tribunaux*, 10 avril, 1891.

[2] P. 58.

cution d'une première condamnation, des arrêtés de mises en libération conditionnelle et de révocation et des jugements relevant de la relégation conformément à l'article 16 de la loi du 27 mai 1885.

Art. 5. — Lorsque, sans condamnation nouvelle constituant la récidive, il se sera écoulé, à partir de l'expiration ou de la prescription de la peine, cinq ans dans le cas d'une condamnation unique pour délit et dix ans dans les cas de récidive ou d'une condamnation pour crime, la prescription des inscriptions au casier judiciaire, acquise ainsi, sera une réhabilitation de droit, pleine et entière.

Cette disposition est immédiatement applicable aux anciens condamnés qui, au moment de la promulgation de la présente loi, se trouveront dans les conditions qui viennent d'être dites.

Art. 6. — Seront retirés du casier judiciaire et détruits : les bulletins nº 1 relatifs à des condamnations effacées par une amnistie, par la réhabilitation judiciaire, par la réhabilitation de droit de l'article précédent ; ceux des individus qui, ayant bénéficié du sursis à l'exécution de la peine en conformité de la loi du 26 mars 1891, sont restés cinq ans sans encourir de condamnation nouvelle ; ceux des décédés ; ceux des personnes qui ont dépassé l'âge de quatre-vingts ans.

Art. 7. — Le bulletin nº 2 est le relevé intégral des bulletins nº 1 applicables au même individu.

Il est délivré aux magistrats du Parquet et de l'Instruction pour l'exercice de poursuites et le service judiciaire.

Il l'est également aux administrations publiques de l'État en vue de l'obtention d'emplois publics, de poursuites disciplinaires ou de l'ouverture d'une école privée conformément à la loi du 30 octobre 1886.

Toutefois, les décisions prononcées par application de l'art. 66 du Code pénal ne sont jamais mentionnées sur les bulletins nº 2 délivrés aux administrations publiques de l'État.

Les bulletins nº 2 réclamés par les administrations publiques de l'État, soit pour engagement militaire ou maritime, soit pour l'exercice des droits politiques, ne comprennent que les décisions visées par les lois militaires, maritimes ou politiques.

Lorsqu'il n'existe pas de bulletins nº 1 au casier judiciaire, le bulletin nº 2 porte le mot : néant.

Art. 8. — En cas de condamnation ou d'une destitution d'office avec pénalité, prononcée contre un individu soumis à l'obligation du service militaire ou maritime, il en est donné connaissance aux autorités militaire ou maritime par l'envoi d'un duplicata du bulletin nº 1.

Un duplicata de chaque bulletin nº 1 constatant une décision entraînant la privation des droits électoraux sera adressé à l'autorité administrative à l'égard de tout Français ou de tout étranger naturalisé âgé de plus de 21 ans.

Art. 9. — Aucun bulletin d'un casier judiciaire n'est délivré à des tiers, ni à l'individu lui-même qu'il concerne.

Art. 10. — Quiconque, en prenant le nom d'un tiers ou un nom supposé, aura amené l'inscription, au casier, de sa condamnation sous un autre nom que le sien, sera puni de six mois à cinq ans d'emprisonnement, sans préjudice des poursuites à exercer pour le crime de faux, s'il y échet.

Sera puni de la même peine celui qui, par de faux renseignements relatifs à l'état civil d'un inculpé, aura sciemment été la cause de l'inscription d'une condamnation sur le casier judiciaire d'un individu autre que le véritable condamné.

Quiconque, en prenant une fausse qualité, se sera fait délivrer ou aura tenté de se faire délivrer par le greffier le bulletin n° 2 d'un tiers ou le sien propre, sera puni d'un mois à un an d'emprisonnement.

L'art. 463 du Code pénal sera, dans tous les cas, applicable.

Art. 11. — Lorsqu'une erreur, dans un casier judiciaire, bulletins n° 1 ou n° 2, aura été commise ou occasionnée par un greffier, par des juges, par des magistrats du ministère public ou de l'instruction, celui ou ceux qui auront commis cette erreur ou qui en auront été la cause seront, dans tous les cas et sans être admis à exciper de leur bonne foi condamnés à des dommages-intérêts envers la victime pour un chiffre qui ne devra jamais être inférieur à 1.000 francs.

Et s'il est prouvé que l'erreur a été volontaire et intentionnelle, le ou les coupables seront, en outre de ces dommages-intérêts, condamnés à la peine portée au paragraphe 1er de l'article précédent.

Art. 12. — Au cas où il y aura lieu de rectifier une erreur dans un casier judiciaire,

Si l'erreur se trouve dans un jugement d'un tribunal correctionnel, militaire ou maritime, la cause sera portée devant la Cour d'appel au ressort de laquelle appartient ce tribunal ;

Et si l'erreur se trouve dans un arrêt d'une Cour, la cause sera portée devant une autre Cour, la plus voisine.

Art. 13. — La cour compétente sera saisie par une requête.

Ou bien cette requête émanera du ministère public, qui poursuivra la rectification complète du jugement ou arrêt en ce sens que le nom du vrai coupable soit mis à la place de celui de la victime de l'erreur.

Ou bien la requête émanera de la victime de l'erreur ; et alors il suffira qu'il soit déclaré que le jugement ou arrêt ne s'applique pas à cette personne dont le nom sera, par conséquent, effacé du casier.

Le ministère public sera tenu de fournir tous renseignements et de faire entendre tous témoins à l'appui de la requête.

La présence du vrai coupable, s'il reste inconnu, s'il n'est pas découvert ou s'il ne peut pas être amené, ne sera pas nécessaire.

La Cour statuera sans l'assistance des jurés.

Dans tous les cas, aucuns frais ne seront supportés par la victime de l'erreur qu'il s'agissait de rectifier ; les dépenses qu'elle aura pu faire, pour ses déplacements, ses démarches ou d'autres causes, lui seront remboursées sur le Trésor public, qui aura, à son tour, à les répéter aux auteurs de l'erreur s'ils sont connus.

Art. 14. — Un règlement d'administration publique déterminera les mesures nécessaires à l'exécution de la présente loi.

NOTE I (*renvoi de la page* 173) : **proposition de loi tendant à l'établissement des casiers civils.**

Article premier. — Il sera établi, dans tous les greffes des tribunaux civils d'arrondissements, des casiers civils sur le modèle des casiers judiciaires.

Art. 2. — Ces casiers civils sont destinés à faire connaître, au triple point de vue de la possession des droits sociaux, de l'exercice de ces droits et du crédit, la situation de toute personne née dans l'arrondissement.

Art. 3 — Ils constateront, en ce qui concerne cette personne, les modifications d'état et les incapacités civiles.

En conséquence, y seront inscrits :

Les mariages avec indication du régime adopté, régime dotal, de la séparation de biens ou de la communauté ;

Les divorces, les séparations de corps et les séparations de biens ;

Les déchéances de la puissance paternelle et les réintégrations ;

Les interdictions et les nominations de conseils judiciaires ;

Les émancipations, adoptions, tutelles, curatelles, tutelles officieuses ;

Les obtentions d'emplois publics entraînant hypothèque légale ;

Les condamnations pour stellionat ;

Les déclarations de faillite et de liquidation judiciaire.

Art. 4. — Pour les personnes dont le lieu de naissance n'est pas en France ou en Algérie, ou dont l'acte de naissance reste inconnu, il y aura un casier civil central au Ministère de la Justice.

Art. 5. — Les bulletins contenant les mentions ci-dessus, ou Bulletins n° 1, classés alphabétiquement d'après la première lettre du nom de famille, constitueront les minutes des casiers civils.

Il en sera délivré, sous le nom de bulletins n° 2, des extraits à quiconque en fera la demande.

Art. 6. — Afin que, pour l'établissement et la tenue des casiers civils, les lieux de naissance des personnes soient connus, tous les actes authentiques définis en l'art. 1317 du Code civil indiqueront ceux des parties dénommées dans ces actes.

Et notamment, les art. 57, 63, 73, 76 n° 3 et 79 du Code civil, l'art. 141 du Code de procédure civile et les art. 11 et 13 de la loi du 25 ventose an XI sont modifiés : à la mention que ces articles prescrivent, aux officiers de l'état civil, aux juges, aux notaires, de faire des domiciles ou demeures des parties, est ajoutée la mention à faire de leurs lieux de naissance dans les actes, jugements ou arrêts et contrats.

Art. 7. — Un règlement d'administration publique déterminera les mesures nécessaires à l'exécution de la présente loi et fixera les émoluments des greffiers qui seront chargés de la tenue des casiers civils.

Note J (*renvoi de la page* 82) : **Dépôt du projet de loi sur le casier judiciaire; l'Exposé des Motifs ; Commission nommée au Sénat.**

On sait que le projet de loi sur le casier judiciaire, préparé par la Commission spéciale instituée à cet effet, avait été remis le 6 juin 1891 entre les mains de M. le Garde des Sceaux, en même temps que le rapport rédigé au nom de la Commission. Ces deux documents, dont le texte complet se lit ci-dessus, de la page 83 à la page 96 pour l'un, et de la page 97 à la page 100 pour l'autre, n'ont pas encore été publiés dans le *Journal Officiel*. Mais M. le Garde des Sceaux, dans la séance du Séna. du 22 octobre 1891, a déposé le projet de loi en l'accompagnant d'un exposé des motifs, dont voici le texte complet :

EXPOSÉ DES MOTIFS.

Messieurs,

Le casier judiciaire a pour origine les prescriptions des articles 600, 601 et 602 du Code d'Instruction criminelle, en vertu desquels les greffier des tribunaux correctionnels et des cours d'assises étaient tenus de consigner, sur un répertoire alphabétique, les nom, prénoms, âge, profession et lieu de résidence des individus condamnés à un emprisonnement correctionnel ou à une peine plus forte. Copie des condamnations prononcées était transmise, tous les trois mois, aux ministères de la Justice et de la Police, pour constituer, dans chacun d'eux, un registre général. Ces sommiers judiciaires étaient uniquement à la disposition des magistrats qui les consultaient pour s'éclairer sur les antécédents des individus poursuivis.

Une circulaire ministérielle du 6 novembre 1850 a profondément modifié cet état de choses, en substituant au système des registres celui des bulletins de condamnations. Ces bulletins, appelés bulletins n° 1, sont expédiés, par le tribunal qui prononce la peine, au greffe de l'arrondissement dont les condamnés sont originaires. Classées dans des casiers de bois, qui ont servi à désigner l'institution, ces fiches sont d'un maniement facile : on en a profité pour compléter les mentions des sommiers judiciaires. C'est ainsi qu'on relève non plus seulement, comme par le passé, les peines d'emprisonnement correctionnel et les peines plus fortes, mais encore les condamnations à l'amende correctionnelle et même les peines inférieures au maximum de simple police prononcées pour délit par les tribunaux correctionnels.

Il est essentiel de retenir qu'en 1850 ces documents ne furent pas destinés à l'usage exclusif de la justice : sans doute, on dut renoncer de bonne heure à la publicité sans réserve qu'autorisait une seconde circulaire de 1850, datée du 30 décembre, mais les efforts tentés par les ministres de la justice qui se sont succédé depuis cette époque n'ont pu supprimer les inconvénients qu'entraîne la communication de leur propre casier aux particuliers. Aujourd'hui, en effet, toute personne peut obtenir la délivrance d'un extrait du bulletin n° 2, qui est le relevé de toutes les feuilles de condamnations portées sous son nom.

Ce régime engendre de graves abus : la communication du casier judiciaire n'est limitée qu'en apparence au titulaire du bulletin ; en fait, elle équivaut à la divulgation aux tiers, puisque l'individu qui dépend d'autrui ne saurait invoquer une impossibilité légale pour éviter de produire son casier judiciaire. La plupart des patrons recrutent leur personnel d'employés et d'ouvriers en ayant recours à ce mode d'informations. Il en résulte trop souvent que les condamnés disposés à s'amender par le travail se voient refuser les moyens d'existence et commettent de nouveaux délits. C'est ce qui a permis de dire que le casier judiciaire est un des facteurs de la récidive.

Le mal appelait un remède : au cours de la discussion, devant le Sénat, de la loi du 26 mars 1891 sur l'atténuation et l'aggravation des peines, M. le Garde des sceaux, ministre de la Justice et des Cultes, a saisi l'occasion qui lui était offerte pour déclarer, dans les séances des 3 et 27 juin 1890, qu'une réforme du casier judiciaire lui paraissait indispensable. Il a annoncé au Sénat, répondant par là même au désir que lui avait exprimé un honorable membre de cette assemblée, l'intention de confier à une commission extraparlementaire le soin de rechercher les modifications qui pourraient être apportées au fonctionnement du casier judiciaire.

En exécution de cette promesse, une commission a été insituée au Ministère de la Justice et composée de membres des deux Chambres, de magistrats et de fonctionnaires. La Commission a accompli son œuvre avec un zèle auquel il convient de rendre hommage. C'est le travail issu de ses délibérations que nous avons l'honneur de vous proposer comme projet de loi sur le casier judiciaire.

L'organisation matérielle du casier judiciaire demeure intacte. C'est donc encore au greffe du tribunal de l'arrondissement natal que devront être réunis les renseignements relatifs aux antécédents judiciaires des personnes nées en France (art. 1er). Quant aux individus dont le lieu de naissance se trouve à l'étranger, aux colonies, ou n'est pas constaté par les actes de l'état civil, les renseignements qui les concernent resteront contralisés au ministère de la Justice. Les feuilles de condamnations, transmises au greffe ou au ministère, continuent à être appelées bulletin n° 1. Leurs mentions, complétées et précisées par le projet, s'appliquent non seulement aux condamnations pour crime ou délit, mais encore à toutes les décisions de l'autorité judiciaire ou administrative qui frappent d'incapacité (art. 1er).

Ces diverses inscriptions seront communiquées, dans des limites différentes, suivant les personnes qui auront qualité pour en prendre connaissance. A cet égard, le projet distingue deux sortes d'extraits : le bulletin n° 2 et le bulletin n° 3.

Le bulletin n° 2, ou relevé intégral des mentions du casier judiciaire portées au nom d'un même individu, est, comme précédemment, à la disposition entière des magistrats pour l'accomplissement des devoirs de leurs fonctions[1]. Le même bulletin sera communiqué aux administrations publiques dans certains cas où il est nécessaire de les renseigner complètement. C'est ainsi qu'elles obtiendront la délivrance du bul-

---

[1] « Pour l'accomplissement des devoirs de leurs fonctions ». Pourquoi ne pas ajouter ces mots au paragraphe 2 de l'article 5 du projet de loi ? Ce paragraphe (ci-dessus p. 98) serait, en conséquence, ainsi conçu : « Il (le bulletin n° 2) est délivré aux magistrats du parquet et de l'instruction pour l'accomplissement des devoirs de leurs fonctions ». C'est précisément comme on l'a vu p. 86 et 106, ce que demandait M. Bérenger lorsqu'il proposait que le bulletin n° 2 fût délivré aux magistrats du Parquet et de l'Instruction « pour l'exercice de poursuites et le service judiciaire ». Voir aussi, p. 209, le paragraphe 2 de l'article 7 dans la proposition de loi modifiant le projet de la Commission. Mais le rapport (ci-dessus p. 86) dit que le bulletin n° 2 doit être délivré à ces magistrats « quel que soit le motif de la demande ». Le rapport et l'exposé des motifs ne tiennent pas le même langage.

letin n° 2, quand il s'agira d'admettre aux emplois publics, d'exercer des poursuites disciplinaires et d'autoriser l'ouverture d'écoles privées (article 5).

En dehors des magistrats et des administrations publiques, dans les termes qui viennent d'être indiqués[1], personne ne pourra se faire remettre le bulletin n° 2. L'intéressé seul, à l'exclusion de tout autre, aura le droit de demander une communication partielle de son propre casier, sous la forme du bulletin n° 3.

Quels sont les éléments constitutifs de ce 3 bulletin ? Leur détermination mettait en présence des intérêts opposés : celui des honnêtes gens désireux d'être éclairés sur la mortalité des individus qui les approchent, celui des libérés qu'on ne doit pas désespérer de ramener au bien.

Pour concilier ces deux idées, le projet dispose que le bulletin n° 3 ne relatera jamais les condamnations ou décisions qui, par la nature des actes incriminés ou par la quotité de la peine, impliquent une infraction sans gravité. Parmi les condamnations qui jouissent de cette exemption absolue, figurent les peines infligées pour délit politique et pour délit de presse, à l'exception de celles qui ont été encourues pour diffamation ou pour outrage aux bonnes mœurs. Le bulletin n° 3 ne portera pas davantage la trace des condamnations effacées par la réhabilitation ou par l'application de la loi de 1891 sur l'atténuation et l'aggravation des peines (art. 8).

Des considérations analogues ont inspiré deux autres dispenses d'inscription : l'une s'applique à la première peine d'emprisonnement n'excédant pas six mois, encourue par le mineur de seize ans, l'autre à la première peine prononcée contre un adulte et ne dépassant pas un mois d'emprisonnement ou 500 francs d'amende, lorsque la condamnation est motivée pas des délits qui n'entachent ni la probité ni l'honneur (art. 9).

Ces dispositions bienveillantes à l'égard du condamné, coupable d'infractions légères, en appelaient une autre en faveur du libéré qui a prouvé, par sa persévérance dans la bonne conduite, sa ferme intention

---

[1] L'assistance publique de Paris a été laissée, par la Commission du casier judiciaire, en dehors de ces administrations publiques. Toutefois, le rapport (voir ci-dessus p. 85) disait « qu'en ce qui concerne les employés de cette administration de l'Assistance publique, comme ils sont nommés par le préfet de la Seine, celui-ci pourra toujours obtenir la délivrance des bulletins n° 2 les concernant » et que « la Commission a exprimé le désir que l'exposé des motifs de la loi en fît mention. Ce désir de la Commission n'a pas été écouté; l'exposé des motifs se tait.

de racheter son passé. L'article 10 du projet, conçu dans cet esprit, décide que la condamnation unique cessera d'être inscrite au bulletin n° 3 sept ans après l'expiration de la peine prononcée pour délit et quinze ans après l'expiration de la peine infligée pour crime.

Les dispenses et les radiations d'inscription étant des faveurs réservées à la première condamnation, leur bénéfice est perdu par l'effet d'une peine nouvelle, quelle que soit l'époque où elle est prononcée (article 11).

Enfin, le projet prévoit et réprime les fraudes qui peuvent se produire en matière de casier judiciaire.

Tel est, Messieurs, dans son ensemble, le projet de loi que nous avons l'honneur de soumettre à votre examen. Il aura pour conséquence de faire consacrer par la loi le fonctionnement d'une institution dont l'importance ne saurait être méconnue. D'un autre côté, les restrictions qu'il introduit dans la publicité des antécédents judiciaires nous paraissent devoir contribuer au relèvement moral des condamnés, sans enlever à la justice les garanties qui lui sont nécessaires.

Le Président de la République française

Décrète :

Le projet de loi dont la teneur suit sera présenté au Sénat par le Garde des sceaux, ministre de la Justice et des Cultes, qui est chargé d'en exposer les motifs et d'en soutenir la discussion.

A la suite vient le texte du projet de loi, tel que nous l'avons donné p. 97 et suivantes.

*
* *

Le Sénat avait renvoyé ce projet de loi à ses bureaux, lesquels, dans leur réunion du 5 novembre, ont nommé une Commission chargée d'en faire l'examen, Commission dont le *Journal Officiel* [du 6 novembre a fait connaître ainsi la composition : 1er bureau, M. Léopold Thézard ; 2e bureau, M. Leclerc ; 3e bureau, M. Jules Cazot ; 4e bureau, M. Morellet; 5e bureau, M. Mazeau ; 6e bureau, M. Ranc ; 7e bureau, M. Bardoux ; 8e bureau, M. Bérenger ; 9e bureau, M. Jules Godin.

Cette Commission tient ses séances dans le local du 3e bureau, au Sénat. Mais on ne sait rien de ses travaux jusqu'ici.

TABLE DES MATIÈRES

CHAPITRE V

CHAPITRE VI

CHAPITRE VII

CHAPITRE VIII

CHAPITRE IX

CHAPITRE X

CHAPITRE XXIX

APPENDICE :